高质量发展建设共同富裕示范区研究丛书
中国社会科学院组织编写

数字经济和服务业高质量发展的浙江探索

夏杰长　刘奕　等著

中国社会科学出版社

图书在版编目（CIP）数据

数字经济和服务业高质量发展的浙江探索/夏杰长等著.
--北京：中国社会科学出版社，2024.10
（高质量发展建设共同富裕示范区研究丛书）
ISBN 978-7-5227-2696-0

Ⅰ.①数… Ⅱ.①夏… Ⅲ.①信息经济—经济发展—研究—浙江 ②服务业—经济发展—研究—浙江 Ⅳ.①F492 ②F726.9

中国国家版本馆 CIP 数据核字（2023）第 194984 号

出 版 人	赵剑英
责任编辑	周　佳
责任校对	杨　林
责任印制	王　超

出　　版	中国社会科学出版社
社　　址	北京鼓楼西大街甲 158 号
邮　　编	100720
网　　址	http://www.csspw.cn
发 行 部	010-84083685
门 市 部	010-84029450
经　　销	新华书店及其他书店
印　　刷	北京君升印刷有限公司
装　　订	廊坊市广阳区广增装订厂
版　　次	2024 年 10 月第 1 版
印　　次	2024 年 10 月第 1 次印刷
开　　本	710×1000　1/16
印　　张	15.75
字　　数	215 千字
定　　价	85.00 元

凡购买中国社会科学出版社图书，如有质量问题请与本社营销中心联系调换
电话：010-84083683
版权所有　侵权必究

总　　序

2021年，在迎来建党百年华诞的历史性时刻，党中央对推进共同富裕作出了分阶段推进的重要部署。其中意义非同小可的一条：浙江被明确为全国首个高质量发展建设共同富裕示范区，要在推进以人为核心的现代化、实现全体人民全面发展和社会全面进步的伟大变革中发挥先行和示范作用。于浙江而言，这既是党中央赋予的重大政治责任和光荣历史使命，也是前所未有的重大发展机遇。浙江发展注入了新的强劲动力！

理论是实践的先导，高质量发展建设共同富裕示范区离不开理论创新。基于理论先行的工作思路，2021年5月，中共浙江省委与中国社会科学院联合启动了"浙江省高质量发展建设共同富裕示范区研究"重大课题研究工作。

两年多来，课题组在深入调查、潜心研究的基础上，形成了由13部著作组成、约260万字篇幅的课题成果——"高质量发展建设共同富裕示范区研究丛书"。这套丛书不仅全景式展现了浙江深入学习习近平总书记关于共同富裕的重要论述精神，扎实落实《中共中央　国务院关于支持浙江高质量发展建设共同富裕示范区的意见》的工作实践，而且展现了浙江在全域共富、绿色共富、对外开放、金融发展、产业体系、数字经济、公共服务、养老保障等共同富裕不同方面的特点和基础，也展现了浙江围绕示范区建设边学边谋边干、经济社会高质量发展取得的一系列新突破。

由13部著作组成的这套丛书，各有各的侧重点。其中，李雪松等著的《浙江共同富裕研究：基础、监测与路径》，从共同富裕的科学内涵出发，分析了浙江高质量发展建设共同富裕示范区的基础条件，提出了共同富裕的指标体系和目标标准。魏后凯、年猛、王瑜等著的《迈向全域共富的浙江探索》，从城乡协调、区域协调和乡村振兴角度，阐述了浙江打造城乡区域协调发展引领区的经验做法。张永生、庄贵阳、郑艳等著的《浙江绿色共富：理念、路径与案例》，由"绿水青山就是金山银山"发展理念在浙江诞生的历程入手，系统阐述了浙江践行绿色发展道路、打造美丽浙江，实现生态经济和生态富民的生动实践。姚枝仲等著的《高水平对外开放推动共同富裕的浙江实践》，重点阐述了浙江在高水平开放推动自主创新、建设具有国际竞争力的现代产业体系、提升经济循环效率、实施开放的人才政策、促进城乡和区域协调发展、发展文化产业和丰富人民精神文化生活、实现生态文明和绿色发展等方面的成效。王震等著的《基本公共服务均等化与高质量发展的浙江实践》，从公共财政、公共教育、医疗卫生、养老服务、住房保障等若干角度阐述了浙江公共服务高质量发展和均等化，进而构建激励相容的公共服务治理模式的前行轨迹。张翼等著的《共同富裕与养老保障体系建设的浙江探索》，在系统分析浙江人口老龄化的现状与前景的同时，阐述了浙江养老保障体系建设的总体情况。张晓晶、李广子、张珩著的《金融发展和共同富裕：理论与实证》，剖析了金融发展和共同富裕的关系，阐述了浙江金融发展支持共同富裕的主要经验做法，梳理了金融发展支持共同富裕的政策发力点。张树华、陈承新等著的《党建引领建设共同富裕示范区的浙江探索》，重点阐述了浙江坚持和加强党的全面领导，凝聚全社会共同奋斗推进共同富裕示范区建设的突出特色。冯颜利等著的《精神生活共同富裕的浙江探索》，阐述了浙江在探索精神生活共同富裕、公共文化服务优质均衡发展等方面的突出成绩。黄群慧、邓曲恒等著的《以现代化产业体系建设推进共同富裕的浙江探索》，在分析现代化产业体系对共同富裕的促进作用基础上，阐述了浙江产业体系相对完备、实体经济发展强劲对于推进共同富裕的重要保障作用。都阳等著的《人口老龄化背景下高质量就业与共同富裕的浙江探索》，从分析人口老龄化背景下浙江就业发展的态势入手，梳理了浙江促进高质量就业面临的挑战和路径举措。夏杰长、刘奕等著的《数字经济和服务业高质量发展的浙江探索》，聚焦浙江数字经济和服务业高质量发展，系统探究了浙江数字经济和服务业高质量发展促进共同富裕的机理逻辑、现实探索和困难挑战等问题。汪德华、鲁建坤等著的《共同富裕与财税政策体系构建的浙江探索》，围绕财税体制和财税政策，阐述了浙江在资金直达基层、"钱随人走"制度改革、市县财政收入激励奖补机制、"一事一议"财政奖补体制等方面取得的重要进展。

应当说，"高质量发展建设共同富裕示范区研究丛书"的撰写，也是中国社会科学院建设中国特色新型智库、发挥智库作用的一次重要探索。中国社会科学院始终坚持学术研究与对策研究相结合，理论研究服务于党中央和国家的需要。作为为党中央和国家决策服务的思想库，只有回应时代的呼唤，认真研究解决重大理论和现实问题，才能真正把握住历史脉络，找到发展规律，真正履行使命，推动理论创新。

中国社会科学院和浙江省有着长期良好的合作传统和合作基础，这套丛书是中国社会科学院和浙江省合作研究的又一结晶。在此前的两次合作研究中，2007年"浙江经验与中国发展——科学发展观与和谐社会建设在浙江"（6卷本）和2014年"中国梦与浙江实践"系列丛书，产生了广泛而深远的社会影响。

中共浙江省委始终高度重视此项工作，省委主要领导多次作出批示，对课题研究提供了大力支持。中国社会科学院抽调了12个研究所（院）的研究骨干组成13个子课题组，多次深入浙江省实地调研。调研期间，合作双方克服新冠疫情带来的种种困难，其间的线上线下交流讨论、会议沟通不计其数。在此，我们要向付出辛勤劳动的各位课题组专家表示衷心感谢！

站在新的更高历史起点上，让我们继续奋力前行，不断谱写高质量发展建设共同富裕示范区浙江实践、共同富裕全国实践的新篇章。

"高质量发展建设共同富裕
示范区研究丛书"课题组
2024年1月3日

前　　言

　　推进全体人民共同富裕是社会主义的本质要求，是中国式现代化的重要特征。在中国式现代化进程中，扎实推进共同富裕，是中国共产党领导中国人民全面建设社会主义现代化国家的重大任务。党的十九届五中全会对全面建成小康社会之后全面建设社会主义现代化国家新征程作出了重大部署，提出到 2035 年"全体人民共同富裕取得更为明显的实质性进展"的目标。中国式现代化进程进入一个新的发展阶段，到 2035 年，中国将基本实现社会主义现代化，共同富裕将取得更为明显的实质性进展；到本世纪中叶，中国将成为综合国力和国际影响力领先的社会主义现代化强国，并基本实现共同富裕。

　　共同富裕的建设和实现是一个长期的历史过程。当前我国经济社会发展不平衡不充分的问题仍然凸显，地区和城乡间发展差距显著，不同区域推动共同富裕建设的基础条件相差较大，推动全体人民共同富裕是一项长期而艰巨的重大任务。在有良好基础的地区先行先试推进共同富裕示范区建设，是有序实现全体人民共同富裕的重要战略选择。2021 年 3 月，《中华人民共和国国民经济和社会发展第十四个五年规划和 2035 年远景目标纲要》（以下简称《纲要》）发布，《纲要》指出要支持浙江高质量发展建设共同富裕示范区；2021 年 6 月，印发《中共中央　国务院关于支持浙江高质量发展建设共同富裕示范区的意见》，赋予了浙江省重要的示范改革任务，先行先试、作出示范，为全国推动共同富裕提供优质典型的省域范例。浙江省有着良好的数字经济和服务业发展现实基础,数字经济高速发展,增速超过全国平均水平,服务业稳步恢复,以数据要素和数字技术为核心的数字经济加速融入生产性服务业和生活性服务业,推动服务业数字化转型升级。共同富裕示范区建设需要以数字经济和服务业为重要抓手,实现双向赋能,以数字经济和服务业高质量发展为建设共同富裕示范区提供不竭动力。

《数字经济和服务业高质量发展的浙江探索》是"浙江省高质量发展建设共同富裕示范区研究"系列成果之一,从多个维度系统全面地研究浙江省数字经济和服务业高质量发展建设共同富裕示范区的相关问题。《数字经济和服务业高质量发展的浙江探索》以数字经济和服务业为核心,紧密结合共同富裕的内涵与建设方向、浙江省经济社会发展基础与现状、数字经济和服务业赋能共同富裕示范区建设的逻辑与路径,以内在逻辑、数字经济和服务业高质量发展、数字基础设施高质量发展、数字经济与实体经济深度融合、服务业高质量发展、农村电商高质量发展、健康服务业高质量发展、旅游业高质量发展和服务贸易高质量发展九个主题为九大章节,理论与实践紧密联系,科学系统地探究浙江数字经济和服务业高质量发展建设共同富裕示范区的机理逻辑、现实探索、困境挑战和实施路径等问题。

《数字经济和服务业高质量发展的浙江探索》按照"内在逻辑—整体研究—数字经济专题研究—服务业专题研究"的框架展开,共安排九个章节。第一章分析数字经济、服务业高质量发展与共同富裕的内在逻辑,第二章分析浙江数字经济和服务业高质量发展赋能共同富裕示范区建设,第三章和第四章为数字基础设施、数字经济与实体经济深度融合等数字经济细分维度的专题研究,第五章至第九章为服务业、农村电商、旅游业等服务业细分维度的专题研究。专题研究部分对数实融合促进共同富裕实践路径的浙江样本、农村电商高质量发展推动共同富裕示范区建设的机制、浙江完善健康服务业实现共同富裕的经验借鉴、浙江旅游业高质量发展推动共同富裕示范区建设的发展方向、服务贸易高质量发展赋能共同富裕示范区建设的作用路径等多个重点和特色问题进行了深入研究和探析。

第一章为"数字经济、服务业高质量发展与共同富裕的内在逻辑"。作为首个章节，本章以数字经济赋能服务业为研究视角切入，深入分析了数字经济、服务业和共同富裕三者的内在逻辑以及共同富裕的实现路径，为之后的研究奠定理论基础。数字经济的增长速度和共同富裕的实现速度高度相关，数字经济通过推动数字产业化和产业数字化高质量发展赋能服务业发展，为实现共同富裕提供了不竭动力。本章以如何在数字经济发展过程中处理服务业高质量发展、高效推动共同富裕为重要议题，多维度分析数字经济赋能服务业实现共同富裕的总体框架、影响机理和实现路径等，为之后整体研究和专题研究奠定理论分析框架和基础。

第二章为"浙江数字经济和服务业高质量发展赋能共同富裕示范区建设"。本章以数字经济和服务业高质量发展为视角，整体研究共同富裕示范区建设相关问题。根据共同富裕的内涵和整体建设规划，具体分析了浙江共同富裕示范区建设目标、现状与主攻方向，探析了数字经济赋能共同富裕示范区建设的作用机理。数字经济可以有效推动经济实现一般性增长、均衡性增长和持续性增长，通过优化收入分配、减少城乡差距、协调区域发展三条路径赋能共同富裕示范区建设。虽然浙江省有着良好的数字经济和服务业发展现实基础，但是浙江省数字经济地区发展不均衡、数字使用鸿沟和数字红利差异等现实挑战和问题仍然突出，未来需要通过区域协调、公平受益、收入调节、数字转型和数商兴农等实施路径，推动数字经济高质量发展，优化产业结构，推动区域协调发展。

第三章为"浙江数字基础设施高质量发展促进共同富裕示范区建设"。本章开始为专题研究章节。本章聚焦于数字经济的发展基础——数字基础设施，围绕数字基础设施高质量发展建设共同富裕示范区的逻辑机制、发展现状和实施路径等展开研究。数字基础设施高质量发展是建设共同富裕示范区的重要保障，也是数字经济高质量发展的关键基础。依托于浙江省先行先试的共同富裕示范区，深入考察数字基础设施高质量发展建设共同富裕示范区的逻辑机制与实现路径有着重要的理论与现实意义。通过浙江样本打造全国实现数字基础设施高质量发展建设共同富裕示范区的省域标杆，为数字浙江建设和浙江经济高质量发展提供了有力支撑。

第四章为"以数字经济与实体经济深度融合促进共同富裕示范区建设"。本章研究了数字经济与实体经济深度融合这一重要现实问题。促进数字经济与实体经济在更高层次、更高水平上深度融合，是实现中国式现代化和全体人民共同富裕的重要基础和保障。随着数字经济同实体经济融合速度加快、程度加深，数字经济和实体经济呈现出产业链、价值链、供应链的互相嵌入与相互依存状态。通过数字经济和实体经济深度融合，促进新的数据生产要素和数字技术深度贯通融入现代化产业体系建设全过程，推动增长动力向新要素驱动转变、推动参与全链条分工、提升资源获取能力和推动市场一体化，促进共同富裕。这是现代化产业体系的基本构成，也是实现共同富裕的重要支撑。

第五章为"服务业高质量发展助力共同富裕示范区建设"。本章以服务业高质量发展为主题，基于浙江省 11 个城市的面板数据，实证研究浙江省服务业高质量发展对城乡区域发展差距和区域经济协调发展的影响，深入分析服务业高质量发展赋能浙江共同富裕示范区建设的作用机制和空间溢出效应。目前专门针对服务业高质量发展促进共同富裕的相关研究还相对缺乏，本章基于浙江省 11 个城市的面板数据展开实证研究，一定程度上丰富了服务业高质量发展促进共同富裕这一领域的研究成果。研究指出浙江省服务业高质量发展通过促进产业结构升级、城镇化、进出口贸易等途径缩小城乡区域发展差距，但难以直接促进区域经济协调发展。原因可能在于服务业容易形成产业集聚效应,形成空间上的集中分布,加之浙江省服务业尚未形成循环累积因果关系,生产性服务业和制造业的良性互动和相互促进尚未有效实现。为解决这一问题,未来需要充分释放服务业空间溢出效应,强化服务业高质量发展提升共同富裕效能。

第六章为"农村电商高质量发展促进共同富裕示范区建设"。本章重点关注农村电商高质量发展对浙江省共同富裕示范区建设的赋能作用。促进共同富裕,最艰巨最繁重的任务在农村。对于浙江省而言同样如此,缩小城乡收入差距仍然是浙江省建设共同富裕示范区的关键问题。农村电商在解决农村就业、促进农民增收、推动产业发展等方面发挥了积极作用,农村电商高质量发展有望为共同富裕中城乡收入差距问题提供新的解决方案和思路。浙江省《农业农村领域高质量发展推进共同富裕行动计划(2021—2025年)》明确提出,将电子商务专业村建设作为农业农村数字促共富的主要措施。农村电商成为推动农业农村经济发展的新引擎,是助力欠发达地区实现追赶式和跨越式发展的新兴途径。

第七章为"健康服务业高质量发展助力共同富裕示范区建设"。本章聚焦于健康服务业,探析浙江省"健康中国省域示范区"建设目标与路径。健康服务业是第三产业的新兴业态之一。本章通过系统梳理健康经济的相关理论,深入剖析缩小健康差距与实现共同富裕的理论逻辑,总结浙江完善健康服务改革与创新的相关经验和模式,提出以健康服务业高质量发展建设共同富裕示范区的政策建议。在推进共同富裕示范区建设的过程中,以打造健康中国省域示范区为目标,浙江省取得了一系列标志性成果,探索形成了特色鲜明的"浙江范式"。这些积极和有益的实践探索,为建设健康中国提供了较为丰富的参考和示范价值。

第八章为"旅游业高质量发展助力共同富裕示范区建设"。本章重点讨论旅游业高质量发展与共同富裕示范区建设。旅游业作为国民经济的战略性支柱产业和五大幸福产业之首,具有天然的富民属性和绿色发展特征。旅游业高质量发展能够以市场化的方式影响财富获取和收入分配，进而影响社会收入分配结构。旅游产业在浙江省产业体系中占据重要地位。"十四五"时期，浙江省计划率先基本建成现代化旅游经济强省，成为长三角休闲度假地、中国最佳旅游目的地和国际知名旅游目的地。本章总结了浙江省旅游业高质量发展的现状特征，深入研究旅游业高质量发展推动共同富裕示范区建设的主要路径、政策响应与发展方向，为推动浙江省旅游业高质量发展、助力共同富裕示范区建设提供参考。

第九章为"服务贸易高质量发展赋能共同富裕示范区建设"。本章关注服务贸易高质量发展与共同富裕。服务业对外开放和国际合作是中国新发展阶段向制度型开放、高水平对外开放转变的关键抓手，服务业开放和服务贸易高质量发展逐渐成为中国开放型经济体制赋能推进全社会共同富裕的核心环节。浙江省具备良好的社会环境和政策保障水平，能够为依托服务贸易高质量发展推动共同富裕社会建设提供典范成果。本章明晰了服务贸易高质量发展的基本内涵，深入分析服务贸易高质量发展赋能共同富裕示范区建设的作用机制、发展现状和现实挑战，探讨提高服务贸易正向赋能效应的实施路径。

中国已经进入扎实稳步推动共同富裕的历史新阶段。共同富裕既是实现中国式现代化的内在要求，也是中国人民的殷切期盼。以数字经济和服务业高质量发展为抓手，推动浙江省高质量发展建设共同富裕示范区，为稳步有序实现全体人民共同富裕贡献优质典型的省域范例。本书基于浙江省数字经济和服务业高质量发展赋能共同富裕示范区建设的逻辑机制，以多个主题章节系统深入地探析浙江数字经济和服务业高质量发展建设共同富裕示范区相关问题。希望通过对浙江数字经济和服务业高质量发展建设共同富裕示范区的深入研究与探析，推动浙江共同富裕示范区建设稳步前行，进一步释放和强化数字经济和服务业的赋能驱动力，为中央和地方政府推动共同富裕建设提供一定的理论指导意义和实践参考价值。

目 录

第一章 数字经济、服务业高质量发展与共同富裕的内在逻辑 …… 1
 第一节 引言 …… 1
 第二节 数字经济与服务业的融合逻辑 …… 4
 第三节 数字经济和服务业高质量发展推进共同富裕的
    内在机理 …… 10
 第四节 结论和政策启示 …… 17

**第二章 浙江数字经济和服务业高质量发展赋能
共同富裕示范区建设** …… 19
 第一节 引言 …… 19
 第二节 浙江数字经济和服务业高质量发展的现实基础 …… 20
 第三节 浙江共同富裕示范区建设目标、现状与主攻
    方向 …… 26
 第四节 数字经济和服务业高质量发展赋能
    共同富裕示范区建设的作用路径 …… 32
 第五节 数字经济和服务业高质量发展赋能
    共同富裕示范区建设的现实挑战 …… 35
 第六节 数字经济和服务业高质量发展赋能浙江
    共同富裕示范区建设的实施路径 …… 39

第三章　浙江数字基础设施高质量发展促进共同富裕示范区建设 …… 46

第一节　引言 …… 46

第二节　浙江省数字基础设施与共同富裕示范区发展现状 …… 47

第三节　浙江省数字基础设施高质量发展建设共同富裕示范区的逻辑机制 …… 54

第四节　浙江省数字基础设施高质量发展建设共同富裕示范区的实施路径 …… 63

第四章　以数字经济与实体经济深度融合促进共同富裕示范区建设 …… 67

第一节　引言 …… 67

第二节　数字经济与实体经济深度融合：必要性与内涵 …… 68

第三节　以数字经济与实体经济深度融合推动共同富裕：理论分析与作用机制 …… 70

第四节　数实融合促进共同富裕的效应分析：来自小微企业的证据 …… 75

第五节　数实融合塑共富未来的实践路径：浙江样本 …… 83

第六节　主要结论与建议 …… 92

第五章　服务业高质量发展助力共同富裕示范区建设 …… 94

第一节　引言 …… 94

第二节　浙江实现共同富裕的影响因素分析及研究假设 …… 95

第三节　数据、变量与理论模型 …… 100

第四节　实证检验 …… 103

第五节　间接效应分析 …… 110

第六节　影响机制分析 …… 120

第七节　结论与政策启示 …………………………………… 124

第六章　农村电商高质量发展促进共同富裕示范区建设 ………… 126
　　第一节　引言………………………………………………… 126
　　第二节　浙江农村电商高质量发展的基本成就与经验……… 128
　　第三节　农村电商高质量发展推动共同富裕示范区建设的
　　　　　　机制…………………………………………………… 136
　　第四节　农村电商发展与浙江县域共同富裕关系的
　　　　　　实证检验……………………………………………… 141
　　第五节　结论与政策启示 …………………………………… 149

第七章　健康服务业高质量发展助力共同富裕示范区建设 ……… 153
　　第一节　引言………………………………………………… 153
　　第二节　健康不平等的形成与因素分析 …………………… 154
　　第三节　缩小健康差距与实现共同富裕的理论研究 ……… 155
　　第四节　浙江完善健康服务业实现共同富裕的经验借鉴…… 157
　　第五节　浙江健康服务业高质量发展建设共同富裕示范区的
　　　　　　对策思路……………………………………………… 174

第八章　旅游业高质量发展助力共同富裕示范区建设 …………… 178
　　第一节　引言………………………………………………… 178
　　第二节　浙江旅游业高质量发展的典型特征 ……………… 179
　　第三节　浙江旅游业高质量发展推动共同富裕示范区建设的
　　　　　　主要路径……………………………………………… 183
　　第四节　浙江旅游业高质量发展推动共同富裕示范区建设的
　　　　　　政策响应……………………………………………… 190
　　第五节　浙江旅游业高质量发展推动共同富裕示范区建设的
　　　　　　发展方向……………………………………………… 193

第九章　服务贸易高质量发展赋能共同富裕示范区建设 …………… 201
第一节　引言 ……………………………………………………… 201
第二节　服务贸易高质量发展赋能共同富裕示范区建设的作用机制 ………………………………………………… 203
第三节　浙江服务贸易发展的阶段性成果和主要特征 ……… 210
第四节　浙江服务贸易高质量发展赋能共同富裕的现实挑战 …………………………………………………… 214
第五节　浙江服务贸易高质量发展赋能共同富裕示范区建设的政策建议 …………………………………… 218

参考文献 …………………………………………………………… 224

后　记 ……………………………………………………………… 236

第一章　数字经济、服务业高质量发展与共同富裕的内在逻辑

第一节　引言

治国之道，富民为始。党的十八大以来，中国完成了脱贫攻坚、全面建成小康社会的艰巨历史任务，实现了第一个百年奋斗目标，为进一步实现全体人民共同富裕打下了扎实基础。共同富裕不仅是社会主义的本质要求，是中国式现代化的重要特征，更是人民群众的共同期盼，是第二个百年奋斗目标的核心内容。现在，以习近平同志为核心的党中央把握发展新阶段新变化，强调中国已经到了扎实稳步推动共同富裕的历史新阶段，而数字经济的发展是实现共同富裕的奠基石。

数字经济与共同富裕具有密切联系。一是数字经济的发展与推动共同富裕在时间线上高度相关。"十四五"时期，中国数字经济进入深化应用、规范发展、普惠共享的新阶段。到2035年，数字经济将进入发展成熟期，需要构建稳定、公正、统一、系统的现代化数字经济市场体系，建设位居世界前列的数字经济发展体系并提升数字产业化发展水平。中国共产党第二十次全国代表大会强调，到本世纪中叶，全体人民共同富裕基本实现，居民收入与实际消费水平之间的差距将进一步收缩至合理区间。二是数字经济与共同富裕在经

济发展上高度相关。为推进数字经济繁荣发展，到2025年，中国数字经济将进入全面扩张时期，数字经济核心产业增加值占GDP的比重将达到10%。为实现共同富裕，到2035年，中国人均国内生产总值要向中等发达国家看齐。三是数字经济与共同富裕在发展主体上高度相关。共同富裕的主体是全体人民，需要依靠全体人民的共同努力才能实现共同富裕。① 数字经济是实体经济与数字技术融合的产物，是经济发展的重要基石。人民是数字经济的建设者以及最终受益者。四是数字经济与共同富裕的目标步调一致。数字经济有利于推动产业高质量发展、区域经济均衡发展，从而带动共同富裕。均衡共享发展模式是解决推动共同富裕过程中发展不均衡问题的关键。而数字经济的高技术特性和可共享特性，让它不仅是经济增长的动力源泉，也是推动均衡发展的关键点。② 浙江作为全国唯一的共同富裕示范区，恰是数字经济高地，在试点选择和推进路径上都显示出数字经济和共同富裕的高度契合性。

实现共同富裕，离不开数字经济的繁荣发展。放眼目前全球局势，数字经济是改变如今全球政治、经济以及科技形势的钥匙，它是重组关键要素资源的着重点，是改变现有以服务业为主低增长的经济结构的重中之重，是治疗"鲍莫尔成本病"的一剂良药。2016年，杭州G20峰会《二十国集团数字经济发展与合作倡议》中对数字经济的定义为，数字经济是指以数据资源作为主要生产要素、以电子信息技术作为重要载体、以信息通信技术提升效率和优化经济结构的经济活动。《"十四五"数字经济发展规划》中明确提出，数字经济是继农业经济和工业经济后的另一种主要经济形态。它让现有的生产结构、生活方式和治理体系发生了重大变化。③

在新发展阶段，机会均等是共同富裕的基础，高质量发展是共同

---

① 马建堂：《奋力迈上共同富裕之路》，中信出版社2021年版。
② 夏杰长、刘诚：《数字经济赋能共同富裕：作用路径与政策设计》，《经济与管理研究》2021年第9期。
③ 张斌：《从制造到服务：结构转型期的宏观经济学》，中信出版社2021年版。

第一章　数字经济、服务业高质量发展与共同富裕的内在逻辑

富裕的前提，人们拥有共同创造物质财富和充实精神财富的需求。而数字经济的高创新性、强渗透性以及多覆盖面等特征，可以与经济、政治、社会、文化、生态环境等领域进行多维度多元融合，以创新驱动全面发展，构建促进共同繁荣的共建共享机制。[①] 同时，数字经济是以数据作为生产要素开展的生产、流通、消费等一系列经济活动的总和，是所有要素数字化转型的关键动力，是推动更加统一、公平、高效的新经济形态的重要组成部分。数字经济可以让地域间、城乡间和产业间的差距不断缩小，它能创造财富、鼓励创业、促进就业、促进均衡发展、健全共享机制，成为共同富裕的助推力。通过数字化改革赋能服务业，从高质量发展角度促进共同富裕，成为新形态的经济增长形式。

本章从数字经济赋能服务业这个研究视角切入，具体分析三者的内在逻辑以及共同富裕的实现路径。数字经济逐步扩大在促进创业、带动就业、提高服务业生产率、推动数实融合、优化公共服务等方面的影响，从而赋能服务业发展。数字经济的增长速度和共同富裕的实现速度高度相关，数字经济赋能服务业推动数字产业化和产业数字化高质量发展，为加速实现共同富裕提供了肥沃土壤。然而，推动共同富裕需要建设更高水平的数字经济体系，健全的数字经济体系是服务业贸易起到正效应作用的充分必要条件，技术创新是数实融合发展的基础。因此，数字经济在改变生产关系和商业模式的同时，也在促进服务业高质量发展。如何在数字经济发展过程中促进服务业高质量发展，已成为有效推动共同富裕的重要议题。从现有研究来看，学者们对共同富裕、数字经济和服务业三者之间的逻辑关系的研究尚未进一步深化，但是如何实现数字经济助推共同富裕的相关研究为本书奠定了基础。然而有关服务业与共同富裕衔接的"有效赋能"的定义与衡量不足，对到底什么才算是"有效赋能"

---

① 王俊豪、周晟佳：《中国数字产业发展的现状、特征及其溢出效应》，《数量经济技术经济研究》2021年第3期。

尚未给出精确回答。目前对于数字经济赋能服务业实现共同富裕的总体框架、影响机理、实现路径等研究也较为缺乏，不能系统地揭示数字经济赋能共同富裕的机制和路径。因此，本章聚焦以上问题，对数字经济赋能服务业高质量发展促进共同富裕进行路径分析，为后期进行数理分析奠定理论基础。

第二节　数字经济与服务业的融合逻辑

一　数字经济与服务业具有高度的互动性和耦合性

一方面，平台服务赋能数字产业化发展。十年来，中国服务业增加值增长1.49倍，进口服务累计超过4万亿美元，超大规模市场优势进一步强化。中国服务业贸易正在保持较快的增长趋势，2021年，中国服务进出口总额首次超过8000亿美元，创历史新高，同比增长24.1%；其中服务出口3942亿美元，同比增长40.5%。这都意味着"中国服务"的国际影响力和竞争力得到进一步提升。商务部表示，中国扩大服务业对外开放的脚步不会停止，将持续推进服务贸易的创新发展。通过线下线上的对外平台来促进服务业贸易朝国际化发展，大力推进新型新兴服务业出口，持续增加优质服务业进口，以此推进服务业贸易均衡协调发展。服务贸易是中国与各国开展经贸合作的重要组成部分和关键的经济增长点。目前，与中国有服务贸易往来的国家和地区增加到200多个。尽管面临诸多挑战，但中国每年服务业增量居全球第一，服务领域开放水平不断提升，数字化进程在进一步加快。中国服务贸易坚实的发展基础没有改变、长期向好的发展势头没有改变、在对外贸易中的重要地位和作用没有改变。

鲍莫尔（William Jack Baumol）在1967年提出了"服务业之谜"的观点。[①] 在其"非均衡增长模型"中表明，服务业部门劳动生产率

---

① W. J. Baumol, "Macroeconomics of Unbalanced Growth: The Anatomy of Urban Crisis", *American Economic Review*, Vol. 57, No. 3, 1967, pp. 415–426.

相对制造业部门劳动生产率较低，而实际工资的上涨水平由制造业部门的劳动生产率决定，这就提高了服务业部门的劳动力成本；服务业占比的加大增加了社会总成本，最终导致整体经济增长下降，这被称为"鲍莫尔成本病"。[①] 而数字经济所带来的服务业经济递增效应可以在一定程度上缓解这一症状。[②]

数字技术能够帮助数字平台优化资源配置。在快速的生活节奏中，数字技术可以帮助人们将碎片化时间与服务平台碎片化资源相匹配，以满足消费者多样化的需求，从而提高消费水平，拉动经济增长。例如，利用网络大数据匹配消费者个性化需求，并进行相关产品推送，多维度推广产品，多渠道宣传品牌。创新带来的数字化中间服务种类不断增加，极大地提高了服务业生产的全要素生产率。中国消费者数量众多，数字平台市场广阔。这意味着，数字平台既能达到规模效应，也能达到竞争效应，如"双十一"期间各平台的促销活动，透明公开的价格信息能为消费者获取最优惠的消费渠道，为消费者提供便利，打破信息壁垒。当国内市场趋于饱和时，拥有全球化视野的数字平台具备全球竞争力，带领中国数字化服务"走出去"。

另一方面，生产性服务业数字化是产业数字化的重要构成。产业数字化以下一代数字技术为支撑和指导，数据是其载体，释放价值是其关键，数据赋能是其重点，是对产业链的上下游要素进行数字化升级、转型和重组的过程。服务业数字化是推进产业数字化转型的重中之重。据中国信息通信研究院发布的《中国数字经济发展报告（2022年）》测算，2021年中国数字经济规模为45.5万亿元，占GDP的39.8%，同比增长16.2%。[③] 其中数字产业化规模达8.4

[①] 程大中：《中国服务业增长的特点、原因及影响——鲍莫尔—富克斯假说及其经验研究》，《中国社会科学》2004年第2期。

[②] 庞瑞芝、李帅娜：《数字经济下的"服务业成本病"：中国的演绎逻辑》，《财贸研究》2022年第1期。

[③] 中国信息通信研究院：《中国数字经济发展报告（2022年）》，2022年7月。

万亿元,产业数字化部分达到了37.2万亿元,占GDP的32.5%,成为数字经济发展的关键。

创造数字化新业态,连接横纵向产业,推动创新共享。数字化时代,横向与纵向的产业融合推动服务数字化。5G的来临,互联网与物联网让线上线下无缝衔接,打破了空间的局限性,让不同层面的需求聚集,也让服务有了新供应模式。平台经济是横向聚合的最好体现,而数字产业链供应链则纵向贯通了产品的生命周期,出现了跨界融合的多层次服务。例如,服务业与制造业的融合,让个性化、定制化的生产应运而生。数字服务业与工农业的融合,能有效解决从产到销的供应端与需求端的对接问题,还能创新多种农产品品种,提高产量,形成直接供给、按需种植、农业超级对接等新产业模式。

推动数字化转型,普惠中小企业。比如,"上云用数赋智"行动为中小微企业数字化转型提供扶持资源、普惠服务、生态构建,降低企业数字化转型门槛,支持企业智能化改造和推动全产业链协同转型。在重点行业和区域搭建与国际接轨的工业互联网平台和数字化转型促进中心,在研发设计、制造、运营管理、市场服务等多环节深化数字新模式。加快服务业数字化转型,培育众包模式、智慧物流、新零售等新经济增长点。加快发展智慧服务业,推进服务业经营和管理服务数字化改造。当制造业的占比增速远低于服务业的占比增速时,高端制造业所需的生产性服务业需要进行结构优化,如设计、研发、咨询、配送等配套服务。现代服务业发展得越快,对中国制造业的创造和发展的影响也就越大。

二 数字经济对服务业高质量发展的推动作用

数字经济对服务业发展的作用主要体现在要素集约、业态集聚、功能集成、流量集中等方面上。数字产业化和产业数字化对服务业的发展也起到了至关重要的作用,从提升效率、增大效益、助力多元化等角度带动服务业高质量发展。

数字经济可以提升服务业效率。随着服务业为主导的时代来临，中国经济出现了增速持续下行的周期性特征。被服务性质所束缚，服务业有着产品无形性、质量不确定性和供需不平衡性的天然限制，这让服务业效率低于工业、农业。第一，数字经济可以拉动服务业低效的劳动生产率。数字技术的普及使得服务业不再受地域的限制，出现了线上服务的新业态模式。第二，由于时代特性，数字时代的产品和服务创新速度日新月异。利用数字技术可以快速创造新的产品、服务和商业模式，有效加强创新能力。第三，数字技术可以有效配置资源。创造新的商业服务和商业模式，以创造新的增长点。利用数字技术配置存量和增量资源，在不提升成本的情况下将碎片化的资源与消费者的需求一一对应起来，从而推动经济增长。

数字经济可以提升服务业效益。数字经济下的信息通信技术能力越强，服务业进口技术溢出效应越显著，从而提升产业的国际竞争力。[①] 近年来，随着中国数字服务贸易加快发展，服务贸易逆差明显收窄，贸易额从2019年的15024.9亿元下降到2021年的2112.7亿元。数字经济的加速发展使中国服务业"走出去"的规模不断增大以及质量不断提高。服务业"走出去"与数字经济发展密不可分。其一，数字经济改变了传统的服务贸易方式，为服务业企业"走出去"提供了更加丰富的路径。数字经济连接了海量数据和用户，为远程服务提供了较低的边际成本，对跨境贸易的附加成本很小，尤其是研发服务和众包平台，不仅可以提供超越时空的服务，还可以更好地利用全球资源提供优质服务。其二，数字经济扩大了服务贸易的市场空间。现有学者验证了服务业技术进步滞后是就业增长的关键因素，[②] 随着数字技术的引入在一定程度上有望能打破鲍莫尔—富克斯假说。

---

① 姚战琪：《服务业开放、数字经济对产业国际竞争力的影响》，《学术探索》2022年第6期。
② 王俊：《服务业就业增长之谜：对鲍穆尔—富克斯假说的再检验》，《人口与经济》2008年第6期。

数字经济有助于经济结构多元化扩张。服务业的多元化拓展可以通过服务理念的多维发散、服务基地的数字化升级等有效手段让服务效率快速提升，从而有效带动经济高质量发展。[①] 数字经济对产业结构层次高级化具有正向影响。[②] 如今，各种在线服务云办公、远程教育、远程医疗等新型服务形式涌现，甚至出现了将数据作为生产要素和服务内容的虚拟服务，比如虚拟偶像、线上演唱会、VR（虚拟现实技术）、NFT（数字藏品）等。数字经济能重构现代化服务业新型产业链，在数字经济发展模式下，服务业多元发展是产业重构的重要体现。服务理念多元化发展、服务基地网络化发展、服务效率快速提升都是经济高质量发展的重要推动力。

三　数字经济与服务业融合面临的问题

数字经济与服务业融合还面临许多问题以及挑战。虽然，数字经济引领了科技创新新趋势，催生了现代服务业新业态新模式，同时也暴露出一些短板，如数字技术普及率尚低、基础设施数字化建设有待加强、地区发展不平衡、人才成本上升、数实结合欠佳等问题。

目前，在一些基础性、关键性领域，中国数字经济发展水平和质量与发达国家相比还存在较大差距。2021年中国制造业数字化渗透率为22%，虽然相较于2020年的19.5%有所增加，但是仍然低于发达国家39.125%的平均水平，特别是劳动密集型的传统行业中数字化水平融合偏低，比如农业、纺织业、冶炼等。如今，智慧农业处于萌芽阶段，农业生产、流通、销售端的数字化、智能化水平较低。《中国数字经济发展报告（2022年）》显示，2021年中国处于数字化转型的初级阶段的中小企业占比79%。目前。中国企业数字化转型比例约为25%，低于美国和欧洲（其分别为54%和46%）。当前，

[①] 张明志、刘红玉、李兆丞：《数字经济时代服务业多元扩张与经济高质量发展》，《新疆社会科学》2022年第2期。

[②] 谭洪波、夏杰长：《数字贸易重塑产业集聚理论与模式——从地理集聚到线上集聚》，《财经问题研究》2022年第6期。

数字经济与实体经济的融合亟待加强。数字经济与实体经济的融合集中在第三产业，与农业、制造业的结合还不够紧密。当前中国工业互联网平台发展还处于初级阶段，连通产业链、优化要素配置的能力还没有充分显现。因此，在大力发展数字经济的过程中，政府和企业需要在一些关键产业和技术节点上坚持自主创新和攻克技术难关。要加强数字化核心技术自主创新能力，广泛运用到服务业以及其他行业中。政府在推进数字经济统筹布局和发展的同时，需要积极引导，加强数字"新基建"建设，注重区域协调和人群普惠。进一步加大欠发达地区和农村地区数字基础设施投入，加大对低收入人群、老年人等特殊群体的数字知识、数字技能和数字素养的培养。

中国数字经济发展的总体增长速度较为显著，但不同地域间、产业间涉及数字经济发展的强度不一，还存在资源不平衡、发展不充分的问题。中国数字经济结构性问题突出，在娱乐和消费领域发展领先、产业互联网发展有所不足，数字鸿沟有待弥合。并且，数字经济的无序扩张会放大收入不均衡的现象。因为在不同体量的平台间、东西部地区之间、不同发展速度的城市间都存在着数字鸿沟。由于数字化基础程度各异，各地区发展差异明显，甚至有进一步扩张的趋势。因此，要不断加强统筹新型数字基础设施建设，以提高公共服务普惠水平；要建立与数字经济匹配的收入分配体系，破除收入不均的壁垒；完善数字经济发展相关法规及制度，保护买卖双方的权益。统筹发展的数字经济可以缩小地域、城乡和产业之间的差距，能创造财富，促进均衡发展，构建共享机制，促进共同富裕。通过数字化改革，从高质量服务业发展角度促进共同富裕，形成新的经济增长点。

吸纳数字化人才的成本变高。《2022年大学生就业报告》数据显示，连续10年对应届本科毕业生就业进行调研发现，互联网开发人员、计算机软件工程技术人员连续10年位居高薪职业前十，并且10

年间薪资涨幅均超过50%。这意味着市场对数字技术人才的人力资源发展要求在不断提升。企业和平台不断加薪留住人才的事实也印证了目前市场急需高技术人才。因此，要着重培养高创新、高技术、高视野的优秀人才，健全数字人才高校培养体系，开创数字领域新学科，强化产学研协作，加强相关数字化应用培训，培养数字型人才，为数字经济的发展提供人力资源保障。

第三节 数字经济和服务业高质量发展推进共同富裕的内在机理

数字化转型既是推动服务业发展的重要方式，也是实现共同富裕的关键因素。数字经济在助推服务业开放、推动社会财富增长的同时，还可以通过促进创业、带动就业、提高服务业生产率、推动数实融合、优化公共服务等途径赋能服务业的高质量发展，从而带动国民经济的发展（如表1-1所示）。我们正迎来数字经济时代，需要持续强化数字思维、激励融合创新、聚焦高质量发展，扎实推进共同富裕。

表1-1 数字经济和服务业高质量发展推进共同富裕的内在机理

数字经济特征	数字经济与服务业结合方式	促进服务业高质量发展	数字经济与服务业协同推动共同富裕
开放性、包容性	提升创业服务质量	提供创新创业生态，发散创新思维，降低创业门槛	促进创业
涌现新业态新模式	优化就业结构以及人力资源服务	衍生新工种，提升岗位适配度，扩大零工经济，提高薪资待遇	带动就业
技术智慧化	提高服务业技术水平，改变服务业经营模式	克服"鲍莫尔成本病"	提高服务业生产率
服务实体经济	工业互联网平台作为第三方服务商，连接数字经济和实体经济	赋能生产性服务业	推动数实融合

续表

数字经济特征	数字经济与服务业结合方式	促进服务业高质量发展	数字经济与服务业协同推动共同富裕
普惠性	降低公共服务成本，加强政策落地精准化，有效触达一般公共服务难以惠及人群	赋能公共服务，转变政府职能，提高政务服务水平	优化公共服务

一 促进创业

创业是促进全社会共同富裕的重要路径。在经济制度和政府政策之外，创业成功的要素主要有三点：创业启动资金、创业资源、创业思路，[1] 而数字经济的推广应用能在这三点上促进服务业创业。

第一，数字经济能更便利地聚拢资金以及多渠道获得有效投资。数字技术在一定程度上能打破信息壁垒，减少信息不对称性，让市场主体，如上市公司、中介机构、投资者等之间能够更顺畅地进行信息交流，提高资本市场的投资效率。当资本市场变得更高效时，市场对资产的价格的锚定将更加准确，减少套利机会，回归市场公允价值，提升市场效率，改善创业环境。

第二，数字经济能够有效改善资源配置。数字化与服务业相结合时拥有开放性、标准化、包容性、安全性、全域性和智慧化的特点。开放性方面，数字化能够促进资源配置开放合作交流，优化跨部门协作，完善合作机制。标准化方面，数字化可以使资源市场交易的技术和服务进行横纵向比较，从而趋于标准。包容性方面，能接受多样性的市场主体参与，增加跨平台创新机会。安全性方面，推动统一大市场高质量建设，提升市场主体的可靠性、交易行为的可溯源性以及交易数据的真实性。全域性方面，数据跨平台共享互惠，多平台交流合作，实现跨区域数字资源的互联互通。智慧化方面，利用如大数据、云计算、物联网、区块链等信息技术实现"全域互

---

[1] 刘诚、夏杰长：《商事制度改革、人力资本与创业选择》，《财贸经济》2021年第8期；夏杰长、刘诚：《契约精神、商事改革与创新水平》，《管理世界》2020年第6期。

联网+公共资源交易"的智能化。

第三,数字经济有助于服务业从业主体向全球化扩张,拓宽服务渠道,增加多角度创业思路。服务业在数字经济中的演化变得更多元。在数字中国战略的带领下,创新驱动的创业实践不断涌现。数字经济是全球经济社会发展的重要推动力。《2022中国数字经济发展研究报告》显示,2021年全球主要国家数字经济增加值为38.1万亿美元,而中国数字经济规模位居世界第二位,近7.1万亿美元,同比增长26.8%;数字经济规模跃升,增速位居全球第一位。[1]数字经济下创新驱动创业过程中认知、行为、能力及其互动关系呈现独特性,[2]让服务业创业拥有更多的可能性。

二 带动就业

就业是维系普罗大众工资收入的基本保障,也是人民群众勤劳致富的主要途径。近年来,中国数字经济核心产业规模加快增长,2021年全国软件业务年收入达9.6万亿元,工业互联网核心产业规模超过1万亿元,大数据产业规模达1.3万亿元,并成为全球增速最快的云计算市场之一。《中国数字经济发展报告(2022年)》指出,直播电子商务平台等新业态创造吸纳大量就业岗位,2021年电子商务从业人员超6700万人。数字经济让市场涌现了更多新业态新模式,增加了就业岗位,有力助推就业发展。

数字经济能吸引高校毕业生与数字化转型的小微企业进行岗位匹配。2022年中国高校毕业生规模达到1076万人,同比增长18.4%,首次超过千万人。在这个情况下,高校毕业生就业问题迫在眉睫。中国中小微企业吸纳就业人口数占总就业岗位数的80%,中小微企业在数字经济下的数字化转型能为新增就业岗位作出贡献。大学生群体自

---

[1] 中国电子信息产业发展研究院:《2022中国数字经济发展研究报告》,2022年11月。
[2] 蔡莉等:《数字经济下创新驱动创业过程中认知、行为和能力的跨层面作用机制——基于三一集团的案例研究》,《南开管理评论》2022年第11期。

带"网络原住民"特性，这让数字经营和数字服务下的岗位拥有更多的吸引力，就业岗位与人才数字之间的适配度有所提升，工薪条件、福利待遇以及技能匹配都有大幅提升。小微企业提供的岗位也会吸纳更多的高校毕业生就业。比如，2022年7月支付宝宣布投入100亿元支持商家数字化转型，这也意味着将出现更多的数字化就业岗位。

数字经济创造的多业态模式井喷式涌出。随着制造业、服务业、农业的数字化水平日益加快增长，中国电子商务和移动支付规模也在持续扩张，网约车、网上外卖、数字文化、智慧旅游等市场规模不断扩大，这意味着增加了更多的就业岗位。服务业提供的岗位能吸纳最多的就业人口，且服务业就业人数在不断攀升。2021年服务业就业人数高达35868万人，占就业人口总数的48%。近年来，就业人数年均增速在5%左右，服务业增加值增长率持续大于就业人数增长率。其中，出现了数字技术带动零工经济发展的情况。[①] 零工经济是上班时间较为自由的新型工作形式，与传统的坐班工作不同。零工经济利用电子信息技术的就业优势在于，能在低成本的前提下利用互联网和移动技术快速匹配供给和需求双方，并且能实现个人资源配置和资源利用效率最大化，以带动社会效率的提升。

三 提高服务业生产率

服务业生产率是在服务业或制造业的生产过程中将投入资源转化成价值以及企业利润的效率。数字经济成为拉动服务业经济增长的新引擎。生产率是决定劳动报酬和资本积累的根本性因素，只有提高服务业生产率才能使从业者在不增加劳动付出的同时在收入水平上获得提升，才能最终实现共同富裕。

当服务业占GDP的比重超过50%时，由于服务业相较于其他行业效率较低，即服务业以劳务出行的方式进行，拥有很强的实体局

---

① 刘诚：《数字经济与共同富裕：基于收入分配的理论分析》，《财经问题研究》2022年第4期。

限性,其较低的生产效率会导致国家经济增速放缓,这是"鲍莫尔成本病"的表现。Triplett 和 Bosworth 发现,当信息服务部门的劳动生产率增长比商品生产部门的增长率高时,服务业改善速度与增速都与经济水平相当。① 所以,当数字经济能帮助信息服务经济增速时,"鲍莫尔成本病"在一定程度上可以被"治愈"。Brynjolfsson 等认为,数字经济并没有在会计层面上被完整地记录,因为很多数字经济的福利贡献是难以计量的。② 事实上,数字平台如 Facebook 能使美国每年的 GDP-B(描述福利贡献的指标)增长 0.05—0.11 个百分点。

根据《中国数字经济发展报告(2022 年)》,2005—2021 年中国数字经济增加值由 2.6 万亿元增长到 45.5 万亿元,占 GDP 的比重由 14.2% 提升至 39.8%。中国数字经济规模成几何倍数增长,2005—2021 年扩大了 14 倍。新冠疫情使人们在线下保持社交距离,增加了线上购物的需求,并且网络直播、线上会议、居家办公、网络医疗、线上演唱会等服务业新业态也逐渐变成了生活常态。数字技术的进步给我们的生活、消费、生产、公共服务、社会治理等各个领域带来了巨大变化。国家统计局数据显示,2021 年中国网上零售额为 13.1 万亿元,增长 14.1%,增速同比增长 3.2%,占社会消费品零售总额的 29.7%。2015—2020 年中国可数字化交付服务贸易规模占服务贸易总额的比重从 31% 增长到 44.54%,2016—2020 年中国数字化交付服务出口总额占比从 44.5% 提高到 55.3%。从而可以佐证,数字经济可以在一定程度上治愈"鲍莫尔成本病",带动经济高效增长。

---

① J. E. Triplett, B. P. Bosworth, "Productivity Measurement Issues in Services Industries: 'Baumol's Disease' has been Cured", *Economic Policy Review*, Vol. 9, No. 3, 2003, pp. 23-33.

② E. Brynjolfsson et al., "GDP-B: Accounting for the Value of New and Free Goods in the Digital Economy", NBER Working Papers, 2019.

四 推动数实融合

新冠疫情期间,数字经济强势崛起,数字技术与实体经济继续深度融合,并向产业、消费、公共服务等领域不断渗透。数字经济和服务业高质量发展不仅可以提升服务业生产率,还可以通过数实融合拉动制造业生产率。在全球竞争越发激烈的数字经济时代下,数字经济的进步源于实体经济的发展,而实体经济的发展立足于制造业的稳步前进。只有依托数字技术打造更高水平、更有竞争力的先进制造业,才能在国际竞争中拔得头筹。

数字经济是实体经济发展的重要动能。数字技术与实体经济深度融合,能进一步推动制造业发展。《关于数字经济发展情况的调研报告》指出,截至2022年6月,全国登记在册的数字核心产业企业达509.5万户,占全部企业的比重突破10%。全国具备行业、区域影响力的工业互联网平台超过150个,重点平台工业设备连接数超过7900万台套,服务工业企业超过160万家,数字技术助力制造业降本增效。

用以"虚"促"实"的方法,推动实体经济朝着数字化、智慧化、可视化的方向发展。[①] 一方面,数字化为实体经济开拓新空间。产业数字化重塑产业分工协作新模式,产业间技术不断提升。数字平台化打造新生态、新业态、新模式,让产业转型升级充满活力,让经济增长充满动力,为企业提供数据支持,为用户提供个性化服务。此外,数字经济为企业征信提供了新的辅佐证据。金融机构能更好地为企业服务,提供贷款资金,可视化地为企业解决资金问题。另一方面,智慧化提高实体经济生产和服务效率。数字技术可以优化资源配置,扩张经济规模。实体经济由生产、经营、流通、服务等对接环节组成,而数字化能提升各个环节间的沟通效率、流通效

---

① 姜兴、张贵:《以数字经济助力构建现代产业体系》,《人民论坛》2022年第6期。

率、生产效率和服务效率。数字资源配置的不断扩大，让全社会、全行业资源配置效率也不断提高。① 基于产业资源流动、配置的全生命周期，清华大学互联网治理研究中心对城市进行资源数字化配置指数测度，发现经济发展质量和资源数字化配置呈正相关性，② 这说明数字化资源配置越高对经济高质量发展影响力越大。

五 优化公共服务

2022年4月19日，习近平总书记在中央全面深化改革委员会第二十五次会议上，作出了"以数字化改革助力政府职能转变"的重要论述，强调"推动政府数字化、智慧化运行，为推进国家治理体系和治理能力现代化提供有力支撑"。③ 除了个人和企业致富，在政府公共领域实现高质量社会服务的全覆盖也是共同富裕的目标之一。对此，数字经济和服务业发展亦可起到重要的推动作用。近年来，以大数据和云计算等为代表的数字技术助力数字政府提供一站式公共服务。据工信部统计，2012—2021年中国数字经济规模从11万亿元增长到45万亿元以上，数字经济占GDP的比重从21.6%提高到39.8%，并在完善"新基建"建设方面取得一系列成绩。

数字经济可以让公共服务更加精细化。在人民群众提出问题时，利用先进数字技术可以智能化地搜集和解决问题，并针对问题进行智能分析、优化决策、加强管理，从而推动社会可持续发展。并且，群众和基层政府可以根据自己的需求，利用大数据技术不断开发各种应用场景。以未来社区为例，未来社区不仅可以提升群众利用数字技术的能力，而且可以增强数字治理的包容性和消除数字鸿沟。对直接关系到居民生活水平的生活性服务业，浙江省从居民的实际

---

① 蒋永穆、亢勇杰：《数字经济促进共同富裕：内在机理、风险研判与实践要求》，《经济纵横》2022年第5期。

② 清华大学互联网治理研究中心：《中国数字平台开放指数研究报告》，2022年1月。

③ 《习近平主持召开中央全面深化改革委员会第二十五次会议》，2022年4月19日，中国政府网，https://www.gov.cn/xinwen/2022-04/19/content_5686128.htm。

生活情景出发，推动服务方式和理念进行数字化创新，让民生服务场景与数字技术深度融合，并形成了一批应用广泛的典型场景，包括在线教育、远程办公、互联网医疗等。

数字化变革推动政府职能转变和制度改革。数字化一站式公共服务利用大数据为群众和企业提供个性化的定制服务。如政府利用大数据作为基础，预测群众的需求，彻底改变了群众找政府的现象，而是通过数据让政府提前找到需要服务的群众，利用线上平台提供公共服务。而且，政府利用基层治理平台可以进行跨部门联合协作，有效解决纠纷，简化烦琐流程，加强了防范化解社会风险的能力。

第四节 结论和政策启示

数字经济赋能服务业，通过促进创业、带动就业、提高服务业生产率、推动数实融合、优化公共服务促进共同富裕。具有如下政策启示。

一是着力提升数字经济对就业创业和居民致富的带动作用。当前，社会各界对数字经济下的新经济、新产业形态、新模式企业寄予厚望，这对政府部门完善在促进创业、改善就业方面的公共服务基础设施提出了更迫切的要求。比如，目前中国零工经济已超2亿人口，这需要政府采取更多的扶持政策，让新增的就业岗位成长。而且，应进一步加大欠发达地区和农村地区数字基础设施投入，对低收入人群、老年人等特殊群体的数字知识、数字技能和数字素养进行着重培养。

二是缓解服务业供给抑制。高的管制需求和管制供给往往会促成过度管制，通过竞争提升服务质量和数量的通道也因此受阻。政策初衷可能是为了维护市场秩序、调整生产关系、维持基本经济制度等，实施过程中出现的"生产要素不允许流动"的共性，却无意间在服务业中出现了产业抑制效果。

三是大力推动数字产业创新发展，打造具有国际竞争力的产业体系。充分激发市场活力，支持互联网企业不断加强技术创新，提升核心竞争力，鼓励平台企业依托市场、技术、数据等优势赋能实体经济，支持平台企业不断提高国际化发展水平。同时，高度警惕平台垄断现象。要警惕大数据"杀熟"、大型数字平台恶意收购打压竞争对手，进行价格战、恶意破坏交易规则，甚至操纵市场等不法行为。支持平台企业拓展国际市场。继续加强与境外监管机构的沟通，维护境外上市平台企业的合法权益。建立健全司法协调、纠纷解决等机制，为平台企业"走出去"保驾护航。

四是建立新的数字经济的价值锚定指标。在数字经济时代，公司账面上的盈余数字不再能反映公司价值的变化，且数字型公司中无形资产、人力资本较难估值，当前仍缺乏有效评价手段，应尽快构建适合数字经济的统计规则和统计体系。同时，积极参与国际议题，在人工智能伦理、数字服务税、跨境数据流动等方面争取国际话语权，引领全球建立数字规范发展的正确导向。

五是处理好开放共享与安全保护之间的关系。随着数字经济与经济社会发展的深度融合，数据的开放共享与信息安全隐私的矛盾点也日益显著。数据的开放共享需要技术创新以及经济高质量发展为基础，但目前针对数据资源的治理和监管体系仍需要完善，数据泄露、侵犯隐私、过度收集数据等问题，对个人、企业、国家的安全发展都是严重的安全隐患。政府要加强完善相关治理机制，完善相关法律法规体系，以保障个人、商家以及平台的信息安全。

第二章　浙江数字经济和服务业高质量发展赋能共同富裕示范区建设

第一节　引言

浙江被国家赋予在全国率先形成建设共同富裕示范区的标志成果和浙江经验的重大任务。目前浙江共同富裕建设已取得一定的阶段性成果，城乡居民收入差距缩小、省内区域发展更加协调、"数商兴农"全面推进乡村振兴。后续阶段以解决地区、城乡和收入差距问题为主要方向，解决省内发展不平衡不充分的问题。通过数字经济和服务业高质量发展，优化收入分配、减少城乡差距、协调区域发展，有效赋能共同富裕示范区建设。浙江省2021年数字经济持续快速发展，增速超过全国平均水平。疫情常态化下，浙江省服务业持续稳步恢复。数字经济和数字技术加速融入生活服务业，服务业数字化转型迅速。数字经济和服务业高质量发展赋能浙江共同富裕示范区建设有着良好的现实基础，同时也存在一定的现实挑战。数字经济地区发展不均衡，服务业数字化发展程度不足、占比不高，数字使用鸿沟和数字红利差异仍然存在等难题有待攻克。未来需要积极设计出台相关政策措施，推动数字经济和服务业高质量发展，实现双向赋能，优化产业结构、增强产业辐射，为建设共同富裕示范区提供不竭动力。

第二节 浙江数字经济和服务业高质量发展的现实基础

一 数字经济稳定支撑国民经济发展

2021年10月，习近平总书记明确指示，要持续扩大中国数字经济发展规模、优化经济结构、推动中国数字经济高质量发展，进入深化应用、规范发展和普惠共享的新发展阶段。数字经济对全世界未来发展路径都具有重大影响和意义，是应对世界发展革新的必然路径和发展要求。2022年，中国数字经济规模达50.2万亿元，同比名义增长10.3%，高于同期GDP名义增速7个百分点，占GDP的比重达41.5%，同比提升1.7个百分点。[①] 数字经济从多个层面和维度影响和促进经济高质量发展。一方面，互联网等新兴数字技术能够有效创造同时具备规模经济和范围经济的经济发展环境，以实现更高效的供需匹配，完善现有的市场价格机制，发挥数字经济长尾效应，达到提高经济均衡水平的效果。另一方面，随着数据等新的要素投入，新的资源配置效率和全要素生产率由此产生，使得"边际效应"非线性递增，激发大众创业和有效满足细分市场需求的新业态新模式，有效推动了经济高质量发展。数字经济呈现的空间溢出和辐射的特点，对于推进共同富裕具有重要意义，对推动宏观经济一般性增长、区域和城乡均衡性增长具有重要作用。

二 浙江数字经济发展现状

中国信息通信研究院的测算结果显示，2022年浙江数字经济占GDP的比重超过全国平均水平；数字经济持续快速发展，增速超过全国平均水平。《浙江省数字经济发展白皮书（2022年）》显示，

---

① 国家网信办：《数字中国发展报告（2022年）》，2023年5月23日。

2021年浙江省数字经济增加值达3.57万亿元，占GDP的比重为48.6%，相关各项主要指标都处于全国领先水平。

（一）数字经济核心产业加速领跑

2022年，浙江全省数字经济核心产业增加值为8977亿元，比2021年增长6.3%，占GDP的比重为11.6%，比2021年提高0.6个百分点。规模以上工业中，五个数字经济核心产业的增速为5.9%—11.5%，在保持快速发展的同时实现了进一步加速，远快于全部规模以上工业平均水平，显著提升了工业生产和发展增速。电子信息制造业、软件业规模居全国前列。"十三五"时期，全省数字经济核心产业增加值年均增长15.2%，2020年达7020亿元，对GDP增长的贡献率达34.9%。浙江数字赋能产业转型升级成效显著，产业数字化指数位居全国第一，培育省级工业互联网平台210个、上云企业近44万家。[①]

（二）数字经济顶层设计保障发展

为推动浙江数字产业加速融合发展，浙江省启动了实施数字经济创新提质"一号发展工程"，同时制定和出台了一系列推动数字经济发展的相关政策方案。2021年6月，浙江省人民政府印发《浙江省数字经济发展"十四五"规划》（以下简称《规划》），《规划》提出将于2025年实现浙江省数字经济发展水平稳居全国前列、达到世界先进水平的目标；有关数字经济增加值占GDP的比重，提出60%左右的目标要求；高水平建设完成国家数字经济创新发展试验区，加速完善"三区三中心"建设任务。基于浙江省2019年和2020年在科技创新、数字产业化、产业数字化、治理数字化和数字基础设施五个方面的现实情况与发展潜力，提出浙江数字经济发展"十四五"主要目标，以有效发明专利等18个相关指标从五个方面全面定量规划了全省数字经济发展目标和方向（如表2-1所示）。浙江计划

---

① 《2020年浙江数字经济总量突破3万亿元》，2021年5月18日，浙江省经济和信息化厅网站，https://jxt.zj.gov.cn/art/2021/5/18/art_1229246513_58926598.html。

于2035年全面进入数字经济时代,构建成熟完善的数字产业发展体系。以数字经济为核心,充分释放数字潜能和数据要素价值,赋能产业发展全面变革,形成全面现代化经济体系,建成数字浙江,为全省高质量完成共同富裕建设任务提供强大驱动力。

表2-1　　　浙江数字经济发展"十四五"主要目标

	指标	单位	2020年	2025年
科技创新	规上数字经济核心产业研究与试验发展（R&D）经费支出占增加值比重	%	6.7*	7.5
	数字经济领域有效发明专利	万件	6.5	8
	数字经济国家高新技术企业	家	8196	12000
数字产业化	数字经济核心产业增加值占GDP的比重	%	10.9	15
	规上数字经济核心产业营业收入	万亿元	2.2	3.5
	软件和信息技术服务业业务收入	亿元	7035	12000
产业数字化	全社会全员劳动生产率	万元/人	16.6	22
	未来工厂、智能工厂（数字化车间）	个	263	1000
	关键业务环节全面数字化的规上企业比例	%	68.3	80
	网络零售额	万亿元	2.3	3.2
	数字贸易进出口总额	亿元	—	10000
治理数字化	"掌上办公"比例	%	—	80
	申请政务服务办件"一网通办"率	%	81.6	>90
	网络安全等级保护落实率	%	—	90
	公共数据开放率	%	13*	30
数字基础设施	互联网普及率	%	80.9*	85
	5G基站数量	万个	6.3	20
	数据中心总机架数	万个	17.3	45

注：带*为2019年数据。

资料来源：《浙江省数字经济发展"十四五"规划》。

在相关政策的指引和保障下,浙江数字经济发展迅速。浙江于2021年和2022年先后成功举办"互联网之光"博览会、数字经济产业合作大会等具有较大影响力的大型活动，加快推广"城市大脑"杭州经验和软件名城、创新发展试验区等国家级平台开发与建设。继续加快建设5G等数字"新基建"。截至2021年6月，浙江全省已建成5G基站6.3万个，全省网络基础设施基本实现互联网协议第6版改造；已建成数据中心193个。[①]

（三）新业态和新模式持续涌现

浙江省创新生态系统日趋完善，新业态新模式不断涌现。2022年，浙江全省网络零售额达2.7万亿元，位居全国第二；跨境电子商务综合试验区基本实现全省覆盖；浙江省在数字经济领域的影响力不断增强，省内11个设区市人才净流入率均为正值。浙江省创新生态系统不断成熟，"互联网+健康""非接触经济"等新业态新模式蓬勃发展，处于全国领先水平。根据《2021生活服务业数字化发展报告》，2019年线上体验销售额浙江位于全国第五名。线上体验市场稳步增长的动力主要来源于消费群体规模的迅速扩大和人均消费水平的提升。线上体验产品的消费近80%来源于一、二线发达城市，市场下沉还不够。规模巨大的下沉市场消费者将成为未来数字化服务市场的消费主体。

（四）数字投资和数字消费增势明显

2022年，全省高新技术制造业投资同比增长23.9%。2021年，其占全部制造业投资的比重为60.6%，拉动投资整体增长2.5个百分点。[②] 疫情影响下，非接触消费和线上消费持续走红，为稳定消费作出了重要贡献。从限额以上单位看，2021年，浙江省通过公共网络实现的零售额同比增长25.9%，限额以上单位平均增速为13.9%，增长速度远高于平均

[①]《浙江省人民政府办公厅关于印发浙江省数字经济发展"十四五"规划的通知》，2021年6月29日，浙江省人民政府网站，https://www.zj.gov.cn/art/2021/6/29/art_1229019365_2306544.html。

[②]《浙江省人民政府办公厅关于印发浙江省数字经济发展"十四五"规划的通知》，2021年6月29日，浙江省人民政府网站，https://www.zj.gov.cn/art/2021/6/29/art_1229019365_2306544.html。

水平；同时拉动增长达5.9个百分点，占限额以上单位零售额的25.2%，同比增长2.4个百分点。2022年，全省全年网络零售额为2.7万亿元，同比增长7.2%；省内居民网络消费额为1.23万亿元，同比增长10.9%。① 数字经济释放消费潜力的推动作用更加凸显，不断推动线上和线下业务融合，扩大消费群体规模。各类基于数字技术的新应用不断深入生活，个性化、细分化需求得到有效实现，数字消费增势明显。

三 浙江服务业发展与数字化转型

（一）浙江省服务业稳步恢复

疫情常态化下，浙江省服务业持续稳步恢复。2022年，浙江省服务业增加值为4.22万亿元，再次突破4万亿元，占GDP的比重为54.3%，按可比价计算，同比增长2.8%。规模以上服务业企业营业收入达2.72万亿元，同比增长0.9%。10个服务业行业门类中9个门类两年均实现增长。细分行业门类中实现营业收入增长最多的为卫生和社会工作（8.3%）、租赁和商务服务业（10.3%）、科学研究和技术服务业（6.6%）。规模以上服务业企业户均营业收入为2.1亿元。2022年，营业收入10亿元以上企业共计315家，占规模以上服务业企业数的2.4%，营业收入占规模以上服务业的63.5%。②

（二）县域经济服务业规模和占比持续提升

2020年，浙江全省90个县（市、区）服务业发展规模继续增大，服务业增加值总计实现36218.3亿元。服务业增加值超千亿元的市（区）共7个。7个千亿级市（区）服务业增加值合计9646.6亿元，占全省服务业增加值的27%左右，较2019年增加678.7亿元，占全省服务业增加值增量的35%左右，带动和引领作用持续增

---

① 《聚集高质量 开足主引擎 服务业发展迈上新台阶——党的十八大以来浙江经济社会发展成就系列分析之六》，2022年9月29日，浙江省统计局网站，http://tjj.zj.gov.cn/art/2022/9/29/art_1229129214_5002812.html。

② 《2022年浙江省国民经济和社会发展统计公报》，2023年3月16日，浙江省统计局网站，http://tjj.zj.gov.cn/art/2023/3/16/art_1229129205_5080307.html。

强。浙江全省90个县（市、区）服务业增加值占GDP的比重平均为54%，同比增加1.5个百分点。服务业占比超过80%的地区全部集中在杭州，57个服务业占比高于50%的县（市、区）共18个，较2019年增长10个。服务经济在浙江省各县（市、区）经济总量中的占比持续扩大，12个县（市、区）实现服务业提档升级。[1] 总体上浙江县域经济服务业发展规模持续扩大、占比持续提升，发展势头强劲，但存在着地理位置高度集中在杭州的局限。

（三）三类地区服务业发展整体向好

因经济发达程度和社会发展程度不同，全省三类地区服务业呈现出不同的发展态势。一类地区发展态势强劲、二类地区产业结构持续优化、三类地区加速发展，都取得了一定的发展成效。服务经济对浙江省一类地区经济发展和增长拉动明显。浙江全省26个一类地区服务业占GDP的平均比重为64%，而浙江全省县域平均水平为54%；平均服务经济贡献率为90%，而全省县域平均水平为68%。二类地区服务业内部结构不断优化，发展趋势良好。全省37个二类地区服务业税收贡献合计3069亿元，同比增加291亿元。二类地区现代服务业增加值占服务业总增加值的比重平均为26%，同比有小幅增长。近七成县（市）现代服务业增加值占比有所提高。三类地区服务业快速增长，高于全省平均水平。27个三类地区中，18个县（市）服务业增加值增速高于全省县域平均水平4.4%，20个县（市）服务业增加值增速超过GDP增速，对经济发展的带动作用明显。[2]

（四）服务业数字化转型迅速

"十三五"时期，浙江服务业增加值2020年增至3.6万亿元，居全国第4位；2021年突破4.0万亿元，同比增长7.6%。2020年，知识密集型服务业增加值超过万亿元，占服务业比重由2015年的

---

[1] 浙江省发展和改革委员会课题组等：《发展整体向好 三个方面仍需关注——2020年浙江90个县（市、区）服务业评价报告》，《浙江经济》2022年第4期。

[2] 浙江省发展和改革委员会课题组等：《发展整体向好 三个方面仍需关注——2020年浙江90个县（市、区）服务业评价报告》，《浙江经济》2022年第4期。

30.0%提升至35.6%。规模以上服务业中，高技术服务业营业收入初步统计数据为1.2万亿元，年均增长23.9%。服务业数字化转型领先发展，数字赋能零售、医疗等各类传统服务市场，产生新的业态，推动线上线下深度融合，进一步促进服务业高质量发展。数字经济和数字技术融入生活服务业，高效完成供需匹配，缓解传统服务业囿于劳动力、物力投入的发展堵点，推动服务产品和服务质量提质升级，更高质量和更高效率满足人民对美好生活的需要。

在相关政策举措的保障下，浙江服务业数字化转型发展取得一定成效。受疫情限制等发展环境影响，接触性服务业恢复相对缓慢，而部分数字服务业保持了较快增长速度。"十三五"时期，服务贸易数字化显成效。服务贸易与数字经济进一步深度融合，逐步形成创新求变和特色发展的新格局。2022年，浙江省数字服务进出口总额达2113亿元，占服务贸易额的比重达41.5%。2020年，电信、计算机和信息服务新兴服务贸易位居第一，进出口为1319.65亿元，其规模占浙江全省数字服务贸易的31.14%。服务业创新驱动不断增强，规模以上服务业企业中，研发费用同比增长32.5%，增速高于营业收入8.0个百分点，研发费用占营业收入的比例为2.4%，同比增加0.1个百分点。① 传统服务贸易数字化水平显著提升，数字经济赋能旅游、教育、医疗等传统行业，带来新的发展活力，形成新的发展模式和业态。

第三节　浙江共同富裕示范区建设目标、现状与主攻方向

一　浙江共同富裕示范区建设目标

根据《浙江高质量发展建设共同富裕示范区实施方案（2021—

---

① 《2021年浙江经济高质量发展再上新台阶　共同富裕示范区建设扎实开局》，2022年1月18日，浙江省统计局网站，http：//tjj.zj.gov.cn/art/2022/1/18/art_1229129214_4862189.html。

2025年)》(以下简称《方案》),到2025年,以"推动高质量发展建设共同富裕示范区取得明显实质性进展"为核心,坚持五个指导原则,紧扣打造城乡区域协调发展引领区四大战略定位,以解决三大差距问题为主要方向和发力点,高度重视农村和相对欠发达地区发展现状和问题,解决省内发展不平衡不充分的问题。在全国率先实现共同富裕理论创新应用和实践建设,总结形成高质量建设共同富裕示范区的浙江经验。

浙江共同富裕建设具体目标可以分为经济发展和社会建设两大方向,包括经济高质量发展、优化收入分配和城乡区域协调发展等七个大类;其中经济高质量发展和城乡区域协调发展两类的具体指标和数据如表2-2所示。《方案》要求,浙江全省2025年人均生产总值达13万元,居民人均可支配收入突破70000元,力争2035年达到发达经济体水平。数字经济增加值占GDP的比重方面,2020年达到45%,拟于2025年提升至60%。城乡区域发展更加协调。城乡居民收入倍差继续缩小,拟于2025年减至1.90以下;常住人口城镇化率达到75%;继续优化收入和财富分配制度和格局,扩大中等收入群体规模,促进橄榄型社会的全面形成,加速步入经济高质量发展新阶段。

表2-2　浙江2021—2025年共同富裕建设部分主要目标指标

类别	指标	2020年	2022年	2025年
经济高质量发展	人均生产总值(万元)	10.1	11.3	13
	全员劳动生产率(万元)	16.6	—	22
	居民人均可支配收入(元)	52397	59000	70000
	R&D经费支出与GDP之比(%)	2.8	3.0	3.3
	数字经济增加值占GDP的比重(%)	45	55	60
	居民人均消费支出(元)	31295	34700	40000

续表

类别	指标	2020年	2022年	2025年
城乡区域协调发展	城乡居民收入倍差	1.96	1.95	1.9
	常住人口城镇化率（%）	71	73	75
	地区人均GDP差异系数	2.20	—	—
	地区人均可支配收入差异系数	1.64	—	1.55
	26县人均GDP与全省平均之比	0.58	—	—

资料来源：《浙江高质量发展建设共同富裕示范区实施方案（2021—2025年）》。

二 浙江共同富裕示范区建设现状

（一）缩小城乡收入差距取得一定进展

缩小城乡居民收入差距作为共同富裕三大核心目标之一，浙江省2021年取得新的实质性进展。2021年，浙江省城乡收入比为1.94，同比缩小0.02，相当于农村居民收入增加近300元。浙江省城乡居民收入比连续9年呈缩小态势。低收入农户人均可支配收入为16491元，同比增长14.8%，增速上升；第一季度、上半年、前三季度同比分别增长13.9%、14.3%、14.6%。①强村惠民行动持续推进。全省98.8%的行政村集体经济总收入达20万元。先富带后富"三同步"行动进一步取得成效，具备活力的"帮共体"构建持续进行。全省完成所有山区县、两千多个关键乡村振兴帮促村、所有低收入农户帮扶全覆盖的重要任务；全省低收入农户年人均可支配收入增长14.8%，高出全省农民收入增速4.4个百分点。②完善低收入农户返贫监测预警机制，保障脱贫人员可持续发展。

（二）省内区域发展更加协调

2022年，浙江省平均城乡居民收入倍差为1.90，全国平均城乡

---

① 《浙江城乡收入比9年连降 农村居民人均可支配收入居中国首位》，2022年1月18日，中国新闻网，https://baijiahao.baidu.com/s?id=1722307584455021168&wfr=spider&for=pc。

② 《2021年浙江省国民经济和社会发展统计公报》，2022年2月24日，浙江省统计局网站，http://tjj.zj.gov.cn/art/2022/2/24/art_1229129205_4883213.html。

居民收入倍差为2.72,[①] 浙江全省11个市平均城乡居民收入倍差均小于全国水平（如图2-1所示）。11个市城乡居民人均可支配收入倍差均比2020年有所缩小。嘉兴市、舟山市、湖州市等8个下辖地级行政区城乡差距小于全省平均水平，温州市与全省平均水平相当，金华市和丽水市大于全省平均水平。前三季度，浙江省11个市GDP增速均保持两位数增长，超过全国同期平均水平，两年平均增速均高于全国。前三季度，山区26县全体、城镇、农村居民人均可支配收入分别为30792元、40357元、20125元，同比增长12.5%、11.3%、12.2%，比全国高2.1个、1.8个、0.6个百分点。[②]

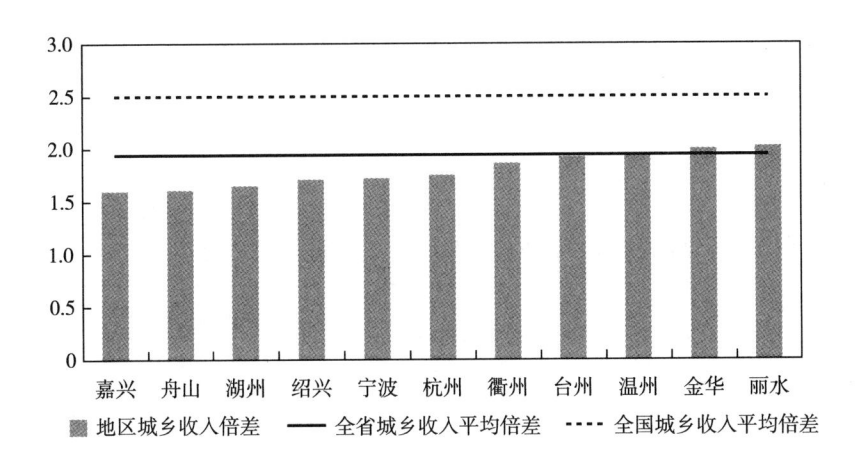

图2-1 浙江省各地区城乡居民收入倍差

资料来源：《2022年浙江统计年鉴》，2022年10月11日，浙江省统计局网站，http://tjj.zj.gov.cn/col/col1525563/index.html。

（三）"数商兴农"全面推进浙江乡村振兴

"数商兴农"是实施创新驱动发展战略的重要实践，是推进乡村

[①]《中华人民共和国2022年国民经济和社会发展统计公报》，2023年2月28日，国家统计局网站，https://www.stats.gov.cn/sj/zxfb/202302/t20230228_1919011.html。
[②]《浙江城乡收入比9年连降 农村居民人均可支配收入居中国首位》，2022年1月18日，中国新闻网，https://baijiahao.baidu.com/s?id=1722307584455021168&wfr=spider&for=pc。

产业振兴的重要途径,是实施数字乡村战略的重要载体。农产品电商促进了农民增收和农业转型升级,对农村经济社会各方面的影响不断加深。2021年中国农村网民数量达2.84亿人,农村网商、网店共有1632.5万家,全国农村网络零售额达2.05万亿元,同比增长11.3%,占全国网上零售额的15.6%。全国农产品网络零售额达4221亿元,占农林牧渔增加值的5%左右。[①] 根据《"数商兴农":从阿里平台看农产品电商高质量发展》报告,销售额上,中国2021年农产品电商销售额前十省份呈现"一强多元"的格局,浙江遥遥领先。农产品电商消费方面,浙江位于全国第二(如表2-3所示)。农产品数字化百强县排名浙江金华市义乌市排名第九,主要产品为养生茶和花草茶;浙江湖州市安吉县排名第45,主要产品为安吉白茶和竹笋。全国农产品数字化百强县浙江省共有11个,排名全国第三。

表2-3　　2021年农产品电商销售额和消费额全国前十省份

农产品电商销售额					农产品电商消费额				
排名	省份	排名	省份	排名	省份	排名	省份
1	浙江	6	福建	1	广东	6	福建
2	广东	7	云南	2	浙江	7	北京
3	江苏	8	安徽	3	江苏	8	河南
4	山东	9	四川	4	山东	9	四川
5	上海	10	北京	5	上海	10	安徽

资料来源:农业农村部管理干部学院、阿里研究院:《"数商兴农":从阿里平台看农产品电商高质量发展》,2022年4月。

① 《"数商兴农":从阿里平台看农产品电商高质量发展》,2022年5月23日,阿里研究院网站,http://www.aliresearch.com/ch/presentation/presentiondetails?articleCode=337103565887770624&type=报告&organName=。

三 浙江共同富裕示范区建设主攻方向

（一）扩中降低，形成橄榄型社会

以推动经济高质量发展为路径，继续扩大中等收入群体规模、缩小低收入群体规模，基本形成橄榄型社会。中国目前影响居民收入的重要因素之一是劳动所得在国民收入中的占比。2020年浙江全省居民劳动报酬占GDP的比重为43%，《方案》提出，这一比重到2025年将提升至50%。面对提高职工劳动报酬所带来的企业人力成本负荷的增加，企业需要数字化转型和升级，优化职工结构，增加中等收入群体的规模和比重。

（二）乡村振兴，缩小城乡差距

以推动乡村振兴为路径，促进乡村基本同步实现现代化建设。推动城乡双向开放，促进资源要素的双向流通，合理分配使用资源。积极吸纳农村转移劳动力，完善在城务工农村人口的社会服务和保障，疏通城市人口和资本流向农村的堵点，最优利用农业农村资源增加农民资产价值。《方案》提出，浙江将推广"大下姜"[①]乡村联合体共同富裕模式，打造乡村振兴共同富裕示范村1000个、达标村10000个。

（三）优势互补，区域协调发展

以区域优势互补提升整体发展质量为路径，促进区域各主体动能充分释放，缩小区域发展差距。平衡城市与山区、生产区与生态区等区位的异质功能，改变唯GDP为重的发展思维。发挥生态功能区域的优势，将生态保护和绿色可持续置于发展首位，优化新阶段山区发展政策体系，通过增加财政转移支付、完善生态补偿机制等多种举措来弥补与经济发达地区的发展差距。《方案》提出，浙江将继续探索完善"双向双飞"的飞地建设机制和山海协作产业园建设实践，推广合作共享的跨区域经济发展新模式。

---

① "大下姜"即杭州市淳安县下姜村。

第四节　数字经济和服务业高质量发展赋能共同富裕示范区建设的作用路径

一　赋能机理

（一）数字技术

数字技术是在计算技术、微电子技术和现代通信技术组成的新技术群体不断发展的基础上演变而来的，其本质是实现对各类信息的识别、转化、存储、传播和应用等功能。作为一种通用技术，数字技术具有普遍和渗透等特点，能够深刻影响社会经济发展。数字经济时代，数据成为最重要的生产要素，重塑了经济社会的生产模式、商业模式和产业形态，有效提升了资源配置效率。

数字技术提供了更多的就业机会、吸纳了更多的劳动力。劳动效率提升是有效增加劳动者收入的现实基础。数字技术对劳动力市场的巨大影响更体现在其对市场产生的结构性冲击，对不同劳动群体产生了差异化作用。数字技术的渗透性和替代性对低技能劳动者产生替代影响，因人员素质难以匹配岗位需求而面临失业风险。数字技术衍生出的数据伦理也会带来诸如个人隐私泄露、数据垄断等问题，对社会经济发展产生负面影响。

（二）交易成本

数字经济可以有效降低消费者需求侧和供给侧的交易成本和服务成本。交易成本理论认为市场摩擦引起相关交易成本，包括搜寻交易对象所带来的找寻成本，为获取交易对象有关信息、同交易对象进行交流互动所引发的信息交流成本以及为完成业务约定所进行的一系列活动所支付的成本。数字经济通过构建即时沟通交流平台、快速回应诉求、减少交易中的机会主义和不确定性等大幅降低交易成本，缓解交易双方的信息不对称问题。通过降低信息不对称性与交易成本，为地区经济活动高效开展注入新的生命力。

(三) 产业逻辑

数字经济促进产业链结构从线性链状演变为网状生态，产业链条上各主体的原有定位和边界逐渐模糊甚至消失，创新和知识流动呈现出跨链条跨行业融合渗透的特征，线上线下互动，相互赋能。数字经济所具有的无边界性和互联性深刻改变了产业特别是服务业原有的产业逻辑。从服务经济到体验经济，消费者开始更多地参与到服务产品的价值共创中，对商品和服务的需求已经从基本满足生理和发展需求向品质化、多元化和个性化转变。通过精准匹配需求端的个性偏好和供给端的产品服务，提高有效供给水平和效率，升级、改造和优化传统要素，创新产品和服务供给，驱动服务业高质量发展。

二 作用路径

数字技术和数据作为一种通用技术和通用生产要素，对交易成本和产业逻辑的影响和作用也是具有普遍适应性的。因此无论是对于发达地区、城市地区，还是落后地区、乡村地区，都具备不同程度的赋能效果，数字经济对一般性经济增长的促进作用本身就具有一定的均衡性。数字经济和服务业高质量发展通过优化收入分配、减少城乡差距、协调区域发展，有效赋能共同富裕建设。

(一) 收入分配

为更好地实现共同富裕和普遍增长目标，必须坚持共享型增长方式。数字经济的发展过程涌现出的大量新业态、新模式、新就业带来了诸多新的岗位和机会，平台组织的发展也带来了新的分配关系，更多的人接触和享受数字经济发展所带来的红利，一定程度上打破其他要素不足所引发的发展困境。数字技术应用于日常工作和生活，提高生产效率，通过数据使用、数字产品消费等途径更加公平和均等地发展自我和增加收入。在初次分配中，数字经济通过提高生产效率和生产总值促进经济发展，拉动企业创新创业，创造大量就业岗位，做大经济绝对数量的同时，兼顾更广泛的受益人群。提升数字经济发展速度和优化分配结构是实现共同富裕、提升居民收入绝对值和减少收入相对差距的重要路径。

（二）城乡发展

乡村振兴是共同富裕的应有之义和必经之路。大部分农民受制于受教育水平和信息获取渠道等因素，生产和运作模式较为传统和单一，效率较低。数字技术的大数据分析和精准匹配有助于农民制定适宜的生产计划和销售方案，增加生产规模和农民收入。数字经济在推动三产业深度融合的同时，加速推进了农业的供给侧结构性改革，催生和促进了农村电商、网络经纪人、物流配送等新服务新业态新岗位。数字经济和数字化服务为乡村振兴提供了新的途径和方向，"数商兴农"推动着农产品电商高质量发展。2022年中央提出实施"数商兴农"工程。"数商兴农"顺应了农业农村高质量发展的要求，有利于在乡村推进构建"三位一体"的现代化产业体系。

（三）区域协调

数字经济有利于优化产业布局、促进区域协调发展。数字技术和数据的特性使得数据和信息易于流动，突破地理和空间的限制，一定程度降低原本区位和地理因素的重要性。韦伯产业区位理论认为，好的区位和聚集可以有效节约企业成本和增加收益，共享基础设施和专业技术。新产业区位理论强调了良好的有利于创新和人才成长的产业文化生态环境的重要性。产业区所包含的社会环境因素能加强创新主体的效率叠加、加深创新行为的协同作用和扎实社会基础效能。受到数字经济的影响，地理距离和区位的重要性进一步降低。数字经济的精准匹配功能使得各类生产者和消费者可以分散在各个地区，价值链布局扩张至整个区域，呈现出网络化和碎片化的特征。通过碎片化分布和供需精准匹配，服务产品的生产和消费共时性和不可储存等特征带来的供给限制得以有效疏解。

第五节　数字经济和服务业高质量发展赋能共同富裕示范区建设的现实挑战

一　浙江数字经济地区发展不均衡

浙江2022年全省生产总值为77715亿元，人均地区生产总值为118496元。2020年人均GDP实现10万元突破后，连续两年继续增长，平均增速达7.2%。2022年，"三新"产业[①]经济增加值占GDP的28.1%；数字经济核心产业增加值为8977亿元。[②]浙江省总体上数字经济发展迅速，引领经济增长，但是省内各地区间发展不均衡。根据相关研究报告，浙江省11市中，省会杭州2019年城市数字指数为9.14，位于全国第十；其次是宁波，以5.09排第24名；再次是温州，以4.66排第27名；共有8个城市进入前100名；排名最后的是舟山，以0.65排第223名（如表2-4所示）。[③]以数字指数为标准，11市变异系数为80.35%，离散程度较大，地区间数字经济发展不均衡。囿于地区的相关基础设施和经济社会发展水平，数字经济发展初期，发达地区和非发达地区的受惠程度有所不同，对资源要素的集聚和利用能力差异较大，发达地区更易借助数字经济发展经济，地区间发展差距短期内进一步扩大。数字经济相对先发展的地区更容易取得优势，占领市场，对后发展地区的提速增长和区域协调发展提出了挑战。

表2-4　　　　浙江省11市的城市数字指数得分情况

城市	数字指数	全国排名	城市	数字指数	全国排名
杭州	9.14	10	绍兴	2.18	62

[①] "三新"产业指以新产业、新业态、新模式为主要特征的产业。
[②] 《2022年浙江省国民经济和社会发展统计公报》，2023年3月16日，浙江省统计局网站，http://tjj.zj.gov.cn/art/2023/3/16/art_1229129205_5080307.html。
[③] 腾讯研究院：《数字中国指数报告（2019）》，2019年5月。

续表

城市	数字指数	全国排名	城市	数字指数	全国排名
宁波	5.09	24	湖州	1.46	96
温州	4.66	27	丽水	1.02	155
金华	3.81	34	衢州	0.85	177
嘉兴	2.71	47	舟山	0.65	223
台州	2.69	48			

资料来源：腾讯研究院：《数字中国指数报告（2019）》，2019年5月。

二 服务业数字化发展程度不足、占比不高

（一）省内服务业结构

根据相关统计数据，浙江省2022年规模以上服务业企业主要行业营业收入总计27167亿元，同比增长0.9%。信息传输、软件和信息技术服务业营业收入为11611亿元，同比减少1.0%，占服务业企业主要行业营业收入的比重为42.74%。[①] 具体规模以上服务业各行业营业收入数据如表2-5所示。浙江山区26县服务业增加值总量和占比都偏小，2021年占全省服务业增加值总量的9%。传统服务行业仍占据主要地位，其占全体服务业的比重近50%。信息传输、科学技术和研究等新兴服务业发展相对滞后，限制地区资源配置、人力资源和数字技术等进一步地优化和提升。2020年，浙江规模以上服务业中，山区26县信息传输、软件和信息技术服务业的营业收入占全部规模以上服务业的比重仅为20.1%，而全省占比为56.8%，[②] 存在较大的差距。

（二）数字服务业细分行业

浙江省2022年全省第三产业增加值为42185亿元，杭州市服务业增加值为12787亿元，占全省的30.31%。杭州市服务业和经济社

[①] 《2022年浙江省国民经济和社会发展统计公报》，2023年3月16日，浙江省统计局网站，http://tjj.zj.gov.cn/art/2023/3/16/art_1229129205_5080307.html。

[②] 浙江省地方统计调查队课题组等：《浙江山区26县加快服务业发展实现共同富裕的对策建议》，《统计科学与实践》2021年第11期。

会发展都处于全省绝对领先地位，但是同中国其他发达城市相比，数字服务业发展还存在一定的差距。腾讯研究院发布的《数字中国指数报告（2019）》将数字产业细分为10个行业，分别为数字零售、数字金融、数字交通物流、数字医疗、数字教育、数字文娱、数字住宿餐饮、数字旅游、数字商业服务和数字生活服务。详细的数字产业细分行业城市十强信息如表2-6所示。2019年数字产业细分行业城市十强浙江共上榜6个，分别是数字零售、数字交通物流、数字住宿餐饮、数字旅游、数字商业服务和数字生活服务，排名相对靠后。江苏苏州上榜8个，数字服务业发展更加全面和均衡。杭州作为浙江经济发展的增长极，需要发挥对区域其他城市发展的辐射和协同作用，不断促进资源要素的扩散和回流，由点到面、由局部到整体不断优化，协同发展。

表2-5　　　　　浙江省2022年规模以上服务业企业
主要行业营业收入情况　　　（单位：亿元,%）

行业	营业收入	同比增长
交通运输、仓储和邮政业	6432	-2.2
信息传输、软件和信息技术服务业	11611	-1.0
房地产业（除房地产开发经营）	932	-0.3
租赁和商务服务业	4698	10.3
科学研究和技术服务业	2091	6.6
水利、环境和公共设施管理业	289	-8.9
居民服务、修理和其他服务业	269	-3.2
教育	74	-32.1
卫生和社会工作	373	8.3
文化、体育和娱乐业	397	-3.7
总计	27167	0.9

资料来源：《2022年浙江省国民经济和社会发展统计公报》，2023年3月16日，浙江省统计局网站，http://tjj.zj.gov.cn/art/2023/3/16/art_1229129205_5080307.html。

表 2-6　　　　　　2019 年数字产业细分行业城市十强

排名	数字零售	数字金融	数字交通物流	数字医疗	数字教育	数字文娱	数字住宿餐饮	数字旅游	数字商业服务	数字生活服务
1	北京	深圳	北京	广州	北京	北京	上海	北京	北京	上海
2	上海	北京	深圳	深圳	广州	广州	北京	上海	深圳	北京
3	广州	上海	广州	北京	上海	上海	深圳	深圳	上海	广州
4	深圳	广州	上海	成都	深圳	深圳	广州	广州	成都	深圳
5	成都	重庆	成都	东莞	郑州	成都	成都	成都	广州	成都
6	重庆	成都	东莞	上海	东莞	东莞	重庆	杭州	杭州	杭州
7	苏州	东莞	杭州	长沙	西安	东莞	苏州	重庆	杭州	南京
8	东莞	武汉	重庆	佛山	成都	苏州	南京	南京	东莞	天津
9	天津	佛山	南京	重庆	重庆	武汉	天津	苏州	苏州	苏州
10	杭州	郑州	苏州	苏州	长沙	佛山	重庆	天津	武汉	重庆

资料来源：腾讯研究院：《数字中国指数报告（2019）》，2019 年 5 月。

三　数字使用鸿沟和数字红利差异仍然存在

在数字经济发展初期，可接近性差异是数字鸿沟的主要表现形式，接入上的差异将给不同地区和人群带来发展机会的差异。相关公共政策的推行和基础设施供给的完善将会改善这种鸿沟。浙江在改善网络和信息接入可及性上已取得了一定的成果，截至 2022 年 12 月，全省已建成 5G 基站超 17.1 万个，全省网络基础设施基本实现互联网协议第 6 版改造，国家（杭州）新型互联网交换中心开始启用；截至 2023 年 2 月，已建成数据中心 156 个。① 早于 2021 年已成功实现 4G 和光纤覆盖全部乡村，5G 覆盖全部重点乡镇。在接入可及性差异缩小的同时，不同人群对互联网和数字技术的使用差别越发凸显。通过对数字经济和互联网的有效利用，浙江获得了超越传统商务模式的收益即数字红利。使用差异所带来最直接的后果就是

---

① 《"算力中国行"大型调研采访 活动浙江站正式展开》，2023 年 4 月 14 日，新华网，http://www.xinhuanet.com/local/2023-04/14/c_1129522846.html。

有部分人群因此获利，同时不同人群间获利程度也存在较大差异，包括不同地区、产业、性别、年龄和教育背景等。数字技术和互联网应用为使用者提供了均等的获益机会，但是使用者实际获取的数字红利存在较大差异。从全国来看，位于东南沿海的浙江省是数字红利的巨大获益者。从省内来看，浙江省内部仍然存在数字使用鸿沟和数字红利差异，省内11市根据《数字中国指数报告（2019）》计算出的数字城市指数变异系数为80.35%，山区26县与全省平均水平也存在较大差距。在数字基建已经相对成熟和完善的浙江，如何发挥数字经济和互联网技术的积极作用，让更多地区和居民相对公平地获取数字红利和发展自我，缩小数字使用鸿沟和数字红利差异，赋能共同富裕的建设，将是之后规划设计和公共政策关注的焦点。

第六节　数字经济和服务业高质量发展赋能浙江共同富裕示范区建设的实施路径

数字经济和共同富裕正在成为未来中国经济发展的重大战略，共同富裕体制机制创新在数字经济赋能下将迎来具有重要意义的突破性变革。共同富裕是一种经济社会状态，不能脱离所处的经济阶段和具体的发展背景。中国的共同富裕需要嵌入数字经济时代的发展浪潮，以数字经济为依托来积极有序地推进共同富裕建设是未来的必经之路。服务业作为城市支柱性产业，是增强产业融合、促进结构优化的关键。加快发展数字化服务业，实现数字经济与服务业的双向赋能，是优化产业结构、增强产业辐射和带动能力的重要途径与推动建设共同富裕示范区的不竭动力。

一　探索共建数字经济下的新"飞地经济"模式

"飞地经济"是指两个行政上相互独立、经济发展存在一定差异的行政地区，在特定的区域合作开展产业全域建设活动。该模式成果突破了区域规划的行政限制，优化配置生产要素和协同释放要素价值，这种新的区域经济发展模式能有效实现互利共赢和协同成长。"产业飞地"的关键在于要素双向流动通道的建立。"产业飞地"的要素双向流动与通道如图 2-2 所示。传统制造型"飞地"旨在以经济发展为衡量指标，实现由优至劣的地区间经济能动的加工制造产业转移。这类单方向的流动带来税收分成或红利分享等益处，使得较落后地区有机会共享产业发展带来的收益和成果。新兴的科创型"飞地"是经济发展水平低的地区通过在经济发展水平高的地区进行借地来实现创新赋能与成果的转变优化。经济欠发达区将资金、产品需求等要素输出到经济发达地区，结合飞入地的人才和研发设施等资源，完成创新成果和创新资源的流动，实现产业要素从欠发达地区向发达地区逆向流动。2021 年提出探索共建园区、"飞地经济"等利益共享模式。借助一系列政策引导和支持，浙江省深入实践"产业飞地"规划和建设，对实现共同富裕具有深刻意义。

数字经济下，"飞地经济"模式尤其是科创型"飞地"模式迎来了新的突破和可能。随着以大数据、物联网、移动互联网和 5G 等为代表的数字技术的快速发展，大量产业链上下游企业得以实现低成本远程交易、线上合作和协同生产。传统区位理论和地理集聚模式也在发生变化，尤其是本身以数字为服务内容的企业和产品，突破了时间和空间的限制，实现了数据资源的全时空流动和线上集聚。数字经济背景下，"飞地经济"模式迎来了更大的建设空间和范围，能够飞得更高更远。不再局限于有限的地理空间，甚至突破飞入地和飞出地的二元主体，建立更加丰富的飞地网络。相关部门积极探索共建数字经济下的新"飞地经济"模式，深化山海协作，谋划建设新一批"产业飞地""科创飞地""消薄飞地"，促进资源要素跨区域流动，助力山区、海岛跨越式发展，助力实现共同富裕示范区建设目标，发展浙江新"飞地经济"模式。

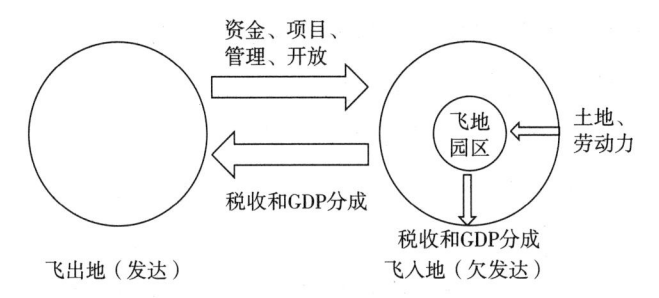

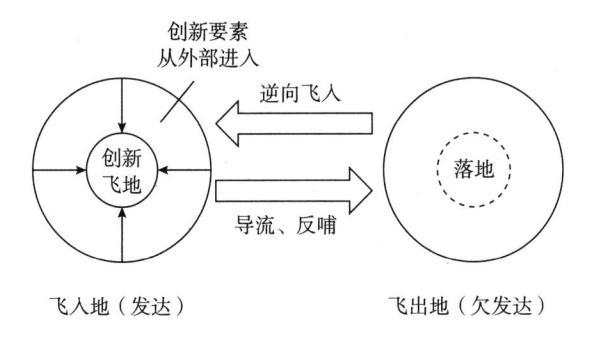

第二章　浙江数字经济和服务业高质量发展赋能共同富裕示范区建设　41

图 2-2　"产业飞地"的要素双向流动与通道

资料来源：《浙江出台政策支持山区 26 县"产业飞地"建设，什么是产业飞地?》，2022年6月22日，网易新闻，https://www.163.com/dy/article/HAG3HUGL0538AWSX.html。

二　推动数字经济高质量发展，加速建成世界数字变革高地

（一）因地制宜，推动数字经济区域协调发展

科学合理布局全省数字经济生产力，因地制宜发挥地区优势，建设数字经济强省。全省 11 市数字经济生产力布局的基本格局：区域核心杭州以建设中国数字经济第一城为目标，发展创新数字经济理念和技术，培育和吸引高素质人才和科创企业集聚，优化数字产业发展和变革，形成数字建设优秀经验和示范路径。加速宁波制造强市建设，以推动制造业高质量发展为城市总体建设目标，深入挖掘工业互联网、智能制造和产业治理等优势。以建设数字经济领跑区

为目标，充分发挥温州作为全省数字经济第三极的作用，推进千亿级数字经济产业集群培养任务。以"北斗"品牌和数字服务业等三大产业集群为核心，加速湖州建成数字化绿色智造名城。嘉兴利用节事效应，发挥节事影响，全力支撑柔性电子、数字安防、车联网等新兴产业建设和发展，建设全国数字产业创新高地。加速绍兴现代化产业建设进程，发挥核心产业的辐射带动作用，加速其现代化产业建设进程，集中力量打造先进智造基地。基于数字经济和娱乐行业等优势产业，将金华建设成数字娱乐产业中心。强化衢州的产业辐射功能，建设四省毗邻的数字经济发展高地。基于国家战略需要，深入实施国家智慧海洋舟山群岛区域试点示范工程。发挥台州光电产业优势，建设浙江光电产业高质量集聚区。基于绿色生态和乡村振兴背景，在丽水积极探索智慧乡村旅游、农产品数字商务等新模式，建设浙江绿色智慧新高地。

（二）科创兴国，建立浙江特色全域创新体系

以科技创新为战略基础，建立浙江特色全域创新体系，为加速实现共同富裕目标提供不竭的动力和生命力。探索发展科技创新新型举国体制浙江路径，基于数字经济和生命健康等科技创新产业，推进关键核心技术的研究与开发，推动实施高新技术产业发展千亿工程。加速高质量建成国家自主创新示范区和环杭州湾高新技术产业带。全力建成世界数字变革高地，总结国家数字经济创新发展试验区浙江经验和模式，形成具备全球竞争力的数字经济系统和拥有世界级影响力的数字产业集群。推动浙江世界数字贸易中心的建设进程，发展数字贸易和平台经济以降低交易成本并促进交易达成，优化跨境电商建设。

（三）公平受益，缩小数字鸿沟和数字红利差异

缩小数字接入鸿沟和数字使用鸿沟，设计实施填补数字鸿沟的相关制度和保障措施，保障各类群体和居民都公平地享受数字经济发展带来的红利和个人成长契机。在浙江数字基建已经取得一定成果

的基础上，深入推动相关基建全覆盖，继续缩小数字使用鸿沟。推动 5G 基站在省内实现更广范围的建立和布局，进一步提升 5G 在乡村地区的覆盖率，加速人工智能等"新基建"设施在农村的建设进度和应用深度，保障农村居民共享"新基建"成果，为实现乡村振兴和数字乡村提供基础保障。积极引入和实际应用相关数字技术，促进数字技术与农业农村的渗透发展，不断缩小城乡在 5G、通信设施等基础设备上存在的差距，最大限度缩减数字使用鸿沟，保障乡村数字经济的发展基础。关注和针对特定人群，缩小数字使用鸿沟，保障不同群体公平地共享数字红利。在缩小数字接入鸿沟的基础上，积极推动更多群体公平受益。针对农村居民、老年人群和中小企业等数字经济使用能力较弱的群体，设计和实施相关政策措施，推动各类数字化平台和应用程序开发和升级能有效满足相关弱势群体需求的使用途径和特殊功能，降低数字技术在服务领域尤其是与百姓生活密不可分的公共领域的操作难度和程序复杂性，提高数字技术的易用性和普惠功能。拓展数字经济应用场景，推动数字经济进入偏远和相对落后地区群体的生活和工作中，切实改善生活质量。

同时需要关注和重视数字经济对传统行业和岗位产生的替代效应和挤出效应。数字经济会对不同劳动者群体产生差异化的影响，在创造更多就业机会和岗位的同时，也有部分较低劳动技能的岗位被取代。部分低技能劳动者的工作和收入因此受到严重影响，就业保障不足。相关政府部门需要加速完善就业工作保障制度，扩容提质，降低数字经济对就业产生的负面影响。鼓励和支持创新创业，拓展多样就业路径和信息渠道。构建就业规范发展和保障政策体系，探索完善新业态模式从业者的工薪制度和职业保护措施。建立完善更为公平和普惠的收入分配体系，实现全省维度上区域一体化协调发展。

三 推动服务业高质量发展，全面实现服务业数字化转型

（一）推动数字经济进入生活与生产，发展生活新服务与生产服务

推动数字经济进入生活和生产，重点发展和供给数字生活新服务，加速服务业数字化转型。数字经济与生活服务业深入融合，催生出新的业态和模式，包括新零售、数字教育和数字医疗等。针对各类数字生活新服务，提出了相应的发展规划和举措，具体内容如表2-7所示。在此基础上，培育并发展相关重点创新业态，塑造高质量生活服务供给的典范和模板，形成以"一图两码三平台"（一图指生活服务数字地图，两码指支付码和信用码，三平台指交易平台、供应链平台和统计监测平台）为核心的数字生活新服务体系，加速建设成为数字经济强省和数字生活服务强省。关注老年群体、农村居民等相对弱势群体的生活服务需求，建立服务保障机制，完善公共服务流程全优化和全覆盖。

表2-7　　　　　　　　　数字生活新服务

数字生活新服务	发展举措
新零售	运用大数据、人工智能等数字技术，加快发展以供应链管理、品牌建设、线上线下一体为特征的新零售
数字教育	加快发展互联网学校，支持互联网企业与教育机构深度合作办学。拓展智能化、交互式在线教育模式
智慧出行	优化"浙里畅行"交通专区便民惠民窗口的功能，打造出行一站式服务应用。促进智能停车、智能公交、分时租赁汽车等服务新业态健康发展
智慧健康	推进浙江全省医疗健康大数据中心建设，探索医疗健康数据共享和协同应用。支持发展"互联网+"健康资讯、诊疗等医疗线上和线下结合服务
智慧旅游	推进智慧旅游相关建设，发展智慧旅游城市、智慧景区和智慧酒店等新形式，优化旅游公共服务和资讯平台建设，提供文化和旅游数字高质量服务。推广"诗画浙江"旅游品牌形象

续表

数字生活新服务	发展举措
数字养老	推动养老机构和社区乡村对信息技术和数字技术的利用水平，完善各类智慧居家养老服务，深入挖掘和应用健康养老大数据

资料来源：笔者根据《浙江省数字经济发展"十四五"规划》相关信息整理。

（二）"数商兴农"，积极打造农产品品牌名片

依托当地特色农产品和手工艺品，发展农产品数字商务，基于农产品品牌特色，提高品牌形象和知名度，建设和打造现代化农产品生产模式体系和驰名品牌。数字经济和数字技术进入农业农村领域，深刻改变了农产品的产品价值、经营模式和目标市场，几何倍数扩大了产品的目标市场和消费顾客，赋予农业和农产品更多的发展活力和可能。为更好地发展农产品数字商务，需要推动电子商务进农村综合示范工程，完善农产品电子商务、销售服务等保障体系，促进相关区域信息和产品流动。助力浙江山区26县开展电子商务助农兴农建设，加快实现"网上农博"县域全覆盖。基于当地特色农产品发展和建设一系列品牌，再通过数字经济赋能将品牌发展成区域公用品牌，充分发挥品牌效应，扩大受益的区域和群体。"红美人"是浙江象山县2001年选育的高端柑橘品种，但是市场上充斥着各种假冒伪劣产品，严重影响品牌形象和产品长久发展。2021年象山"红美人"由国家知识产权局批准注册成为国家地理标志证明商标，引入数字技术保护品牌，建立"码上放心"原产地溯源码查询机制，成功保护和进一步发展区域品牌。以浙江象山"红美人"品牌为示范和优秀案例，助力特色优质农产品借助区域品牌优势提升市场竞争力。

第三章　浙江数字基础设施高质量发展促进共同富裕示范区建设

第一节　引言

在数字经济蓬勃发展的当下，发展数字经济与实现共同富裕具有逻辑一致性。以数字基础设施高质量发展建设共同富裕示范区，扎实推进共同富裕要依赖不断完善的数字基础设施。如今，数据已经成为继资本、劳动、土地、企业家才能之后越来越重要的生产要素。立足于新发展阶段，不断做优、做强、做大中国数字经济，推动完善和优化中国数字基础设施建设，对促进经济高质量发展，推动共同富裕具有重要意义。共同富裕是社会主义的本质要求，是广大人民群众的共同期盼。[1] 面对人民日益增长的美好生活需要和不平衡不充分的发展之间的矛盾，高质量推动实现共同富裕是时代赋予的重大历史使命。为此，2020年10月，党的十九届五中全会提出要扎实推动共同富裕，不断增强人民群众的获得感、幸福感、安全感。[2]"十四五"规划纲要提出到2035年基本实现社会主义现代化远景目标，人民生活更加美好，人的全面发展、全体人民共同富裕取得更为明显的实质性进

---

[1]《〈中共中央　国务院关于支持浙江高质量发展建设共同富裕示范区的意见〉政策解读》，2021年12月21日，义乌市人民政府网站，http://www.yw.gov.cn/art/2021/12/21/art_1229610586_1771366.html。

[2]《中国共产党第十九届中央委员会第五次全体会议公报》，2020年10月29日，新华网，http://www.xinhuanet.com/politics/2020-10/29/c_1126674147.htm。

展。①事实上，实现共同富裕是一个长期的历史过程，需要依靠高质量发展，重点解决地区差距、城乡差距、收入差距等问题。②值得一提的是，浙江省在探索发展不平衡不充分问题方面取得了明显成效，为开展共同富裕示范区建设提供了良好的基础和优势。《中共中央　国务院关于支持浙江高质量发展建设共同富裕示范区的意见》（2021年5月20日）提出了共同富裕的总体要求和工作原则，这对进一步丰富共同富裕的思想内涵、探索破解新时代社会主要矛盾的有效途径具有积极影响，有利于使浙江成为推动全国共同富裕的省域范例。

伴随数字经济的发展，数字经济以其特有的高创新性、强渗透性、广覆盖性成为新的经济增长点，也是高质量发展视域下推进共同富裕的重要依托③，数字基础设施高质量发展将成为建设共同富裕示范区的重要保障。为此，依托于浙江省先行先试的共同富裕示范区，深入考察数字基础设施高质量发展建设共同富裕示范区的逻辑机制与实现路径具有极强的理论意义与现实意义，它不仅是中国特色社会主义制度优越性的重要展示窗口，也是全国实现数字基础设施高质量发展建设共同富裕示范区打造的省域标杆，为全省数字化改革和经济高质量发展提供了有力支撑。

第二节　浙江省数字基础设施与共同富裕示范区发展现状

一　浙江省数字基础设施发展现状

（一）互联网基础扎实稳定

云计算、大数据、物联网、人工智能新一代信息技术加快发展，

---

① 《中共中央关于制定国民经济和社会发展第十四个五年规划和二〇三五年远景目标的建议》，2020年11月3日，中国政府网，https://www.gov.cn/zhengce/2020-11/03/content_5556991.htm。
② 《在高质量发展中扎实推动共同富裕》，《人民日报》2022年5月21日第6版。
③ 师博、胡西娟：《高质量发展视域下数字经济推进共同富裕的机制与路径》，《改革》2022年第8期。

为数字基础设施高质量发展提供了新的支撑,极大地深化了数字基础设施与各行各业的渗透与融合,同时加速了数字基础设施升级和产业升级。作为数字基础设施高质量发展的支撑,浙江省互联网各项发展情况也基本维持在稳定水平。由表3-1可知,2016—2020年,浙江省互联网发展在域名数、互联网宽带接入端口以及移动互联网用户方面基本维持在一个相对比较稳定的状态,这为浙江省数字基础设施高质量发展提供了稳定基础。

表3-1 浙江省互联网主要发展情况

(单位:万个,万户,%)

	域名数		互联网宽带接入端口		移动互联网用户	
	浙江/全国	占比	浙江/全国	占比	浙江/全国	占比
2016年	—/4227.6	—	4695/71276.9	6.59	6366/109395	5.82
2017年	208/3848	5.41	5455/77599.1	7.03	7456/127153.7	5.86
2018年	149/3792.8	3.93	6115/86752.3	7.05	8136/127481.5	6.38
2019年	184/5094.2	3.61	6284/91578	6.86	7047/131852.6	5.34
2020年	168/4197.8	4.00	6032/94604.7	6.38	7041/134851.9	5.22

资料来源:笔者根据《中国统计年鉴》《浙江统计年鉴》整理所得。

除此之外,浙江省骨干网建工作持续扩容,无论是省际出口宽带、光缆线路、4G和5G网络基站建设,还是国家(杭州)新型互联网交换中心的设立,都极大地推动了浙江省网络类基础设施在全国率先发展。同时,算力类基础设施布局持续优化,特色化新技术基础设施、终端类基础设施全面渗透,融合类基础设施初见成效以及数字经济核心产业的强劲发展等,[①]都为浙江省数字基础设施高质量发展奠定了良好的基础,为数字基础设施高质量发展提供了可能。

---

① 《浙江省数字基础设施发展"十四五"规划》,2021年6月1日,浙江省经济和信息化厅网站,https://jxt.zj.gov.cn/art/2021/6/1/art_1562871_58926650.html。

(二) 国家数字经济创新发展试验区建设倒逼数字基础设施持续完善

2019年，在第六届世界互联网大会上，河北省（雄安新区）、浙江省、福建省、广东省、重庆市、四川省6个国家数字经济创新发展试验区接受授牌，会议还发布了《国家数字经济创新发展试验区实施方案》，要求试验区在数字经济要素流通机制、新型生产关系、要素资源配置、产业集聚发展模式等方面充分释放新动能，努力形成可以复制推广的发展经验，为中国数字经济创新发展打造新的标杆，做强做大数字经济，支撑高质量发展。[①] 很显然，国家数字经济创新发展试验区建设能倒逼数字基础设施不断完善和更好发展，进而为推动数字基础设施高质量发展建设共同富裕示范区提供应有的物质保障。

2021年，浙江省在推动国家数字经济创新发展试验区建设过程中，大力培育数字产业集群，产业数字化指数全国第一，数字经济增加值、数字经济核心产业增加值均较2016年实现倍增，数字经济占GDP的比重达到48.6%。[②] 数字经济的快速发展对协同带动数字基础设施高质量发展起到了很好的促进作用，能在很大程度上加快浙江省数字基础设施建设。与此同时，浙江省还制定出台了《浙江省数字经济促进条例》，提出要大力发展以新技术、新制造、新基建、新业态和新治理为主要特征的数字经济，在推动相关产业数字化转型过程中，加快部署以5G、数据中心、下一代互联网为代表的数字基础设施，推进新一代移动通信网建设、光纤网络优化布局和互联网演进升级，加强骨干网、城域网和接入网建设，提高网络容量、通信质量和传输速率，加强山区、海岛等地区网络基础设施建设，提升乡村光纤网络、移动网络建设水平和覆盖质量，实现农村

[①]《国家数字经济创新发展试验区启动建设》，2019年10月20日，中国政府网，https://www.gov.cn/xinwen/2019-10/20/content_5442574.htm。
[②]《浙江省委发布2021年度"八八战略"实施及综合评估情况》，2022年7月13日，浙江在线网站，https://www.zjol.com.cn/rexun/202207/t20220713_24515661.htm。

电信普遍服务,①夯实数字基础设施高质量发展基础,全面带动共同富裕示范区高质量发展。

(三)政府数字化转型深化数字基础设施高质量发展

政府数字化转型是数字基础设施高质量发展的一个重要体现。推进政府数字化转型,建设数字政府,是贯彻落实网络强国、数字中国、智慧社会战略,深化数字浙江建设的关键抓手。近年来,浙江省以"互联网+政务服务"为抓手,持续推进"四张清单一张网"和"最多跑一次"改革,政府数字化转型在审批服务领域率先突破,走在全国前列。②可以说,浙江省是政府数字化转型的先行省份,承担着国家电子政务综合试点、"互联网+政务服务"试点、公共信息资源开放试点等重要工作。"十四五"时期,浙江省以数字化改革撬动各领域各方面改革,运用数字化技术、数字化思维、数字化认知对省域治理的体制机制、组织架构、方式流程、手段工具进行全方位系统性重塑,推动各地区各部门流程再造,数字赋能,高效协同,整体智治,拉动数字基础设施建设先行一步,③以政府数字化转型完善浙江省数字基础设施高质量发展基础,为实现以数字基础设施高质量发展建设共同富裕示范区提供来自政府方面的支持。

二 浙江省共同富裕示范区发展现状

(一)共同富裕的内涵和外延不断拓展

共同富裕具有鲜明的时代特征和中国特色,全体人民通过辛勤劳动和相互帮助,普遍达到生活富裕富足、精神自信自强、环境宜居

---

① 《浙江省数字经济促进条例(全文)》,2022年5月11日,金华市经济和信息化局网站,http://jxj.jinhua.gov.cn/art/2022/5/11/art_1229278699_58876876.html。

② 《浙江省人民政府关于印发浙江省深化"最多跑一次"改革推进政府数字化转型工作总体方案的通知》,2021年4月10日,杭州市西湖区人民政府网站,http://www.hzxh.gov.cn/art/2021/4/10/art_1229400_59007196.html。

③ 《浙江省数字基础设施发展"十四五"规划》,2021年6月1日,浙江省经济和信息化厅网站,https://jxt.zj.gov.cn/art/2021/6/1/art_1562871_58926650.html。

宜业、社会和谐和睦、公共服务普及普惠，实现人的全面发展成果和社会全面进步，共享改革发展成果和幸福美好生活。① 就基本概念而言，共同富裕包括"富裕"和"共同"两个关键要义，"富裕"强调收入水平提高，"共同"则意味着收入差距缩小。对此，可以将共同富裕的基本概念界定为"人民收入在持续增长的同时差距不断缩小"，并且还伴随公共服务逐步完善、生态环境持续改善以及文体事业不断繁荣的经济社会发展状态。② 共同富裕既非"均富"，也非"同时富裕"，而是统筹全体人民共享经济发展成果，以先富带后富，逐步实现全民富裕、全面富裕、渐进富裕、共建富裕。③ 具体而言，在高质量发展中扎实推进共同富裕，浙江省走在了全国前列，给全国乃至世界践行共同富裕产生了重要影响。自改革开放以来，浙江省从资源小省向经济大省的完美蜕变，得益于其正确处理了政府与市场、国企与民企、内资与外资、大型企业与中小微型企业、制造业与服务业、工业与农业等几方面关系，从而极大地带动了地区发展和公平，并在探索解决发展不平衡不充分问题方面取得了明显成效。④ 其中，最为典型的是浙江省率先开展共同富裕示范区建设工作，通过设立省域标杆，为带动全国其他地区实现共同富裕起到引导和助推作用。

（二）共同富裕示范区的辐射范围不断扩大

2021年7月，浙江省首批试点从缩小地区差距领域、缩小城乡差距领域、缩小收入差距领域、公共服务优质共享领域、打造精神文明高地领域以及建设共同富裕现代化基本单元领域六个方面，共计建设28个试点。2022年6月，县域综合类试点、成果展示类试点、机制创新类试点、改革探索类试点共计29个试点，进一步强化

---

① 《中共中央　国务院关于支持浙江高质量发展建设共同富裕示范区的意见》，2021年6月10日，中国政府网，https://www.gov.cn/zhengce/2021-06/10/content_5616833.htm。
② 徐鹏杰、杨宏力、韦倩：《中国共同富裕的影响因素研究——基于现代产业体系与消费的视角》，《经济体制改革》2022年第3期。
③ 李海舰、杜爽：《推进共同富裕若干问题探析》，《改革》2021年第12期。
④ 《在高质量发展中扎实推动共同富裕》，《人民日报》2022年5月21日第6版。

了试点的引领和带动作用，为全国推动实现共同富裕提供了可供参考和借鉴的省域范例。

表3-2　浙江省高质量发展建设共同富裕示范区试点名单

批次	时间	试点名单	
第一批（28）	2021年7月	缩小地区差距领域（4）	丽水市、温州泰顺县、嘉兴平湖市、衢州龙游县
		缩小城乡差距领域（7）	湖州市、杭州淳安县、宁波慈溪市、金华义乌市、台州路桥区、台州仙居县、丽水松阳县
		缩小收入差距领域（4）	温州鹿城区、绍兴新昌县、金华磐安县、舟山嵊泗县
		公共服务优质共享领域（4）	宁波市、杭州富阳区、温州瓯海区、台州三门县
		打造精神文明高地领域（4）	衢州市、嘉兴南湖区、绍兴诸暨市、金华东阳市
		建设共同富裕现代化基本单元领域（5）	绍兴市、杭州萧山区、宁波北仑区、湖州安吉县、衢州衢江区
第二批（29）	2022年6月	县域综合类试点（2）	舟山嵊泗县、丽水景宁县
		成果展示类试点（5）	宁波市、嘉兴市、温州瑞安市、金华义乌市、台州玉环市
		机制创新类试点（12）	杭州市、衢州市、杭州钱塘区、杭州桐庐县、温州乐清市、湖州吴兴区、湖州南浔区、嘉兴桐乡市、金华永康市、衢州常山县、台州温岭市、丽水遂昌县
		改革探索类试点（10）	杭州余杭区、杭州临安区、宁波海曙区、温州龙湾区、湖州德清县、嘉兴秀洲区、嘉兴嘉善县、绍兴柯桥区、金华兰溪市、衢州龙游县

注：括号内为试点数目。
资料来源：笔者根据浙江省高质量发展建设共同富裕示范区第一批、第二批试点名单整理。

（三）高质量发展建设共同富裕示范区成效显著

浙江省在高质量推进共同富裕发展过程中，通过出台相关配套政策，成立相关领导小组，编制重点任务清单，以多方面协同机制相互作用，全面形成重点突破、合理推进的良好态势，极大地推动共同富裕示范区建设重大工作重大改革扎实推进，从而在高效发展建设共同富裕示范区方面取得了显著成效。一是全体人民生活水平有了明显改善，随着人均生产总值的增加，全员劳动生产率有了较大幅度的提升。二是研发强度（R&D经费支出与GDP的比值）大幅增加，标志着共同富裕示范区的技术创新能力得到明显增强，有助于协同带动相关地区的技术创新能力。三是居民人均可支配收入增加，"三大差距"进一步缩小。在推进山区26县高质量发展过程中，实现"一县一策"全覆盖，山区26县农民收入增速快于全省农民；城乡居民收入倍差、地区人均可支配收入最高最低倍差均有缩小，山区26县居民人均可支配收入与全省平均收入之比上升；家庭年可支配收入10万—50万元群体的比例达72.4%，家庭年可支配收入20万—60万元群体的比例达30.6%，中等收入群体规模稳步扩大。总体而言，浙江省共同富裕示范区建设重点工作重大改革扎实推进，并已经在高质量发展高品质生活先行区、城乡区域协调发展引领区、收入分配制度改革试验区、文明和谐美丽家园展示区等建设方面取得显著成效。

表3-3　　2021年浙江省共同富裕示范区主要指标完成情况

		2020年	2021年	2021年实绩
人均生产总值（万元）		10.1	10.7	11.3
全员劳动生产率（万元/人）		16.6	17.6	19
R&D经费支出占GDP的比重（%）		2.8	2.9	2.9
居民人均可支配收入（元）		52397	56000	57541
城乡居民收入倍差		1.96	1.95	1.94
山区26县居民人均可支配收入与全省平均之比		0.725	0.728	0.732
家庭年可支配收入（按三口之家计算）	10万—50万元群体比例（%）	69.2	70	72.4
	20万—60万元群体比例（%）	26.8	30.3	30.6

资料来源：浙江省统计局、浙江省发展和改革委员会。

第三节　浙江省数字基础设施高质量发展建设共同富裕示范区的逻辑机制

在全面建设共同富裕示范区的道路上，浙江省敢闯敢做，勇立潮头，始终走在全国前列，在提高经济发展质量效益、提高人均地区生产总值、实现基本公共服务均等化、持续缩小区域发展差距、城乡居民收入差距和生活水平差距以及提升低收入群体增收能力和社会福利水平方面已经取得了实质性进展。事实上，从共同富裕的内涵和外延来看，共同富裕的基本落脚点是在实现"富裕"的基础上强调"共同"，意即"富裕"和"共同"是实现共同富裕的两个关键要义。其中，"富裕"的基本含义是收入水平提高，"共同"则意味着收入差距缩小，[1] 总体就是要在实现全面综合发展的基础上，注重平衡协同发展。当下，已有文献在对共同富裕的理论内涵进行深入挖掘时，通常从两个视角对共同富裕的本质内涵进行阐述。第一种是充分发展视角，该视角强调实现共同富裕不仅要求国家经济总体水平提高，而且更加注重生产力水平、经济发展程度和人均发展水平得到较大提升以及物质生活和精神生活极大丰富。第二种是均衡发展视角，该视角认为共同富裕是全体人民在富裕水平合理差距基础上的普遍富裕，并强调要着力推进机会均等、公共服务均等化，消除两极分化，缩小城乡差距、区域差距、收入差距和行业差距等。[2] 对此，要系统考察数字基础设施高质量发展建设共同富裕示范区，最终实现共同富裕，关键要从数字基础设施高质量发展推动经济全面综合发展和平衡协同发展两方面进行阐述。

---

[1] 徐鹏杰、杨宏力、韦倩：《中国共同富裕的影响因素研究——基于现代产业体系与消费的视角》，《经济体制改革》2022年第3期。

[2] 师博、胡西娟：《高质量发展视域下数字经济推进共同富裕的机制与路径》，《改革》2022年第8期。

一 数字基础设施高质量发展有助于促进经济全面发展

实现共同富裕第一个核心要义是"富裕",是要促进经济全面发展,最大限度提高人民收入水平。推进共同富裕需要依托数字经济发展催生的各种新型商业模式,依托数字基础设施高质量发展共享平台,驱动技术创新能力、提高人力资本高级化以及降低交易费用等,促进经济全面发展,提高人民收入水平,夯实共同富裕基础。

(一) 数字基础设施高质量发展有利于增强技术创新能力,带动经济全面发展

科技创新是引领高质量发展的第一动力,数字基础设施高质量发展能加速创新资源流动,特别是能加快由人力资本流动带来的隐性知识流动,对增强区域创新能力,提高经济发展效率具有极大的促进作用,有助于推动经济全面增长。在高质量发展过程中,实现共同富裕必须以科技创新作为重要支撑。[1] 作为发展信息化、智能化、数字化的重要载体,数字基础设施高质量发展对实现创新驱动发展战略具有显著积极影响,能极大地加快由"制"到"智"的转变进程。[2] 与此同时,数字基础设施本身所具有的技术溢出效应、[3] 知识溢出效应和技术扩散效应,[4] 还将形成"创新网络效应",[5] 以数字基础设施为代表的"新技术群"赋能经济整体发展,为创新活动提供便利平台,实现以信息流带动技术流、资金流、人才流和物资流自由流动,改变产业传统生产方式,[6] 提升创新发明的质量和效率,带

---

[1] 李海舰、杜爽:《推进共同富裕若干问题探析》,《改革》2021年第12期。
[2] 施震凯、张能静:《数字基础设施对出口三元边际的影响:来自微观层面的证据》,《国际商务研究》2022年第5期。
[3] 刘生龙、胡鞍钢:《基础设施的外部性在中国的检验:1988—2007》,《经济研究》2010年第3期。
[4] 李津、齐雅莎、刘恩专:《数字基础设施与全球价值链升级:机制与效用》,《学习与探索》2010年第10期。
[5] 袁航、夏杰长:《数字基础设施建设对中国服务业结构升级的影响研究》,《经济纵横》2022年第6期。
[6] 李海舰、杜爽:《推进共同富裕若干问题探析》,《改革》2021年第12期。

动经济全面发展。此外，数字基础设施高质量发展能显著压缩传统意义上的时空距离，增强区域之间的可达性，以要素和产品在空间的自由流动，促进要素集聚企业间"学习交流"，改变传统知识高度本地化特征，[1] 增强区域创新能力和创新外溢效应，[2] 加快传统经济数字化转型，带动经济全面发展，为共同富裕打好物质基础。

（二）数字基础设施高质量发展有助于促进人力资本高级化，带动经济全面发展

依托数字经济高质量发展，持续优化和完善教育资源合理分配，优化人力资本配置是促进经济包容性增长的重要措施，而推进包容性增长是实现共同富裕的关键路径。[3] 因此，基于数字基础设施高质量发展，在全面提升人力资本高级化的同时，有利于促进经济高质量发展，对实现共同富裕起到了很好的保障作用。事实上，共同富裕依托于生产力高质量发展，数字基础设施不断完善能在很大程度上强化数字技术创新能力，并增强因生产方式革新所需的人力资本积累，以分工深化打造企业竞争优势，为共同富裕奠定物质基础。[4] 特别是在当下，中国人口结构进入从"数量型红利"向"质量型红利"过渡的新阶段。[5] 面对人口红利逐渐消失、规模供给效率递减的客观现实，以数字基础设施高质量发展促进教育公平、破除人力资本流动障碍、提高人力资本配置效率、优化人力资本结构、提升人

---

[1] E. L. Glaeser, D. C. Maré, "Cities and Skills", *Journal of Labor Economics*, No. 2, 2001, pp. 316-342; S. S. Rosenthal, W. C. Strange, "Evidence on the Nature and Sources of Agglomeration Economics", Handbook of Regional and Urban Economics, No. 4, 2004, pp. 2119-2171; 余泳泽等：《高铁开通是否加速了技术创新外溢？——来自中国 230 个地级市的证据》，《财经研究》2019 年第 11 期。

[2] 余泳泽等：《高铁开通是否加速了技术创新外溢？——来自中国 230 个地级市的证据》，《财经研究》2019 年第 11 期。

[3] 杨晨旭、刘霞辉：《共同富裕视角下的人力资本配置与包容性增长》，《中国流通经济》2022 年第 9 期。

[4] 周泽红、郭劲廷：《数字经济发展促进共同富裕的理路探析》，《上海经济研究》2022 年第 6 期。

[5] 雷尚君、刘怡君、张颖熙：《以健康人力资本积累推进共同富裕的对策建议》，《价格理论与实践》2022 年第 2 期。

力资本高级化水平是释放人力资本红利，推动经济高质量发展的必然选择，也是促进共同富裕的内在要求。具体而言，一方面，数字基础设施不断完善和发展，能在缩小传统时空距离的同时，便捷创新要素流通成本，尤其是能提升高水平人力资本的线上交流合作机会与网络集聚效应，为知识的自由流动和技术的合作共享提供可能，有助于加速知识、技术以及创新思想和创新理念的传播与扩散，带动经济全面发展。而且，顺畅的人力资本流动有助于加速高级人力资本从低生产率地区或部门向高生产率地区或部门流动，优化各地区或部门的要素投入结构，促进经济增长。① 另一方面，由数字基础设施高质量发展带来的产业结构从劳动密集型向资本密集型，进而向知识密集型和技术密集型产业的持续转型升级，意味着需要不断调整与之匹配的人力资本，确切地说，需要不断提升人力资本高级化水平以适应逐渐转型升级的产业结构，使劳动者技能总体得到提升，加速劳动者人力资本积累。② 此时，数字基础设施高质量发展对人力资本结构优化产生了一种倒逼机制，即只有不断高级化的人力资本结构才能与数字基础设施吻合和匹配，数字技术的应用需要劳动者具有较高的水平和劳动技能，倒逼企业增加对员工的数字技能培训，增强数字技能的可获得性，主动提升劳动者的人力资本。同时，面对数字技术的高进入门槛和高壁垒，通常要求员工具有长期深入学习的能力，借此降低高数字技能的可替代性。但数字技术的更新迭代速度较其他技术更快，这就要求教育体系必须不断满足劳动者更新自身技能禀赋的需求，可持续地提升人力资本。于是，就形成了数字基础设施推进人力资本结构高级化进而带动经济高质量发展的逻辑主线，为实现共同富裕打下稳固的基础。

---

① 杨晨旭、刘霞辉：《共同富裕视角下的人力资本配置与包容性增长》，《中国流通经济》2022年第9期。

② 周泽红、郭劲廷：《数字经济发展促进共同富裕的理路探析》，《上海经济研究》2022年第6期。

（三）数字基础设施高质量发展有利于降低交易费用，促进经济全面发展

通常而言，基础设施建设对降低交易成本、提高经济效率、促进经济增长具有重要作用。[①] 立足于新发展阶段，数字基础设施高质量发展在降低市场交易成本、制度成本等方面具有显著的优势。一方面，新一轮科技革命，人工智能、5G、云计算等数字技术的兴起，很大程度上促进了数字基础设施高质量发展，降低了信息沟通成本与市场成本，提高了企业生产、储存、流通和交换的效率，推动了产业转型升级和经济高质量发展。[②] 此时，在减弱信息不完全不对称、降低交易费用的前提下，由数字基础设施高质量发展所催生的各种新型数字化商业模式，也激发了数字基础设施的创新驱动效应，推动了产业之间的深度融合与渗透，带动经济整体高质量发展。除此之外，数字基础设施高质量发展本身也会带动基础设施部门整体全要素生产率提升，[③] 以及加速人和物在流通方面的灵活性和便捷性，为人们提供更多的创新创业机会，以不同要素之间的合理配置和高效使用促进经济全面快速发展。另一方面，数字化流通过程以数字平台为节点，[④] 数字基础设施高质量发展所催生的各种新型商业模式，激发和强化了数字基础设施的平台共享效应，以数字化平台共享优势和集聚优势从整体上降低经济生产活动中的交易成本和制度成本，推动产业之间深度融合，提高经济发展效率，有力推动经

---

① E. M. Gramlich, "Infrastructure Investment: A Review Essay", *Journal of Economic Literature*, Vol. 32, No. 3, 1994, pp. 1176-1196; D. Donaldson, "Railroads of the Raj: Estimating the Impact of Transportation Infrastructure", *The American Economic Review*, Vol. 108, No. 4-5, 2018, pp. 899-934.

② 施震凯、张能静：《数字基础设施对出口三元边际的影响：来自微观层面的证据》，《国际商务研究》2022年第5期。

③ 施震凯、邵军、浦正宁：《交通基础设施改善与生产率增长：来自铁路大提速的证据》，《世界经济》2018年第6期。

④ 周泽红、郭劲廷：《数字经济发展促进共同富裕的理路探析》，《上海经济研究》2022年第6期。

济迈向高水平循环，全体人民共享发展成果。① 此外，数字基础设施高质量发展以及与之相伴随的数字技术提升打破了政府原有的治理体系，在信息革命深入发展和大数据广泛应用的加持下，政府的信息流动和透明度进一步显现，市场交易成本和制度成本进一步降低，数字化政府维护了高效稳定的市场秩序，同时也创造了公开透明的市场环境，② 为经济高质量发展奠定了良好的营商环境，为实现共同富裕奠定了完善的制度基础。

二　数字基础设施高质量发展有助于实现平衡发展

共同富裕是社会主义的本质要求，实现共同富裕第二个核心要义是"共同"，是要缩小发展差距，其核心在于缩小地区差距、城乡差距和收入差距，实现以人民为中心的高质量发展。③ 浙江是城乡区域发展最均衡、群众最富有、社会活力最强、社会秩序最优的省份之一，为浙江共同富裕先行示范区打下了坚实基础。而数字基础设施高质量发展在很大程度上增强了机会、公共服务等方面的均等化程度，对缩小地区差距、城乡差距和收入差距具有一定的积极作用，能在很大程度上实现平衡发展，带动实现共同富裕。

（一）数字基础设施高质量发展可以平衡地区经济发展，缩小地区差距

在中国，长期以来因历史、经济、政治、制度以及文化等因素所天然形成的地区比较优势差异和区域分工特征，使经济发展呈现出明显的区域差异。这种差异不仅仅体现在传统的东部、中部、西部和东北地区四大区域之间，尤其是最近几年来，南北方地区经济发

---

① 周泽红、郭劲廷：《数字经济发展促进共同富裕的理路探析》，《上海经济研究》2022年第6期。
② 施震凯、张能静：《数字基础设施对出口三元边际的影响：来自微观层面的证据》，《国际商务研究》2022年第5期。
③ 董雪兵、孟顺杰、辛越优：《"山海协作"促进共同富裕的实践、创新与价值》，《浙江工商大学学报》2022年第5期。

展差距也愈加明显,并引起广大学者和政府关注。在此基础上,由优势资源结构差异引发不同地区之间的产业结构差异,继而产生较为显著的区域差距,这种区域差距还将在特定的资源禀赋、分工模式以及各类国家政策实施的情况下进一步保持稳定和长期固化。对此,依托数字基础设施高质量发展,缩小区域发展差距是实现平衡发展、推动共同富裕的重要内容。

具体而言,一是在第五代移动通信技术(5G)、人工智能、大数据和区块链等新兴通信技术带动下,数字基础设施为不同地区之间的要素资源流动搭建起了多元化的电商展示平台,畅通了各种要素资源跨区域自由流动,为关联地区的资源、信息、技术等的交流互鉴起到了很好的连接作用,破解了传统要素资源在流动过程中受到的来自地理环境、交通环境等不可抗拒的自然因素等的束缚和限制,数字基础设施的高质量发展和不断完善能在很大程度上提高要素资源的配置效率与促进要素合理使用,有助于平衡区域经济发展,缩小区域经济发展差距,实现共同富裕。二是数字基础设施高质量发展为发达地区和欠发达地区的经济发展提供了坚实的基础保障,尤其是对欠发达地区而言,相较之下,欠发达地区长期处于信息资源获取、交通物流运输等相对比较落后的状态,导致欠发达地区的经济发展与发达地区经济发展之间长期存在较大差距,而数字基础设施的高质量发展和不断完善能为经济发展提供良好的数字基础保障,特别是能为欠发达地区的经济发展插上"腾飞的翅膀",便捷欠发达地区的资源流动与商品运输,使欠发达地区的商贸流动更加便捷、市场信息更加充分,打通与发达地区之间的经贸往来,有助于缩小区域发展差距,实现共同富裕。三是由数字基础设施高质量发展带来的商贸流通的极大便利实现了不同区域之间的万物互联,由此会产生较强的网络空间溢出效应,能在很大程度上平抑因资源空间错配带来的配置不合理与生产低效率,以及由此导致的区域发展不充分不平衡问题。而数字基础设施高质量发展所产生的网络空间效应具有优化区域资源配置结构、要素生产结构以及产业结构,能打破自然地理客观限制,实现要素跨区域流动和生产的跨区域分工与合作,以这种网络空间溢出效应增加地区之间的交互性,带动区域经济收敛,①加快实现共同富裕。

(二)数字基础设施高质量发展可以平衡城乡发展,缩小城乡差距

数字基础设施高质量发展有助于缩小城乡差距。一是数字基础设施高质量发展有助于畅通资源要素在城乡之间便捷流动,为经济欠发达地区和发达地区之间劳动力、资本与技术的互联互通搭建了便捷的数字电商平台,为欠发达地区的资源"走出去"与发达地区的技术"引进来"提供了良好的组合机会,打破了传统农产品多环节、高成本的流通模式,减轻了不同地区之间的信息不对称,实现了以互联网为代表的"新技术群"赋能农村发展,以信息流带动技术流、资金流、人才流、物资流流向农村地区,②降低了农产品流通市场与交易市场的多重成本,改善要素资源的空间流动,实现生产者与消费者之间高度互联,提升农村全要素生产率,并改变农业生产方式和农民生活方式,通过促进城乡经济更快增长,缓解城乡发展不平衡,缩小城乡差距,实现共同富裕。二是数字基础设施高质量发展对要素资源空间流动的积极影响,有助于提升农业生产效率。此时,伴随农业生产效率的提高,土地产出率、劳动生产率和资源利用率均得到一定程度的提升,最终促进农业生产的规模化、集约化、高效化转变,带动农业发展、农民增收和农村富裕,极大地缩小城乡差距。三是数字基础设施高质量发展打破了传统农业经济资源从农村向城市的单一流动模式,此时,大数据智能分析工具对农村产业发展动态、市场供需状况等信息进行关联分析,增强农产品的有效

---

① 师博、胡西娟:《高质量发展视域下数字经济推进共同富裕的机制与路径》,《改革》2022 年第 8 期。

② 李海舰、杜爽:《推进共同富裕若干问题探析》,《改革》2021 年第 12 期。

供求匹配，以信息流带动技术流、资金流、人才流、物资流流向农村地区。① 而农产品综合数据信息平台将会对农业生产和农业布局进行全面调控，深化农业生产上下游分工，推动农业形成综合协同的产业链条，从而助力乡村发展，实现城乡平衡发展，缩小城乡发展差距，实现共同富裕。

（三）数字基础设施高质量发展可以平衡收入分配，缩小收入差距

基础设施是影响农村劳动生产率和家户收入的最重要变量，② 数字基础设施高质量发展能缩小收入差距。具体而言，一是数字基础设施高质量发展能无限拓宽传统求职市场，降低不同市场、不同人群之间的信息不对称，增加大众创业、万众创新的机会，为广大求职者提供更多更丰富的就业渠道，提高从业者的收入水平。新一代数字基础设施的持续完善和发展，衍生出了更多社交软件、创客平台、电子商务和知识分享等数字网站和平台，为人们提供了极大的就业灵活性和便捷性，使劳动者从单一就业者转变为多元就业者，增加了从业者的收入渠道，尤其是增加了低技能劳动者和弱势群体的就业机会，提高了从业者收入，缓解了人们在要素收入水平上的不平等，有助于缩小劳动者收入差距。③ 二是数字基础设施高质量发展能改善要素资源的空间流动，实现生产者与消费者之间高度互联，通过促进欠发达地区居民的要素收入与经济更快增长，缩小不同地区、不同行业、不同技能以及不同性别等劳动者之间的收入差距。同时，数字基础设施高质量发展在增加投资机会、降低市场交易成本和制度成本、人和物的流通等方面所具有的独特优势，有利于更

---

① 李海舰、杜爽：《推进共同富裕若干问题探析》，《改革》2021年第12期。

② S. Fan, X. Zhang, "Infrastructure and Regional Economic Development in Rural China", *China Economic Review*, Vol. 15, No. 2, 2004, pp. 203-214；刘生龙、周绍杰：《基础设施的可获得性与中国农村居民收入增长——基于静态和动态非平衡面板的回归结果》，《中国农村经济》2011年第1期。

③ 师博、胡西娟：《高质量发展视域下数字经济推进共同富裕的机制与路径》，《改革》2022年第8期。

加便捷灵活地进行投资与要素的合理配置和高效使用，增加投资机会，拓宽低收入群体的收入渠道，降低低收入群体在工作上的机会不平等，继而缓解收入不平等，缩小收入差距，实现共同富裕。三是数字基础设施高质量发展为监管部门的信息获取和有效监管提供渠道，抑制乃至杜绝灰色和非法收入，降低了非法收入对收入差距的扩大效应。同时，数字基础设施高质量发展依托相关产业传导到劳动要素市场，并通过影响劳动力就业和福利保障，以提高低收入者的收入为着力点和切入点来推进共同富裕。[1] 不断改善数字基础设施有利于提高非农收入促进低收入农村家庭增收，带动农业增收，改善农村内部的收入不平等，帮助缩小城乡收入差距，对增强以数字基础设施高质量发展建设实现共同富裕发挥了积极作用。[2]

第四节 浙江省数字基础设施高质量发展建设共同富裕示范区的实施路径

以数字基础设施高质量发展建设共同富裕示范区，实现共同富裕是社会主义的本质要求，也是广大人民群众的共同期盼。作为省域标杆，浙江省数字基础设施高质量发展对建设共同富裕示范区具有积极影响。面对复杂严峻的现实情况和中国长期以来所形成的发展不平衡不充分问题，要在数字基础设施高质量发展中建设共同富裕示范区，推动实现共同富裕总体目标，需采取以下措施。

一 统筹推进数字基础设施建设，夯实共同富裕先行示范基础

立足数字基础设施高质量发展对推动共同富裕示范区建设的积极

---

[1] 洪银兴：《以包容效率与公平的改革促进共同富裕》，《经济学家》2022年第2期。
[2] 祝志勇、刘畅畅：《数字基础设施对城乡收入差距的影响及其门槛效应》，《华南农业大学学报》（社会科学版）2022年第5期；张勋、万广华：《中国的农村基础设施促进了包容性增长吗？》，《经济研究》2016年第10期。

影响，要全面带动实现共同富裕需要切实统筹推进数字基础设施建设。一是要构建系统完备、绿色智能、安全可靠的现代化数字基础设施体系，统筹布局新型数字基础设施，加快5G、人工智能、云计算、物联网、工业互联网、大数据中心等建设，推动交通、物流、产业等传统基础设施数字化、网络化、智能化改造升级，为各领域全面高质量发展提供新型数字化基础设施条件。重点提升欠发达地区和农村地区新型基础设施发展建设，推动新型基础设施在区域层面、城乡层面协同发展，为区域平衡发展和城乡一体化发展提供来自新型数字基础设施方面的支持。二是加快发展数字经济，强化新型数字基础与传统数字基础设施融合发展，强化数字社会、数字政府建设，提升公共服务、社会治理等数字化智能化水平。完善和健全数据资源产权、交易流通、跨境传输和安全保护等基础制度和标准规范，规范数字基础设施高质量发展。不断扩大基础公共信息数据有序开放，建设国家数据统一共享平台。提升全民数字技能，实现信息服务全覆盖，为数字基础设施建设的广泛应用提供应有的支撑。三是全面推进数字基础设施建设，加强对落后地区新型数字基础设施建设的政策扶持，加快建设全面覆盖乡镇以上地区和有条件行政村的"双千兆"网络基础设施，有序推进行政村以上地区5G网络布局建设，实现5G基站乡村以上地区全覆盖，5G网络重点行政村全覆盖。推进国家互联网交换中心省内区域节点建设，促进全国网络互联互通与均衡发展。促进不同地区共建共享数字基础设施，管理整合数字基础设施资源。以数字化改革总框架推进智慧化、智能化发展，构建数字政务服务体系、数字公共文化服务体系、数字化产业发展体系、数字化社会治理体系，提升浙江省整体智治水平。

二 完善数字基础设施发展体制机制，营造数字化转型优良环境

持续完善和优化数字基础设施发展体制机制，是实现数字基础设

施高质量发展建设共同富裕示范区的重要抓手。一是要建立健全数字基础设施发展的制度体系，及时制定相对完善的数据配套管理政策，对不合时宜的行政规范性文件进行清查和废除，为数字基础设施高质量发展提供必要的制度支持。同时，还要充分发挥政府在数字基础设施高质量发展过程中的积极作用，加快推进电子政务，制定电子政务项目管理办法，明确电子政务的项目管理办法和管理要求，落实《浙江省保障"最多跑一次"改革规定》《浙江省公共数据和电子政务管理办法》等，加快政府数字化转型，提升数字基础设施高质量发展过程中的政府引导作用。二是要完善数据保护和数字网络安全相关法律法规，加快建立关键信息基础设施保护制度，升级安全防护等级，推进数据标准体系建设，制定相应的技术标准。积极贯彻落实《浙江省数字经济促进条例》《浙江省通信设施建设和保护规定》等法律法规，参与国家在数字基础设施相关领域的标准制定工作，研究制定数字通信基础设施建设标准和规范，为数字基础设施提供建设指南。同时要加强标准规范的推广实施，检验和监督实施效果评价，优化和完善标准规范。在省域之间，构建数字基础设施协调发展机制，加大对欠发达地区的帮扶力度，有针对性地加强欠发达地区人才培养和数字基础设施建设，补全欠发达地区数字经济发展的短板，探索共建园区、"飞地经济"等利益共享模式，完善社会力量参与数字基础设施高质量发展建设共同富裕示范区的长效机制，更好地缩小区域差距、城乡差距和收入差距，实现融合协调发展，形成国内大循环，助力实现共同富裕。三是推动全国数据管理机制改革，构建上下衔接、统筹有力的组织体系和协调机制，强化数字基础设施高质量发展基础。同时，依托高校、研究所、企业等制订相关数字化人才培养计划，建立人才引进激励机制，加大数字技能培训与考核，提升全民整体数字化素养，营造鼓励数字化创新氛围。

三 构建数字产业生态系统，助力共同富裕示范区高质量发展

依托大数据资源，以完善的数字产业生态系统助力共同富裕示范区发展建设。一要围绕数字基础设施相关产业链，完善和补齐相关技术短板，培育发展一批 5G、数据中心、卫星通信、量子通信等领域的骨干企业，立足于数字基础设施发达省份，充分发挥数字基础设施强省的特色优势及其对其他省份的协同带动作用，做大做强智能计算、人工智能、区块链、网络信息安全等产业领域，打造具有国际影响力的细分产业集群。加强对数字基础设施建设的要素资源保障，营造共建共享、可持续发展的建设环境。推动数字基础设施与云计算、大数据、物联网等技术的融合应用，促进各行各业数字化转型。二要大力推动数字基础设施与 5G、云计算、大数据、物联网等新型数字技术的融合与应用，对数字基础设施建设的要素资源进行合理配置和组合，依托共建共享、可持续发展的建设环境，有效促进各行各业数字化转型，促进行业协同高效发展和收入合理分配，带动共同富裕示范区高质量发展，实现全国共同富裕宏伟目标。三要围绕生产制造、交通物流、民生服务、政府治理等重点领域，以数字化改造和升级传统行业领域，有效促进数字基础设施与各种应用场景的深度融合，营造多元化数字产业生态系统，为以数字基础设施高质量发展带动共同富裕示范区建设，最终实现共同富裕奠定坚实的数字产业生态基础。

第四章 以数字经济与实体经济深度融合促进共同富裕示范区建设

第一节 引言

共同富裕是中国共产党的历史使命，是中国式现代化的重要特征。党的二十大报告指出，中国式现代化是人口规模巨大的现代化，是全体人民共同富裕的现代化。要实现全体人民共同富裕的目标，必须更好地解决新时代中国经济社会发展的不平衡和不充分问题，在促进供求匹配、提升居民就业、减小区域收入差距、推动城乡均衡发展等方面有更大作为。数字经济具有高创新性、强渗透性、广覆盖性的特点，在培育发展动能、提升传统产业、促进供需对接、打破要素时空限制、畅通经济循环等方面具有显著优势。加之近年来，数字技术直接介入实体经济的趋势逐渐凸显，越发呈现出产业链、价值链、供应链互相嵌入、相互依存的状态。在这样的背景下，应充分发挥海量数据和丰富应用场景优势，推动数字经济与实体经济在更高层次、更高水平上的深度融合，为新征程新阶段共同富裕的实现创造有利的技术条件和物质基础。

第二节 数字经济与实体经济深度融合：必要性与内涵

一 推动数字经济与实体经济深度融合的现实必要性

近年来，中国的经济发展环境发生了深刻复杂的变化，实体经济面临结构优化和动能转换的重大课题。随着数字经济同实体经济深度融合过程的逐渐加快，二者的边界变得日益模糊，越发呈现出产业链、价值链、供应链互相嵌入、相互依存的状态。实体经济同数字经济融合作为实体经济转型升级过程中应时而生的一种新形态，着眼于数字经济对实体经济生态的直接介入，是新发展阶段适应国内外环境变化、更好发挥中国创新人才和数据要素比较优势的结果。

首先，构建新发展格局的关键在于实现经济循环流转。当前，国内大循环的痛点在于内需循环不畅，相对于分层、理性的消费需求来说，有效供给明显不足，同质化、低端供给过剩，精细化、高品质的供给短缺。由于生产函数中知识、技术、数据、管理等新要素的贡献越来越大，供应链离散冗长且环环相扣，企业推动自身产业结构调整和产品结构升级的复杂性增加，生产体系内部循环不畅的现象明显。畅通经济循环的核心，就是要立足国内消费市场，打通堵点、补齐短板，贯通生产、分配、流通、消费各环节，形成需求牵引供给、供给创造需求的更高水平动态平衡。推动数字经济同实体经济深度融合，有利于推动各类生产要素快捷流动、各类市场主体加速融合，从而实现供需对接、跨界发展，促进经济高水平循环流转。

其次，数据技术快速发展，传统生产要素的贡献持续下降。当前，中国实体经济的发展环境正在发生实质性变化，资源、能源、环境的制约越发明显，加之一些国家推出"产业回归计划"和"供应链多元化"，使得依赖投资和外需驱动的经济增长模式难以为继。而产业体系"大而不强""全而不优"，推动产业链纵向延伸和企业间横向协同的生态体系不完善，难以为研发创新和高质量发展提供良好土壤。与此同时，信息技术的第二波浪潮——数据技术（DT）正在快速发展。DT时代的技术基础并不是单一的某种技术，而是以云计算和大数据技术为核心的技术群落，包括云计算、大数据、人工智能、物联网、移动互联网等，数据技术已经显示出了巨大的变革潜力，正驱动整个产业体系的创新。促进数字经济与实体经济深度融合，有利于发挥数据作为新型生产要素的重要作用，推动实体经济生产方式变革，打造现代化经济体系的重要引擎。

最后，经过多年的发展，中国在新生产要素供给方面已有了较强的能力储备。近年来，中国的传感器、机器人、数控机床等领域更加智能化、精准化，成本呈现不断下降的趋势，具备了大规模应用的基础。中国数字经济规模居于世界第二位，大数据、云计算、物联网、移动互联网、人工智能等新技术较为成熟，逐渐达到了生产活动对高精准性的要求。消费互联网的发展不仅孕育出了一批世界级的平台企业，更积累了海量电商、社交数据，为产业升级打下了重要的数据基础。中国数字经济和人工智能等领域创新创业创造活跃，拥有一大批细分行业领军企业，在产业规模和技术水平上都居于前列。当前，一些行业领先的企业大力推动数字化转型，积累了丰富的经验，并将数字赋能技术以整体解决方案、企业应用平台等方式在行业内实现了开放共享。而随着买方与卖方在线上的集聚，供需双方日益体现出高度的相互依存与促进效应。整体上看，围绕"数据中台"的云数生态布局已全面铺开，中国实体经济规模大、产业门类齐全、产业层次多样的特点，为数字技术的渗透提供了巨大的市场空间和丰富的应用场景。

二 认识数字经济与实体经济深度融合的内涵

数字经济与实体经济深度融合的创新形态，是指基于数据技术，以数据、知识为主要生产要素，以互联网平台为载体，高效协调生产、分配、流通、消费各个环节，全面贯通多产业、多业务、多场景的新经济形态。数字技术与实体经济深度融合产生的新经济形态，反映了一种新的生产力与生产关系，即以新一代信息技术和数据要素为生产资料，以算法和算力为生产力，在新的应用场景和产业生态中重塑生产关系。数字经济与实体经济深度融合而形成的创新经济形态，实现了数字技术从松散联结到实体嵌入，在资源配置、供求调节、生产组织、企业协同、商业运营等方面均不同于传统的实体经济，是供需衔接更加顺畅、供应链各方响应更加高效的经济形态，有利于在动态中实现更高水平上的供求均衡，提高全社会资源配置效率。数字经济与实体经济深度融合，是党的十八大以来中国经济在新时代发展理念指导下取得的重要成果，也是现代化经济体系建设过程中，实体经济实现质量变革、效率变革、动力变革的基本依托。

作为实体经济在新时代的升级、转型和发展，数字经济与实体经济深度融合，是实体经济同先进技术和数据要素紧密结合的创新经济形态，在关键生产要素、生产组织方式、服务提供方式和经营管理模式等方面均实现了创新。其中，互联网、大数据、人工智能、云计算等数据技术作为基座，支撑数据要素在数字平台上贯通使用；平台作为桥梁和载体，连接人、机、物、系统等生产要素，串联生产、分配、流通、消费各个环节，通过海量数据汇聚、建模分析与应用程序开发，打造精准匹配的应用场景，形成高效协同的产业生态。这里的平台，既可以是从底层基础到顶层应用纵向一体的工业互联网平台，也可以是由消费互联网平台转型后的数字平台。在此过程中，实体经济的商业模式和商业生态被重塑，传统产业链、供应链升级为数字原生、数据原生的业态和流程，从而实现消费者需求与生产者供给精准匹配、广泛的共性技术分享和全流程降本增效，并从根本上提高全要素生产率、推动实体经济转型升级。

第三节 以数字经济与实体经济深度融合推动共同富裕：理论分析与作用机制

共同富裕是全体人民共同富裕，是社会主义的本质要求，也是中国式现代化的重要特征。党的十八大以来，习近平总书记多次指出，

"让发展成果更多更公平惠及全体人民","共同富裕是人民群众物质生活和精神生活都富裕"。[①] 促进全体人民共同富裕是一项长期任务,也是现实任务。新发展阶段实现共同富裕,是在实现权利平等、机会均等的基础上,在高质量发展中达到物质和精神财富的富裕状态,通过生产力水平、经济发展程度和人均发展水平的较大提升,物质和精神生活的极大丰富,更好满足人民多方面日益增长的需要。故此,充分促进实体经济的高质量发展、共建物质财富和精神财富是实现共同富裕的根本前提,均衡发展、机会共享是实现共同富裕的应有之义。

实体经济是国民经济的基础,但一国实体经济的内涵会随着本国经济社会的演化和技术条件的演进而不断变革,建设现代化产业体系就是优化配置各类生产要素的过程。依托数字化赋能的实体经济,综合运用新生产要素、贯通现代化产业体系建设全过程,是现代化产业体系的基本构成,也是实现共同富裕的重要支撑。从理论上看,数字经济与实体经济深度融合,主要是通过推动增长动力向新要素驱动转变、推动参与全链条分工、提升资源获取能力、推动市场一体化这四个方面的渠道促进共同富裕。

首先,数字经济与实体经济深度融合,推动增长动力由传统要素向新要素转变,为实现共同富裕提供物质基础和内生动力。经典的经济增长模型主要包含物质资本和人力资本两大要素,而数据要素则是数字经济时代的关键生产要素。数字经济与实体经济深度融合的创新形态,体现为新型生产要素对传统要素的"替代",以互联网、大数据、云计算、人工智能等数据技术为基座,以数据和知识作为主要投入,将创新应用作为发展基石。依托以互联网平台为核心的数字技术和产业体系,数字经济与实体经济深度融合的创新形态致力于整合数据、技术和生产性服务等资源,重构供应链、重塑组织模式,减少研发活动的资源消耗、缩短研发周期,实现装备、产品、技术、工艺等方面的创新突破。通过高效的互联网、物联网

[①]《习近平:共同富裕是社会主义的本质要求,是中国式现代化的重要特征》,2021年8月22日,求是网,http://www.qstheory.cn/zhuanqu/2021-08/22/c_1127784024.htm。

系统广泛收集市场主体信息，并将消费领域同产业领域的数据打通，形成从产品研发设计到用户体验的全生命周期的数据贯通，并依据产业链供应链上下游企业动态，灵活调整产品品类、优化产能，对市场需求变化做出敏捷反应。新的生产要素的出现及其带来的新产业涌现，将导致产业空间格局的变革，从而为欠发达地区提供全新的发展机遇和追赶的有利契机。依托数据要素形成的新业态新模式，有助于提升新增市场主体的增长速度，创造大量的市场机会和就业岗位，改善欠发达地区、中低技能劳动者的收入。但与此同时，新的生产要素也可能形成兼具规模经济、范围经济及长尾效应的经济环境，导致数字经济与实体经济融合发展的水平存在各区域不平衡的情况，数字鸿沟也有可能对欠发达地区的追赶设置障碍。《中国数字经济发展白皮书（2023）》显示，2022年中国产业数字化规模达到41万亿元，同比名义增长10.27%，占数字经济的比重为81.7%，占GDP的比重为33.9%，产业数字化转型持续向纵深加速发展。随着对数据价值挖掘的探索更加深入，如何采取切实有力措施尽可能消除区域间的数字鸿沟，通过在欠发达地区优先发展同当地禀赋和数据技术紧密结合的产业，促进智慧农业、智能交通、智能制造、智慧物流等应用场景在欠发达地区落地，有效促进其实现经济追赶，进而推动区域间协调发展，是必须要解决的重要问题。

其次，数字经济与实体经济深度融合着眼于全链条协同，有利于欠发达地区参与价值链分工，从而在集聚中实现区域协调。数字经济与实体经济深度融合并非着眼于单一环节或者单一流程的数字化，而是着眼于科技、技术对全链条、全流程整体的赋能、改造和提升。数字经济与实体经济深度融合的创新形态，建立在全产业链资源优化配置、各环节泛在互联贯通的基础上，高度集成的智能网络实现横向和纵向的高度融合、各方协同构建应用生态。消费互联网使得生产者和消费者的距离可以无限拉长，而工业互联网使得产业链上不同环节的企业在平台上实现对接。在产业链更加碎片化和分散化的大背景下，区位因素对于个人及企业发展的重要性进一步降低,这有利于更多欠发达地区的生产者聚集到虚拟空间,参与到价值链中实现横向模块化分工,不断提高供给体系对需求的适配性,在全链条协作中不断提高产业发展的水平和质量。故此,数字经济与实体经济的深度融合,通过技术扩散和知识外溢促进发达地区经济增长,进而缩小区域差距、提高人民收入水平,实现跨地域、跨领域、多主体的共竞共生。

对 1688 平台产业带的研究亦显示,数字经济与实体经济的融合呈现出非常明显的空间扩张和包容性增长态势,产业区域集中和全国分散普惠的趋势越发明显,越来越多欠发达地区被纳入数字化产业带的发展之中。我们选取 1688 平台上入驻企业超过 100 家的 2895 个数字化产业带,通过测度其在数字化产业带规模、企业电商数字化转型、数字化产业带品牌三个维度的表现,系统评估各地数字化产业带发展现状。分析显示,数字化产业带从 2013 年的不足 100 个、覆盖 52 个城市扩增至 2021 年的近 3000 个数字化产业带、覆盖 163 个城市,其分布遍及全国,北至东北的哈尔滨市和内蒙古的兴安盟,西至新疆的乌鲁木齐市和甘肃的张掖市,南至海南省的海口市和云南省的玉溪市,仅有西藏和青海两个省区还没有出现数字化的产业带。跨越区域的数字化产业集群,带来了产业链上下游、供应链、生产性服务等各方面资源,形成了巨大的协同效应,极大地降低了欠发达地区的产品和服务的贸易成本和交易成本,帮助其打破地理区位限制,进一步降低成本并形成价格优势。在此过程中,发展相对成熟的产业带内呈现制造环节向人工成本更低区域外迁,将更具有价值的研发中心、更快获得收益的商贸中心放至本地,从而在集聚的过程中实现了区域间的分工协调。数字技术同实体经济的融合,以协同共享为底座,为欠发达地区的企业构建了基于互联网的新型生产关系和异地协同生产新模式,促进实现共同富裕。

再次,数字经济与实体经济深度融合有助于提升服务的可及性,从而缩小企业之间、城乡之间和区域之间在资源获取方面的差距。传统实体企业获取生产性服务业特别是数字化服务的难点一是成本高，二是缺人才，三是变化快。随着数字经济与实体经济的深度融合，生产性服务业日益互联网化，由平台整合提供从低代码简单系统到复杂应用系统的趋势越发明显。平台为企业级生产性服务的生长构建了生态环境，以低代码、解决方案等形式聚合了众多生产性服务业厂商，日益形成以平台为中心、生产性服务厂商围绕的生态圈。多样化生产性服务厂商借助平台提供的 API 接口进行能力调用，实现可生长、可自由定义并搭建的生产性服务业柔性供给，减少试错成本和用时，帮助企业更好地适应竞争环境。数字经济与实体经济深度融合，推动真实的生产及销售场景同多元化生产性服务的精准匹配，解决了需求全面化与生产性服务碎片化之间的矛盾。数字技术出现之前，个人和小微企业一直缺乏主导市场相应服务的资源，对于欠发达地区的企业和个人更是如此。例如，企业和个人缺乏市场营销及核算等专业知识，付款方式、标准合同、可借鉴的流程、适应性强的保险产品的不可得，也缺乏使用后重新设置商品的程序和设施的资源。在商品异质性很强的前提下，缺乏服务资源会将欠发达地区的个人和企业完全隔绝在市场之外。数字经济和实体经济的融合，借由工业互联网平台、消费互联网平台上聚合的服务资源大大降低了交易成本，并为个人和小微企业提供了以前仅适用于大规模企业公司的一系列工具和服务，帮助其更好地加入并适应市场。已有研究表明，数字化平台通过降低创业成本来增加创业活动，在收入水平较低、教育水平较低、信用评分较差的城市，对于企业家精神的激发作用更大，[1] 也就是说，数实融合对创业活动具有积极的溢出效应，创业资源缺乏、社会经济条件较差的地区收益更大。数字经济与实体经济融合发展能够激发欠发达地区、低物质资本、低社会资本情境下企业家创业精神，推动创业机会均等化的同时，通过提升互联网贸易规模缩小地区和城乡收入差距，从而促进包容性普惠式增长。

---

[1] J. M. Barrios, Y. V. Hochberg, H. Yi, "Launching with a Parachute: The Gig Economy and New Business Formation", NBER Working Paper, No. 27183, May 2020.

最后，数字经济与实体经济深度融合有助于去中心化，通过减少信息差、推动市场一体化促进共同富裕。沟通变革是实体经济步入同数字经济深度融合时期的内生需求，生产和服务流程的复杂化要求企业和个人能够实现信息的扁平、透明、高效传递。传统实体经济企业的组织模式为金字塔式，信息在采购、研发、生产、销售、市场、物流、售后等环节层层流转，传递效率低、反馈速度慢，企业内部各环节协同度不高。中国尚存在较大程度的市场分割效应，经济欠发达地区存在市场范围狭小、企业和个人信息不发达等问题，难以获取必要的市场信息，导致欠发达地区失去把握发展机会的能力。减少市场分割、消除信息差是共同富裕的手段，也是起点。数字经济与实体经济深度融合的创新形态，依托互联网平台上的信息自由传导与高效沟通，推动了不同市场主体之间的广泛互联，降低了沟通交流的成本，推动个体之间的信息传导更加顺畅。数字经济与实体经济深度融合的创新形态，促成了产业组织模式的"去中心化"创新，信息也不再是单向的线性流动模式，而是多向的网络流动模式，可以帮助欠发达地区基于产业生态系统获取价值，在实现组织机制激活与创新环境营造的同时，推动各类资源要素快捷流动，带动大中小各类市场主体相互融通，从而有助于欠发达地区找到自身在产业链、供应链中的位置，通过在更大规模市场配置资源获取专业化收益。

第四节　数实融合促进共同富裕的效应分析：来自小微企业的证据

一　数实融合促进小微制造企业高质量发展：非品牌化工厂案例

在中国的制造企业中，非品牌化工厂占据着不可忽视的市场规模，其多以代工等形式提供高性价比商品，承载着满足国内巨大消费需求的职能。非品牌化工厂最早源于20世纪80年代的日本，指的是生产无品牌商品或品牌市场认知度较低的厂商企业。在日本市场上，非品牌化代表着追求商品极致性价比的消费理念，有助于大量节省品牌营销和商品包装等无意义开支。非品牌化工厂是中国制造业产地工厂的主要形态，主要包括三大类型，即向固定贸易品牌提供的定牌代工品、通过贴牌向非固定贸易品牌提供的中性包装品以及大量通过线上平台直接提供给消费者的无品牌或弱品牌商品。

在淘宝、天猫等淘系平台上，按无品牌和弱品牌的宽口径估算，2021年非品牌化工厂的市场销售额占比超过 50%，涉及 64 个工业品行业中 2 万余种终端消费品；利用行业间投入产出关系保守推算，全行业非品牌化工厂增加值（宽口径）占中国工业增加值比例将超过三成。由此，通过数字技术的深度嵌入推动产地工厂，特别是产地非品牌化工厂的数字化转型，是推动中国制造业高质量发展的重要环节。随着国内电商生态的日益完善，中国推动电商平台同产地工厂深度融合的基础也日渐成熟。当前，以"淘工厂"为代表的一批产地工厂，在电商平台的助力下真正地将"工厂生产"与"电商运营"两大场景融合并行，通过平台上提供的各类生产性服务，在降低供应链加价和市场营销成本的同时，提升了物流仓配效率和管理运维效率，探索出一条中小制造企业数字化转型之路。

首先，平台帮助厂商精准掌握商品成本构成，快速触达最优生产工艺。平台借由产地专业服务人员对产品生产工艺的深度钻研和商品成本构成的精准掌控，为非品牌化工厂提供专业的技术咨询服务。比如，在塑料制品的加工过程中，新料、老料与回料的配搭比例，将对应不同的韧度、杂质和味道，进而也将对应不同的制造成本和品质调性。产地专业服务人员在拿到成品后，可精准辨别其工艺过程和新老料投放比例，进而评估出生产成本。对市场上出现的过低价产品，产地专业服务人员通常会亲自购买，研究其低价是源自品质降级（如抽纸减少克重），还是源自生产工艺的优化。若发现更先进的生产工艺，将进一步开展源头追溯，触达最优生产力，同时也会对现有厂商提出生产工艺的修改建议。此类极具专业度的产品与生产工艺辨析过程，需要长期的产地摸盘和实践，这也成为平台帮助非品牌化工厂为市场提供优质性价比产品的重要基础。

其次，平台上提供的生产决策服务，帮助工厂实时洞察市场消费需求。产地服务人员会通过市场销售信息，对畅销品的市场需求进行实时洞察与研判。通过产品企划，将市场所需的商品信息同步给产地工厂企业；工厂结合自身生产能力，自主提报价位和生产规模，再由产地服务人员横向评估，确立订单承接方。产地服务人员的选品服务价值，弥补了传统工厂对市场消费感知的能力短板。以淘工厂为例，平台所提供的订单需求，80%都会在短期内出货，不会造成大量的商品积压。同时，产地服务人员将协助工厂组建同一商品链接下不同SKU的产品组合，通过引流品与常规品的比例调配、SKU丰富度提高等方式，提高厂商的盈利水平。

再次，平台提供"一厂一策"的战略服务，帮助厂商动态调整发展策略。工厂自身特点、行业特性和产品的巨大差异导致工厂的营销策略组合和运营周期个性化极强，如家清、汽车用品等常规型商品与奖状、文具书皮等应季型商品的厂商运营策略截然不同，这就需要平台依托产地服务人员实行"一厂一策，动态调整"的指导方式和成长策略。通过平台工作人员与工厂负责人共同制定线上营销策略，从线上主图设计、文字表述、详情页展示、价格卡位等多个方面指导厂商线上运营，并有针对性地帮助厂商挑选营销方式，有效弥补厂商的线上运营短板。

最后，平台实施全链路商品上行管控和头部商家轮换，帮助形成良好的市场秩序。一方面，工厂产品在平台上线后，产地服务人员将对产品实施全链路的上行管控，包括随机查验商品的产品质量、监督发货履约、关注消费者反馈、协助售后服务等。对于消费者反馈的共性问题，产地服务人员将对该工厂进行额外审查，并对问题厂商和存在质量问题的产品迅速熔断，下架商品。相较于传统电商模式，产地服务人员的实时反馈更加即时有效，其本身也是平台对品质把握的自治行为。另一方面，产地服务人员重点扶持的工厂商家并非单一固定，而是根据生产工艺、市场动态和厂商的成长轨迹实时调整。对于同一产品类目，将始终保持多家厂商企业的触达关系，根据厂商的产品质量、用户反馈，特别是厂商的响应时效进行评估，全面考量工厂商家对数字化赛道的适应能力。动态调整的商家竞争轮换机制，可有效避免因平台资源倾斜造成人为的马太效应和一家独大，从而有利于市场良性竞争。

当前，国内产地工厂的优质产能仍有巨大的发掘空间，大量高性价比的产能有待线上激发。特别是随着大批传统外贸型加工企业切换国内零售赛道，高性价比的优质产能转向国内电商平台将成为重要趋势。平台借由产地服务人员为非品牌化企业提供生产性服务，实现了电商生态同制造生态的深度融合，帮助小微、弱品牌的制造企业更好地适应国内的市场环境，为其不断优化生产、推动全产业链共同提效提供了重要基础。

二 数实融合赋能生活服务小微企业：以餐饮业为例

随着电子商务的飞速发展和深度渗透，越来越多的企业为了增加收入开始使用线上销售渠道，这导致了某种意义上的实体店混合经营，即线上与线下相结合的模式（click-and-mortar）。自 2013 年起，传统的餐饮业在线服务模式，即消费者从餐厅或快餐连锁店网站在线订购食物，已逐渐为聚合式的外卖平台所取代。外卖服务的兴起，推动餐饮业这样的传统服务行业开启数字化转型进程，线上线下融合发展的业务模式越发普及。已有研究显示，电子商务在为企业收入提升提供了额外渠道、[1] 提升消费者忠诚度和满意度[2]的同时，可

---

[1] M. R. Ward, "Will Online Shopping Compete More with Traditional Retailing or Catalog Shopping?", *Netnomics*, Vol. 3, No. 2, 2001, pp. 103–117.

[2] D. W. Wallace, J. L. Giese, J. L. Johnson, "Customer Retailer Loyalty in the Context of Multiple Channel Strategies", *Journal of Retailing*, Vol. 80, No. 4, 2004, pp. 249–263.

能导致线下业务转为线上,具有蚕食实体店销售的风险。① 对于中国来说,生活性服务业主要涉及人民群众生活的方方面面,劳动密集程度高,在吸纳社会就业人口、稳定经济增长上作用十分突出。调查表明,一家个体工商户可带动2.37个人就业;近5年来个体经济吸纳新增就业的占比为68.5%,已成为稳就业的主力。小微生活服务企业的背后是千千万万个家庭,关乎家庭的收入和希望。在一定程度上,解决好广大小微生活服务企业的生存和发展问题,是夯实保就业、保民生的重要基础,是做好"六稳"、落实"六保"的关键内容。有鉴于此,系统了解新的网络到家平台服务对小微餐饮业销售的影响非常重要。虽然大量的学术文献描述了开辟新的销售渠道的影响,特别是引入在线渠道对传统市场潜在的市场扩张效应和替代效应的一类文献,但关于餐饮行业引入在线外卖服务的影响还没有较为深入的研究。而且,现有的少量研究仅从理论层面探讨了餐饮业在线销售带来的增量及其来源,囿于可用数据,几乎没有研究从餐厅层面出发,使用严谨的方法系统评估外卖服务对餐厅经营的影响,也没有研究在清晰区分线上和线下销售的前提下,对外卖之于餐厅销售量的影响进行系统量化。

2020年12月,北京市商务局指导北京烹饪协会和某外卖头部平台联合开展北京市餐饮商户数字化升级专项行动,集中开展数字化培训,引导餐饮商户进行数字化升级,这给我们的实证研究提供了一个时间窗口。政策推动作为一种外生冲击,可以认为是导致观察期内店铺开通外卖服务的主要原因。为了全面评估餐饮商户开通外卖服务对于其经营情况的影响,本部分选取北京市所有使用某头部平台收银系统的餐饮商户作为研究对象,观察期为2021年的第1周至第53周,在这段时间里,许多餐厅因为政策的推动而开通了外卖

---

① S. Gensler, P. Leeflang, B. Skiera, "Impact of Online Channel Use on Customer Revenues and Costs to Serve: Considering Product Portfolios and Self-selection", *International Journal of Research in Marketing*, Vol. 29, No. 2, 2012, pp. 192-201.

业务。需要说明的是,由于线下到店消费有很多支付渠道,如支付宝、微信、饿了么、美团支付等;但考虑到成本因素,一般餐厅只会使用一个收银系统(SaaS),或者即便还有其他途径支付,平台的收银系统在一年内的收银份额也是稳定的,为了更好地反映餐厅线下销售额的全貌,这里只纳入了使用某头部平台收银系统的餐厅作为研究对象。

本书使用双向固定效应模型,识别和分析外卖开通对于餐厅销售额的影响。具体模型设定如下:

$$Sales_{it} = \beta_0 + \beta_1 gt_{it} + \beta_2 Score_{it} + \mu_i + \lambda_t + \eta_{bt} + \varepsilon_{it} \tag{4-1}$$

模型(4-1)为基准回归模型,其中,店铺周销售额 $Sales_{it}$ 为被解释变量,包括周总销售额 $Total\ Sales_{it}$、周外卖销售额 $Waimai\ Sales_{it}$、周堂食销售额 $Tangshi\ Sales_{it}$。外卖服务开通 gt_{it} 作为核心解释变量,β_1 为核心估计系数,衡量了外卖开通对于店铺销售额的影响效应,如果 β_1 为正,说明外卖服务的开通提升了店铺销售额,反之则说明开通降低了店铺销售额。$Score_{it}$ 为影响店铺销售的控制变量,主要是店铺在平台上的得分。μ_i 为店铺固定效应,λ_t 为周固定效应,η_{bt} 为商圈和周的交叉固定效应。需要说明的是,店铺的所有特征基本上都被店铺固定效应控制住了;而添加了商圈和周交叉固定效应的控制,能够在很大程度上消除遗漏变量偏误。

本书利用模型(4-1)评估外卖服务的开通对于餐饮商户周总销售额的影响,并分别报告了外卖开通对周外卖销售额、周堂食销售额影响的实证回归结果(如表4-1所示)。实证结果显示,外卖服务开通对于餐厅周总体销售额具有显著的提升作用。对于餐厅的总销售额而言,表4-1的第(1)、第(2)列结果显示,在不加入和加入商圈—周交叉固定效应的情况下,开通外卖变量 gt_{it} 的影响系数分别为0.706与0.704,且均在1%水平下显著;对于餐厅的外卖销售额来说,表4-1的第(3)、第(4)列结果显示,在不引入和引入商圈—周交叉固定效应时,外卖开通变量 gt_{it} 影响系数分别为6.421

与 6.428，且在 1% 水平下显著；对于餐厅的堂食销售额来说，表 4-1 的第（5）、第（6）列结果显示，在不引入和引入商圈—周交叉固定效应时，外卖开通变量 gt_{it} 影响系数分别为 0.0211 与 0.0158，但并不显著。上述结果说明，外卖开通对于餐厅的总销售额和外卖销售额具有显著的正向影响，即外卖的开通可以在一定程度上提升餐厅的总销售额即扩张整体市场、做大"蛋糕"，其中，外卖开通对外卖销售额的提升非常显著，对堂食销售额也有些微的提升作用，但并不显著。

表 4-1　　　　　　外卖服务开通对于店铺销售额的影响

模型	（1）	（2）	（3）	（4）	（5）	（6）
被解释变量	total sales	total sales	waimai sales	waimai sales	tangshi sales	tangshi sales
gt	0.706***	0.704***	6.421***	6.428***	0.0211	0.0158
	(0.0259)	(0.0260)	(0.0582)	(0.0577)	(0.0332)	(0.0336)
score	0.0122***	0.0123***	0.0129***	0.0129***	0.0116***	0.0117***
	(0.000902)	(0.000900)	(0.00141)	(0.00142)	(0.00118)	(0.00116)
常数	8.399***	8.397***	0.00456	-0.00236	7.965***	7.964***
	(0.0594)	(0.0592)	(0.0952)	(0.0959)	(0.0772)	(0.0764)
观测值	836581	835799	836581	835799	836581	835799
R^2	0.786	0.793	0.927	0.928	0.794	0.799
店铺固定效应	Yes	Yes	Yes	Yes	Yes	Yes
周固定效应	Yes	No	Yes	No	Yes	No
商圈—周交叉固定效应	No	Yes	No	Yes	No	Yes

注：*** 表示 1% 的显著性水平。

在此基础上，考虑到销售额囊括了订单量和订单价格两方面信息，基于总金额的分析可能无法涵盖外卖开通对餐厅运营情况的整体影响。因此这里从订单数视角出发，将餐厅的周总订单数、周外卖订单数和周堂食订单数分别作为被解释变量，重复基准模型的分析。表4-2的第（1）、第（2）列的实证结果显示，在不加入和加入商圈—周交叉固定效应的情况下，开通外卖变量 gt_{it} 对总订单量的影响系数为0.544，且在1%水平下显著；对于餐厅的外卖订单数来说，表4-2的第（3）、第（4）列结果显示，在不引入和引入商圈—周交叉固定效应时，外卖开通变量 gt_{it} 影响系数分别为2.880与2.884，且在1%水平下显著。值得注意的是，表4-2的第（5）、第（6）列结果显示，在不引入和引入商圈—周交叉固定效应时，外卖开通变量 gt_{it} 对于堂食订单量的影响系数分别为0.0899与0.0894，且均在1%的水平下显著。上述结果说明，外卖开通对于餐厅的总订单量、外卖订单量和堂食订单量均存在显著的提升作用。

表4-2　　　　　　　外卖服务开通对于店铺订单量的影响

模型	（1）	（2）	（3）	（4）	（5）	（6）
被解释变量	total order	total order	waimai order	waimai order	tangshi order	tangshi order
gt	0.544*** (0.0198)	0.544*** (0.0199)	2.880*** (0.0346)	2.884*** (0.0344)	0.0899*** (0.0213)	0.0894*** (0.0215)
score	0.00972*** (0.000672)	0.00970*** (0.000673)	0.00711*** (0.000751)	0.00715*** (0.000752)	0.00889*** (0.000752)	0.00889*** (0.000752)
常数	4.240*** (0.0442)	4.243*** (0.0442)	0.180*** (0.0518)	0.176*** (0.0520)	3.951*** (0.0494)	3.953*** (0.0495)
观测值	836581	835799	836581	835799	836581	835799
R^2	0.835	0.841	0.933	0.934	0.822	0.828
店铺固定效应	Yes	Yes	Yes	Yes	Yes	Yes
周固定效应	Yes	No	Yes	No	Yes	No
商圈—周交叉固定效应	No	Yes	No	Yes	No	Yes

注：***表示1%的显著性水平。

网络到家服务的出现迅速改变了传统服务业，对于餐饮业也是如此。新冠疫情发生以来，外卖服务的快速增长和扩张，使得我们了解这些在线渠道的发展及其影响变得更加重要。本书从微观视角出发，通过研究外卖引入的新环境下餐厅的运营情况，系统评估了数实融合通过赋能小微企业促进高质量发展和共同富裕的效应。本书基于微观数据的实证研究显示：开通外卖对于餐厅的总销售额和外卖销售额具有显著的正向影响，对堂食销售额也有些微的提升作用；外卖开通对于餐厅的总订单量、外卖订单量和堂食订单量均存在显著的提升作用。上述实证结果表明，作为一种网络到家服务，平台为小微生活服务企业提供了一种新的经营渠道，通过扩展其触达消费者的能力、降低递送服务的成本，起到了提升小微企业的整体运营质量、促进共同富裕的作用。

第五节 数实融合塑共富未来的实践路径：浙江样本

一 浙江省数实融合促进共同富裕的基本情况

（一）浙江省数实融合的基本情况

近年来，浙江抢抓新时代数字经济发展的新机遇，深入贯彻落实习近平总书记对浙江工作的系列重要指示精神，实施数字经济创新提质"一号发展工程"，以数字化改革为引领，推动产业链、创新链、供应链深度融合，高水平推进国家数字经济创新发展试验区和"三区三中心"建设，着力构建以数字经济为核心的现代化经济体系，奋力打造数字中国示范区、全球数字变革高地，为高质量建设共同富裕示范区提供动力支撑。国家互联网信息办公室发布的《数字中国发展报告（2020年）》重点评估了31个省（区、市）信息服务应用、信息技术产业、产业数字化、信息基础设施、信息安全、发展环境等方面的发展水平，浙江全省的信息化发展水平位于全国第一梯队，数字经济发展处于全国领先水平（如表4-3所示）；产业数字化指数位居全国第一。2022年，浙江数字经济增加值占GDP的比重达 50.6%，较 2017 年超 10 个百分点，居全国各省区第一；数字经济增加值达 3.93 万亿元，居全国第三。《2021 浙江省数字经济发展综合评价报告》显示，2020 年度全省数字经济发展指数为 111.9%；其中，基础设施、数字产业化、产业数字化、新业态新模式和政府与社会数字化发展指数分别为 119.5%、103.0%、107.5%、115.2% 和 124.6%。

表 4-3　　　　　　各省（区、市）信息化发展水平排名

排名	省（区、市）
第一梯队	北京、浙江、上海、广东、江苏、天津、山东、湖北、四川、福建
第二梯队	重庆、安徽、河南、江西、湖南、陕西、河北、辽宁、贵州、海南
第三梯队	广西、山西、吉林、云南、宁夏、内蒙古、黑龙江、甘肃、新疆、青海、西藏

资料来源：国家互联网信息办公室发布的《数字中国发展报告（2020 年）》。

在推动数字经济发展的过程中，浙江聚力加速产业数字化，深化新一代信息技术与实体经济融合发展，充分发挥数字技术对经济发展的放大、叠加、倍增作用，全力推广新智造，优化工业互联网生态，赋能增效支撑有力。从全省 10.3 万家"四上"企业[①]信息化调查情况来看，2020 年企业信息化投入 605.7 亿元，相当于企业营业收入的 0.284%；企业从事信息技术人员 36.0 万人，占全部从业人员的 2.4%；2020 年数字经济投资占全部固定资产投资的比例达到 4.5%。2020 年，全省规模以上工业企业使用信息化进行购销存管理、生产制造管理和物流配送管理的普及率分别为 65.0%、46.9% 和 17.3%。制造业提质增效明显，2020 年全省规模以上工业劳动生产率[②]为 25.0 万元/人，按可比价格计算，比 2019 年提高 5.9%。

---

① 四上企业：规模以上工业、有资质的建筑业、限额以上批发和零售业、限额以上住宿和餐饮业、有开发经营活动的全部房地产开发经营业、规模以上服务业法人单位。

② 劳动生产率：本章所用劳动生产率均为快报口径。

2022年5月，浙江数字经济核心产业制造业同比增长11.3%，高出规上工业增速9.8个百分点，拉动全省规上工业增长1.7个百分点，对规上工业增长贡献率达到110.2%。2022年前5个月，浙江数字经济核心产业制造业实现利润总额同比增长40.6%，高出规模以上工业利润增速48.3个百分点，占全省工业利润的19.2%，对全省工业企业效益拉动作用明显。

（二）浙江以数实融合推动共同富裕的主要成效

浙江全省90个县（市、区）中，山区26县发展相对不足，但它们又有不容忽视的生态优势和后发优势。高质量发展建设共同富裕示范区，重点在山区26县、难点在山区26县、突破点在山区26县。依托数字经济与实体经济的深度融合，念好新时代"山海经"，加快推进山区26县高质量发展，是浙江缩小地区差距、实现均衡发展的关键所在，也是巨大潜力所在。

在实践中，山区各地一方面持续加大对数字经济和企业信息化的投入，企业使用信息化的普及率提升较快，表4-4显示，以衢州为代表的欠发达地区，在企业使用信息化进行购销存管理、生产制造管理和物流配送管理方面的普及率都大幅优于全省平均水平。在促进企业信息化水平提升的基础上，这些地方加快了数字技术对传统产业的全方位、全链条的改造，着力提高全要素生产率，产业数字化发展水平不断提高，区域协同性不断向好。2020年，衢州产业数字化评价得分为102.1分，居于全省的第二位，显示数字经济和实体经济的融合水平显著优于全省平均水平（如表4-4所示）。

另一方面，欠发达地区聚力拓展场景应用，推动新业态新模式焕发活力。浙江的欠发达地区着力加快推进5G、人工智能、云计算、大数据、物联网等新技术的场景应用，以直播电商、在线经济、分时经济、第二创新空间等为代表的数字经济新业态新模式快速增长。2020年，以丽水为代表的欠发达地区在数字经济新业态新模式方面的得分为95.8，居全省第2名，在人均电子商务销售、网络零售额占比、工业企业电子商务销售额占比方面均远领先于全省平均水平（如表4-5所示）。2022年，丽水数字经济核心产业增加值达71.1亿元，近三年平均增长19.2%；2021年，全市规上数字经济核心产业营业收入达到112.31亿元，同比增长27.3%。全市数字经济发展呈现多点发力、动力强劲的发展态势，以数字绿谷、百度智能云丽水数据标注基地、丽水创意云播互联等为代表的数实融合项目，在打造高端生态与高端产业融合共生的城市发展新名片的同时，有力地推动了核心产业链一体化、全方位发展，实现了以产业创新、模式创新重铸共同富裕新动能。

表4-4　　各设区市2020年度产业数字化指标情况　（单位：人,%）

	得分	位次	企业每百人中信息技术人员数量	数字经济投资占全部固定资产投资的比例	信息化投入占营业收入比例	企业使用信息化进行购销存管理普及率	企业使用信息化进行生产制造管理普及率	企业使用信息化进行物流配送管理普及率
杭州市	132.0	1	5.6	4.7	0.516	65.9	47.9	15.5
宁波市	89.9	6	1.7	3.5	0.113	72.8	57.1	22.8
温州市	85.7	7	1.6	2.8	0.284	62.3	41.4	16.0
嘉兴市	91.6	5	1.8	8.5	0.175	60.0	41.7	11.6
湖州市	100.2	3	2.5	4.8	0.182	67.7	48.8	24.3
绍兴市	99.2	4	1.2	2.9	0.357	69.3	50.8	20.2
金华市	79.6	8	1.4	7.4	0.149	56.5	37.5	9.2
衢州市	102.1	2	2.0	2.9	0.180	74.7	67.6	24.5
舟山市	71.3	9	1.5	0.2	0.061	63.4	55.1	21.7
台州市	70.0	10	1.4	1.2	0.136	60.4	43.9	17.7
丽水市	65.6	11	1.8	1.3	0.129	61.6	39.8	10.9

资料来源：《2021浙江省数字经济发展综合评价报告》。

表 4-5　　　　　　　　各设区市 2020 年度新业态
新模式指标情况　　　（单位：元,%,笔）

	得分	位次	人均电子商务销售额	网络零售额相当于社会消费品零售总额比例	工业企业电子商务销售额占营业收入的比重	移动支付活跃用户普及率	人均移动支付业务量
杭州市	159.6	1	46828.0	150.6	4.1	92.4	534.6
宁波市	80.8	4	23839.5	59.3	1.8	67.6	108.3
温州市	89.9	3	10056.0	58.0	5.3	69.6	85.2
嘉兴市	61.1	6	5773.6	86.7	1.0	66.2	99.2
湖州市	59.0	7	12032.0	57.7	1.2	58.4	85.8
绍兴市	52.3	9	7378.8	32.2	1.9	57.3	83.7
金华市	75.2	5	5039.7	137.5	1.3	68.4	104.6
衢州市	58.8	8	7413.9	51.4	2.6	42.6	91.5
舟山市	39.1	11	6040.8	15.1	0.2	57.8	141.2
台州市	48.6	10	5069.1	46.1	1.3	54.3	86.9
丽水市	95.8	2	11778.2	65.5	6.2	44.3	119.7

资料来源：《2021 浙江省数字经济发展综合评价报告》。

二　浙江省数实融合促进共同富裕的主要做法

（一）突出新基建与政策引领，对数实融合促进共同富裕进行系统谋划

一方面，浙江省聚力提升基础设施能级，为欠发达地区利用数实融合实现赶超提供坚实基础。近年来，全省加速布局 5G 网络、数据中心、工业互联网等新型基础设施，加快推进 5G 建设和应用，新型基础设施能力不断优化升级。从网络基础设施来看，截至 2021 年底，浙江城域网出口带宽达 74.6Tbps，比 2020 年同期增长 19.3%；固定宽带端口平均速率达 259.8Mbps，比 2020 年同期增长 29.1%；每平方千米拥有移动电话基站数量达 5.9 个，比 2020 年增加 0.4 个。全省数字网络普及程度显著提高，固定互联网普及率为 47.4 户/百

人；5G套餐用户数普及率为47.8户/百人。截至2021年底，三家电信运营商的固定互联网宽带接入用户达3117万户，其中，光纤接入（FTTH/O）用户达2838.6万户，占固定互联网宽带接入用户总数的91.1%。在这样的大背景下，欠发达地区也深入实施电信普遍服务，通过全面升级通信网络基础设施、统筹推进光网和无线城市等工程，推动算力基础设施建设，填补城乡"数字鸿沟"，数字新基建全面夯实。以丽水为例，经过近年的建设，4G网络已实现覆盖全域行政村，三年累计建成5G基站6272个，完成规划量89.6%，实现乡镇及以上重点区域连续覆盖并逐步向农村区域延伸，基本实现行政村5G网络全覆盖；建成投产丽水大数据云中心一期，全市中小型数据中心17个、算力机架数达4300个。数字新基建的强力推动，助力欠发达地区高质量发展建设共同富裕示范区。

另一方面，浙江通过体制机制重塑，引领数实融合推动共同富裕。随着《浙江省经济和信息化领域推动高质量发展建设共同富裕示范区实施方案（2021—2025年）》《浙江省数字经济发展"十四五"规划》《浙江省信息通信业发展"十四五"规划》等专项政策出台，数实融合促进共同富裕的政策重心，已逐步从基础设施信息化和城乡统筹信息化建设，向数字化改革和数字经济系统建设转变。数字经济领域促进共同富裕的着力点，也逐步由单一提升信息化发展水平向提升数字产业化、产业数字化、基础设施数字化、社会治理数字化和数据价值化的"五化"转变，范围覆盖也已由全省单一统领性文件向市级和产业级规划扩展，从而在政策上构筑起浙江数实融合推动共同富裕的强劲引擎。与此同时，一些欠发达地区启动了企业智能化改造、数字化转型、企业上云等各类三年行动计划；还有一些地区在财政吃紧的情况下，通过"设基金、发点球"的方式全力支持数字化转型，设立智能制造和数字化转型专项引导基金。

（二）聚焦"平台+大脑"，推进一体化数智共富资源建设

为持续加大数字经济赋能欠发达地区实体经济的力度，浙江深化

以"援建平台+产业大脑+未来工厂"为核心的数字经济系统建设,一方面建好互联互通帮扶平台,以数字化改革牵引山海协作体制机制、方式流程、手段工具系统重塑,推动实现群体智扶、精准帮扶、一地创新、全省共享;另一方面,依托产业大脑能力中心,持续推进欠发达地区数字产业化、产业数字化、治理数字化,深化共同富裕示范区建设。

在平台方面,浙江积极建设省市县三级一体化智能化公共数据平台,2022年上半年,浙江省公共资源交易平台公布出的相关项目共计32项,涉及项目金额1.21亿元。以山海协作助力城乡共富为着力点,依托山海协作数智援建应用平台等基础设施,浙江从山海协作数字驾驶舱、援建资金监管平台、助产助销协作商城等方面的综合应用场景系统推动改进协作方式,展示协作成果。其中,山海协作数字驾驶舱为每个山海协作乡村振兴示范点建设赋码,给村画像,把示范点所在地的环境、人文、村情村貌数字化;示范点(村)项目按照逐级审核的模式对申报的示范点(村)项目进行管理,实现乡村业态"一屏掌控"。援建资金监管平台则运用区块链技术对山海协作援建资金项目评审、拨付、监督、绩效评估等实施全过程闭环管理,建立项目任务的进度跟踪及定期通报制度,推进山海协作援建项目建设进度和绩效发挥,实现项目资金"一键直达"。不仅如此,平台还构筑了助产助销协作商城,通过线上营销带动"线上+线下"联动,做宽拉长"特色+产品+农业"主线脉络,筛选培育打造对村集体和农民增收有较强带动作用的优质农产品品牌。拓宽做大消费帮扶村集体、农户的渠道和规模,加强结对双方供需精准对接,持续提升各山海协作乡村振兴示范点的村集体经营性收入和农民收入,实现营销帮扶"一码互联"。

所谓产业大脑,即集成云计算、大数据、5G、AI、物联网等科技,为企业构建的中央数字化系统平台。近年来,浙江通过积极建设产业大脑,促进欠发达地区数字化技术与产业深度融合,推动生产方式数字化转型。2021年已建成行业大脑16个，规划到2027年建成行业产业大脑50个，并建设完善公安大脑、健康大脑、信用大脑、林业大脑等重大项目。未来工厂则是浙江省重点打造的智能制造标杆企业。2020年，浙江省率先提出了未来工厂的概念，意在通过打造新一代信息技术与先进制造业充分融合的智能制造标杆企业，来带动更多企业和产业转型升级、更新迭代，目前已经连续两年发布了未来工厂名单。在这样的发展背景下，许多欠发达地区以"产业大脑+未来工厂"为引领，着力加强产业链协同，加快推进制造业数字化转型。一些欠发达地区如柯城等狠抓产业大脑建设，建立柯城数字经济协同创新研究院、数字经济专家委员会和中国产业互联网（浙江）研究院衢州产业创新服务平台，形成"一院一会一平台"的顶层运行架构。服务平台已入驻阿里云、浙江中控技术股份有限公司等30余家服务机构，与国内外200余家知名企业、100余名产业专家建立战略合作伙伴关系，为企业数字化转型提供一站式系统解决方案。还有一些地区如丽水结合自身实际，重点抓好产业链招商，依托产业链图谱精准招引领军型"链主"企业，以及与产业链发展配套的上下游关联企业，以精准招商链为数字经济注入新动能，谋划引入柔性电子等一批未来产业。总体上看，全省各地通过数字赋能工业经济高质量发展，筑牢了共同富裕的发展之基。

（三）围绕"系统+跑道"，推进以数实促共富应用场景建设

浙江促进数字经济与实体经济深度融合，让各类赋能产业的场景喷涌而出，也为欠发达地区的各类产业注入了新的动能。第一，浙江省依托数实融合，推动产业链在区域间的共构。利用沿海发达地区和经济发达的县（市、区）产业、技术集聚高地等优势，以数字化产业平台为依托，把以浙西南山区和舟山海岛为主的欠发达地区的产业纳入沿海发达地区的产业发展体系中，聚力推动山地产业造血功能的提升。比如，余杭在与柯城山海结对帮扶的过程中，余杭艺尚小镇与柯城航埠时尚低碳小镇结成时尚产业发展"姊妹镇"，建

立了以阿里巴巴淘工厂、浙江省服装产业创新服务综合体、余杭电商协会等为轴心的服装时尚产业智造联盟,通过数字赋能和驱动,形成"研发设计在余杭、规模制造在柯城"的模式,吸引了杰丰服装、佰意智造服饰、优美时尚、网驿·时尚工场等一批优质项目落户柯城航埠,2019年时尚产业产值就达亿元以上。第二,依托数实融合打造"双向飞地",探索产业共富路径。比如,滨江发挥数字经济禀赋优势,与泰顺县的资源优势、生态优势充分结合,创建数字经济创新服务平台,共建滨泰共富数字经济产业园。随着产业园的建成,泰顺县数字经济产业发展向着深层次、宽领域大步迈进。苍南以产业发展为主体,积极拓展数字经济项目帮扶合作,大力推进"消薄飞地""科创飞地"建设,通过完善飞地园区运行机制,共建互利共赢、科技合作新模式。丽水在绿谷信息产业园、数字经济双创园、数字经济天宁基地等数字经济主平台基础上,建成杭州丽水数字大厦飞地"桥头堡"。"三园一基地"先后获工信部"专精特新"企业培育基地、首批省级数字经济"飞地"示范基地、省级四星级小微企业园等荣誉,合计入驻企业467家,企业员工超7000人,全年实现营收65亿元、税收1.7亿元。"飞地经济"模式进一步推动了实体经济和数字经济相互融合、相互促进,形成了县域共同富裕数字化建设的生动实践。第三,打造应用标杆、形成示范效应,巩固和拓展成果应用。在政府引导和市场氛围的带动下,欠发达地区的企业积极投身数字化转型,取得了显著的效果。衢州恒业汽车部件有限公司通过数字化应用,整体效能提升12%以上,节能降耗15%以上,被列入省级制造业与互联网融合发展试点示范企业,成为美国北极星、伊顿和德国STS等公司的合作伙伴。浙江佰意智造服饰有限公司高点谋划、坚定投入,积极拥抱5G商用,引入5G MEC边缘计算技术,实现服装生产全过程、全生命周期管理,并积极打造衢州市首个5G环境下数字化透明工厂,改造后将提升生产效率40%以上,缩短生产周期40%以上,比同类传统服装企业减少劳动用工 40% 以上。通过标杆企业的示范效应，带动了产业数字化的氛围在欠发达地区逐步形成，推动周边更多符合条件的企业数字化转型，并开始向数字农业、数字文旅、数字政务等领域拓展。第四，依托数实融合新业态，进一步深化山海协作。浙江省通过直播电商大赛等活动以赛促学，促进山区县打造本地化电商专业人才队伍，助力打响"浙里好货"品牌与山区县电商"金名片"，不断把山区县资源优势、生态优势转化为发展优势、经济优势。比如，遂昌县探索以未来科创岛大平台培育休闲型研发经济业态，打造"天工之城—数字绿谷"，重点围绕构建"生态+文化+数字"相互融合的数字产业体系，打造数字产品加速平台、数字人才培训平台和数字户外聚集平台。

第六节 主要结论与建议

　　数字经济与实体经济深度融合的创新形态，代表着现代化产业体系的未来，是中国经济由数量型增长走向高质量发展的核心动力之所在。当前，越来越多的实体经济企业正依托数字技术和生态运营获得产业支持，着力向数字经济与实体经济深度融合的创新形态转型。数字经济与实体经济深度融合，可以通过推动增长动力向新要素驱动转变、推动参与全链条分工、提升资源获取能力、推动市场一体化四个方面的渠道促进共同富裕，理应成为实现共同富裕的重要支撑。

　　近年来，浙江在省委、省政府打造山海协作工程升级版、实施数字经济创新提质"一号发展工程"的统一决策部署下，以"数实融合、区域协作"为突破口，借力发达地区数字经济先发优势，导入高端数字经济服务资源，通过数字赋能推动欠发达地区重点产业和企业创新发展，继而通过示范带动、拓展应用场景，在数实融合推进共同富裕方面取得了明显成效。浙江数实融合促进共同富裕的实践不是单纯的点状，而是由点连线、连线成面，织就了一张促进共同富裕的大网。

故此，需大力推进数字经济与实体经济深度融合，着力形成数据驱动、平台支撑、高度协同的产业生态。政策上，应加快推进数据要素市场化建设，引导产业互联网平台发挥跨行业、跨领域的"头雁"效应，并从新型基础设施保障、加强关键核心技术攻关、提供投融资支持、强化示范引领、提供人才保障等多方面，为数实融合促进共同富裕提供软硬件支撑。

第五章　服务业高质量发展助力共同富裕示范区建设

第一节　引言

高度发达的生产力和经济高质量发展是共同富裕的物质基础。自1980年全球经济呈现出从工业经济向服务经济过渡的总趋势，服务业已逐渐成为拉动全球经济增长的重要引擎。改革开放以来，尤其是党的十八大以来，中国服务业发展迅速，取得了显著的成效。虽然与发达国家相比存在着一定的差距，但是具备可观的发展潜力和成长空间，是促进国民经济增长、产业融合和结构优化的关键。因此，要加速服务业现代化和高质量发展，实现现代服务业与其他产业深度融合和双向赋能，优化产业结构、增强服务业辐射范围和带动能力，为实现共同富裕提供不竭动力。

《中共中央　国务院关于支持浙江高质量发展建设共同富裕示范区的意见》（2021年5月20日）明确提出了推动共同富裕和促进人的全面发展的重大举措，其中就包括"深化收入分配制度改革，多渠道增加城乡居民收入"和"缩小城乡区域发展差距，实现公共服务优质共享"。2021年7月19日，《浙江高质量发展建设共同富裕示范区实施方案（2021—2025年）》正式发布，提出"拓宽先富带后富先富帮后富有效路径，推进城乡区域协调发展先行示范"，"打造山海协作工程升级版",浙江迈向共同富裕的基础不断夯实。浙江省城乡居民收入差距不断缩小。城乡居民收入差距指数是城镇居民可支配收入与农村居民人均纯收入之比,根据《浙江统计年鉴》数据测算,浙江省各地区城乡居民收入差距指数不断缩小,杭州、宁波、温州、嘉兴、湖州、绍兴、金华、衢州、舟山、台州、丽水的城乡居民收入差距指数由2005年的2.79、2.93、3.33、2.72、2.62、2.91、2.59、2.19、2.61、3.08、2.16,分别缩小为2021年的1.75、1.72、1.94、1.60、1.65、1.71、2.00、1.86、1.61、1.92、2.02。当前,浙江仅有4个城市的居民收入倍差大于1.9。浙江未来5年要将城乡居民收入倍差都缩小到1.9以内,取得实质性成效。同时浙江省促进区域协调发展快速跟进。可以使用当年全省地区最高人均GDP占其他城市人均GDP的比重来测算各城市区域经济发展差距,该变量越小,则表明区域经济发展差距越小。2005—2021年,浙江省各城市的区域协调发展快速跟进,2005年,杭州、宁波、温州、嘉兴、湖州、绍兴、金华、衢州、舟山、台州、丽水的区域经济发展差距变量分别为1.00、1.23、2.12、1.31、1.95、1.43、2.08、3.39、1.64、1.99、3.06,2021年分别为1.00、1.03、1.90、1.33、1.43、1.20、2.03、1.89、1.05、1.71、2.21,大多数城市的区域经济发展差距都有所减小,浙江省区域协调发展不断跟进。浙江是中国经济比较发达的地区,服务业发展基础较好,探索以服务业高质量发展助力共同富裕示范区建设,不仅对浙江有重要的现实意义,更是对全国的示范和引领。

第二节　浙江实现共同富裕的影响因素分析及研究假设

一　浙江服务业高质量发展能缩小城乡区域发展差距

缩小不同地区和城乡居民收入差距是推进共同富裕的主攻方向之

一,[①] 因此城乡收入差距可以作为衡量共同富裕建设情况的指标之一。改革开放后,浙江城镇居民人均可支配收入占农村居民人均可支配收入的比重逐渐缩小,当前已控制在2之内。根据国家统计局数据,2013—2020年,浙江农村居民人均可支配收入增长速度为6.8%,城镇居民人均可支配收入增长速度为5.8%。城乡居民人均可支配收入比值,2021年全国为2.50,浙江省为1.94。浙江城镇居民人均可支配收入占农村居民人均可支配收入的比重已远低于全国平均水平。

浙江服务业高质量发展是缩小城乡区域发展差距的重要因素。服务业高质量发展能缩小城乡居民收入差距,Marika等认为,在联邦政府授权的大型医疗机构向低收入老年人和残疾人提供初级保健服务过程中发生的各项支出不断增长,并分析了其造成的影响,认为供方制度改革会缩小低收入受益人与具有相同特征的高收入受益人之间的差距,促进初级保健服务的利用率不断扩大,付款增加对年轻人和需要初级保健服务的受益人的影响更大,[②] 因此,服务业高质量发展能缩小低收入受益人与高收入受益人在初级保健服务方面的差异。梁坤丽等使用省域面板数据发现,生产性服务业与城乡收入差距呈现"U"形的非线性关系,且存在显著的空间溢出效应,同时存在一定的区域差异和要素差异。[③]

二 服务业高质量发展通过产业结构升级、城镇化、进出口贸易增长等途径缩小城乡区域发展差距

浙江服务业高质量发展能通过产业结构升级来缩小城乡区域发展

---

① 夏杰长、刘诚:《数字经济赋能共同富裕:作用路径与政策设计》,《经济与管理研究》2021年第9期。

② M. Cabral, C. Carey, S. Miller, "The Impact of Provider Payments on Health Care Utilization of Low-Income Individuals: Evidence from Medicare and Medicaid", Working Paper, No. 29471, November 2021.

③ 梁坤丽、刘维奇:《共同富裕背景下生产性服务业对城乡收入差距的影响——基于生产要素的空间计量和门槛效应分析》,《华东经济管理》2022年第10期。

差距。服务业高质量发展有助于产业结构优化和升级,[1] 进而促进经济增长,缩小城乡发展差距。中国长期存在农业基础薄弱、加工工业水平不高和现代服务业发展滞后的不合理产业结构,导致产业经济效益不高。[2] 当前,中国产业结构升级仍未达到较高层次,产业结构升级仍不能缩小城乡消费差距。钟代立等使用2001—2019年时间序列和SAR模型研究了城镇化、产业结构升级与城乡消费差距之间的关系,认为城乡消费差距的变动受到城镇化的影响更大,但城乡消费差距的变动受到产业结构升级的影响较小,主要是因为中国产业结构层次较低,产业结构升级对缩小城乡区域发展差距的作用较弱。[3]

浙江服务业高质量发展能通过促进城镇化来缩小城乡区域发展差距,很多文献使用人口中非农业人口的比重来衡量城镇化水平,使用城镇居民人均可支配收入占农村居民人均可支配收入的比重来测算城乡区域发展差距。城镇化是影响服务业发展水平的重要因素。[4] 城镇化进程将影响农业人口的城市转移,进而影响城乡收入差距[5]。孙永强研究发现金融发展能通过城市化这一中介变量间接缩小城乡居民收入差距。[6] 张卿等发现,高端服务业不能直接缩小中国城乡区域发展差距,但是高端服务业能通过推动城市化水平的提高来减少其对扩大区域发展差距的影响程度,即高端服务业能促进城镇化不断提升,城镇化能缩小城乡区域发展差距,城镇化是高端服务业减

---

[1] 刘奕、夏杰长:《推动中国服务业高质量发展:主要任务与政策建议》,《国际贸易》2018年第8期。
[2] 沈正平:《优化产业结构与提升城镇化质量的互动机制及实现途径》,《城市发展研究》2013年第5期。
[3] 钟代立、王欢芳:《城镇化发展、产业结构升级与城乡消费差距》,《统计与决策》2022年第7期。
[4] 江小涓、李辉:《服务业与中国经济:相关性和加快增长的潜力》,《经济研究》2004年第1期。
[5] 陈斌开、林毅夫:《发展战略、城市化与中国城乡收入差距》,《中国社会科学》2013年第4期。
[6] 孙永强:《金融发展、城市化与城乡居民收入差距研究》,《金融研究》2012年第4期。

少其对区域发展差距影响程度的中介变量。①

浙江服务业高质量发展能通过进出口贸易来缩小城乡区域发展差距。服务进出口有益于优化资源配置，增强企业的创新水平和竞争力，②生产性服务业可以显著提升制造业出口的竞争力。③很多研究成果发现，贸易开放能缩小中国城乡收入差距。从全国层面来看，贸易开放对中国城乡收入差距具有显著的负向影响，贸易开放能逐渐缩小中国各地区城乡收入差距。同时，虽然中国地方政府竞争对中国城乡收入差距具有正向影响，但贸易开放与中国地方政府竞争的交互项对中国城乡收入差距有显著的负向影响。④因此，虽然地方政府竞争不能缩小中国城乡区域发展差距，但贸易开放弱化了地方政府竞争对中国城乡收入差距的正向影响。

其他研究成果发现，贸易开放度与城乡收入差距不是简单的倒"U"形关系。林江等使用1992—2007年20个省（自治区、直辖市）的面板数据研究了贸易开放度对中国城乡收入差距的影响，认为贸易开放度与城乡收入差距经历了简单的倒"U"形关系后，贸易开放度与城乡收入差距将呈现很弱的正相关关系。从贸易开放度对城乡收入差距边际影响来看，在贸易开放度比较低时，贸易开放度的上升会带来城乡收入差距不断扩大；在贸易开放度达到一定水平时，贸易开放度与城乡收入差距显著负相关，即贸易开放度的上升带来城乡收入差距的缩小；当城乡收入差距下降到一定水平时，城乡收入差距将不会随贸易开放度的提高而变化。⑤近年来，浙江省城

---

① 张卿、邓石军、陈晓霞：《高端服务业发展、城市化与城乡居民收入差距间影响关系探究》，《公共治理研究》2022年第4期。
② 姚战琪：《中国服务业开放对区域创新的影响》，《改革》2020年第1期。
③ Hildegunn Kyvik Nordas, "Trade in Goods and Services: Two Sides of the Same Coin?", *Economic Modelling*, Vol. 27, No. 2, 2010, pp. 496-506.
④ 孙华臣、焦勇：《贸易开放、地方政府竞争与中国城乡收入差距》，《宏观经济研究》2017年第12期。
⑤ 林江、黄亮雄、孙辉：《贸易开放度与城乡收入差距存在倒U型关系吗——基于中国省际面板数据的非参数估计》，《学术研究》2011年第5期。

乡收入差距不断缩小，浙江省第十五次党代会报告提出，未来五年要打造社会全面进步高地，城乡居民收入倍差缩小到 1.9 以内。当前，浙江省贸易开放度与城乡收入差距逐渐已经不再呈现简单的正相关关系，浙江省贸易开放度已达到一定水平，并且城乡收入差距不断缩小，因此，浙江省的进出口贸易与城乡收入差距会呈现显著负相关关系。

三　浙江服务业高质量发展对促进区域经济协调发展作用较弱

近些年，浙江把打造山海协作工程升级版，作为新时代深化"八八战略"、促进区域协调发展的重要举措。浙江省在推动省域经济协调发展的过程中面临以下问题：一是体制机制联动不够紧密，二是乡村数字经济发展滞后，三是农村金融体系排斥弱势农民的现象仍存在。[1] 中国服务业发展的区域异质性十分明显，各地区在经济结构、发展潜力、产业定位等方面存在一定的差距。[2] 虽然浙江服务业高质量发展能缩小城乡区域发展差距，但浙江服务业高质量发展对区域经济协调发展的促进作用较弱。本章根据浙江省各城市服务业高质量发展综合评价指数的大小来测算推动浙江省服务业高质量发展的政策虚拟变量，浙江省特大城市或大城市的服务业高质量发展综合评价指数显著大于小城市，浙江省特大城市或大城市的服务业高质量发展综合评价指数越高或小城市的服务业高质量发展综合评价指数越低，就越不利于大中小城市经济协调发展，因此，浙江服务业高质量发展不利于区域经济协调发展。据此，提出以下假设。

假设 1：浙江服务业高质量发展能缩小城乡区域发展差距。

假设 2：服务业高质量发展能通过产业结构升级来缩小城乡区域

---

[1] 俎昕煜：《乡村振兴背景下高质量打造"山海协作"工程升级版研究——以浙江省为例》，《农村经济与科技》2022 年第 13 期。

[2] 夏杰长、肖宇、李诗林：《中国服务业全要素生产率的再测算与影响因素分析》，《学术月刊》2019 年第 2 期。

发展差距。

假设3：服务业高质量发展能通过城镇化来缩小城乡区域发展差距。

假设4：服务业高质量发展能通过进出口贸易增长来缩小城乡区域发展差距。

综上所述，本章的理论框架如图5-1所示。

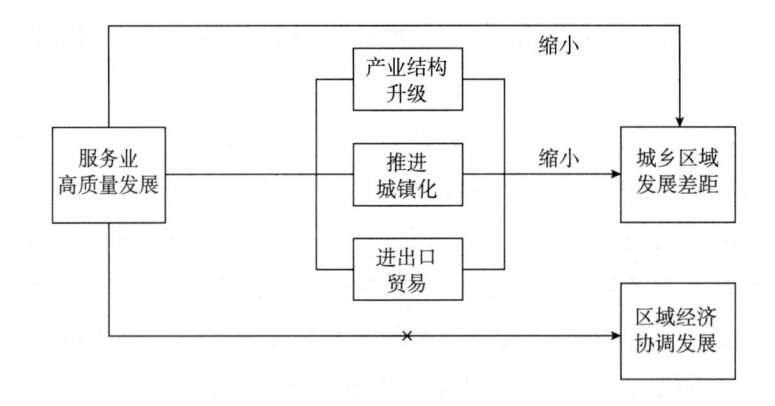

图5-1　服务业高质量发展缩小城乡区域发展差距的理论框架

第三节　数据、变量与理论模型

一　样本选取

使用2005—2021年浙江省舟山市、杭州市、嘉兴市、温州市、宁波市、绍兴市、湖州市、丽水市、台州市、金华市和衢州市11个城市的面板数据研究浙江省服务业高质量发展对城乡区域发展差距和区域经济协调发展的影响，研究浙江省服务业高质量发展是否能够缩小城乡区域发展差距和促进区域经济协调发展。外商直接投资、财政支出占国内生产总值的比重、各城市的高校在校生、人均GDP数据来自《浙江省统计年鉴》。

二 模型构建及变量定义

本部分研究服务业高质量发展对城乡区域发展差距和区域经济协调发展的影响，可将服务业高质量发展视为浙江高质量发展建设共同富裕示范区的重要策略，可以通过衡量实验组接受服务业高质量发展政策前后区域经济协调发展（或城乡区域发展差距）的平均值与对照组不接受服务业高质量发展政策前后区域经济协调发展（或城乡区域发展差距）的平均值之间的差距，进而分析服务业高质量发展对区域经济协调发展（或城乡区域发展差距）的影响。构建如下双重差分模型：

$$Comp_{it} = \delta_0 + \delta_1 \times Serh_{it} + \delta_2 \times Time_{it} + \delta_3 \times Time_{it} \times Serh_{it} + \delta_j \times Control_{it} + \mu_i + \lambda_t + \varepsilon_{it} \tag{5-1}$$

其中，$Comp$ 包括城乡区域发展差距和区域经济协调发展变量，$Serh$ 为服务业高质量发展的政策虚拟变量，$Time$ 为时间虚拟变量。

本部分使用空间权重矩阵（W_n 包括是否相邻空间权重矩阵、经济权重矩阵和地理权重矩阵）设定如下空间滞后模型（SDM）来研究浙江服务业高质量发展对城乡区域发展差距和区域经济协调发展所产生的空间溢出效应：

$$Comp_{it} = \lambda W_{it} Comp_{it} + (Serh_{it} \times Time_{it}) \beta_1 + W_n (Serh_{it} \times Time_{it}) \beta_2 + Control_{it} \gamma + \mu + \varepsilon_t \tag{5-2}$$

$W_{it} Comp_{it}$ 为城乡区域发展差距和区域经济协调发展变量的空间滞后项，$W_n(Serh_{it} \times Time_{it})$ 为 $Time$ 与 $Serh$ 的交互项的空间滞后项，式（5-2）既包括城乡区域发展差距和区域经济协调发展变量的空间滞后项，也包括 $Time$ 与 $Serh$ 的交互项的空间滞后项。

被解释变量。$Deveg$ 为城乡区域发展差距，当前学术界主要使用泰尔指数和各地级市的城镇居民人均可支配收入占农村居民人均可支配收入的比重来测算城乡区域发展差距，本书使用泰尔指数来测算城乡收入差距。

$Coord$ 为区域经济协调发展，使用当年全省地区最高人均 GDP 占

i 城市的人均 GDP 的比重来测算区域经济协调发展变量,该比值越大,表明区域经济发展差距越大。

解释变量为时间虚拟变量与政策虚拟变量的交互项、时间虚拟变量和政策虚拟变量。$Time×Serh$ 为时间虚拟变量与政策虚拟变量的交互项,$Time$ 为时间虚拟变量。2018 年浙江省进入高收入经济体之列,根据浙江省服务业发展形势,当年浙江省服务业开始进入高质量发展的机遇期,因此将 2018 年以前的时间虚拟变量设置为 0,将 2018 年以后的该变量设置为 1。$Serh$ 为政策虚拟变量,首先建立浙江服务业高质量发展评价体系(如表 5-1 所示),其次使用 SPSSPRO 的熵值法与 TOPSIS 相结合的方法计算浙江省各城市的服务业高质量发展综合评价指数,最后根据测算得到的浙江省各城市服务业高质量发展综合评价指数的大小,将各城市排名,将排名靠前的城市设置为 1,其他城市为 0。

表 5-1　　　　　　　　浙江服务业高质量发展评价体系

一级指标	二级指标	三级指标
服务业发展质量	产业规模与效率	第三产业国内生产总值
		第三产业营业收入
		第三产业劳动生产率
	创新质量	R&D 经费支出
		专利申请受理量
		科学研究、技术服务业
	高端专业服务	金融机构年末存款
		教育业国内生产总值
		信息传输业国内生产总值
	社会经济质量	《中国绿色发展指数报告》中的绿色发展指数
		用污染物浓度测算的空气质量综合指数
		用综合指数指标体系测算的综合发展指数
	产业发展质量	人均 GDP
		规模以上企业年末单位就业人员中的在岗职工
		规模以上企业年末单位就业人员中的其他就业人员

中介变量。$Inds$ 为产业结构升级，$Urba$ 为城镇化率，$Imex$ 为进出口贸易额。

控制变量。Fdi 为外商直接投额的对数，$Fisep$ 为财政支出占国内生产总值的比重，$Stud$ 为使用各城市的高校在校生来测算的人力资本，$Gdppc$ 为人均 GDP，$Gdppc^2$ 为人均 GDP 的平方。表 5-2 为变量的描述性统计结果。

表 5-2　描述性统计结果

变量	样本数	均值	标准差	最小值	最大值
$Deveg$	209	23.6497	6.4858	16.0189	38.1305
$Coord$	209	1.6718	0.4989	1.0000	3.3902
$Time \times Serh$	209	0.0861	0.2812	0.0000	1.0000
$Time$	209	0.1579	0.3655	0.0000	1.0000
$Serh$	209	0.5455	0.4991	0.0000	1.0000
Fdi	209	2.0990	1.8557	0.1965	8.2000
$Fisep$	209	12.8583	5.9135	5.4715	35.5510
$Stud$	209	1.6229	1.5603	0.3178	15.1129
$Gdppc$	209	10.8541	0.5555	9.5008	11.9347
$Gdppc^2$	209	118.1180	11.9849	90.2646	142.4368
$Inds$	209	0.9397	0.0310	0.8503	0.9816
$Urba$	187	59.8243	9.1441	38.8000	83.6000
$Imex$	209	2.0631	3.2165	0.1825	14.1566

第四节　实证检验

一　双重差分估计结果

使用双重差分法研究浙江省服务业高质量发展对城乡区域发展差距及区域经济协调发展的影响，结果见表 5-3。从列（1）和列（2）

可看到，时间虚拟变量与政策虚拟变量的交互项、时间虚拟变量的系数估计值显著为负，政策虚拟变量显著为正，并通过了1%的显著性检验。因此，浙江省服务业高质量发展能显著缩小城乡区域发展差距，验证了假设1。从控制变量的系数估计值来看，财政支出占国内生产总值的比重不能缩小浙江省城乡区域发展差距。$Gdppc$ 的系数估计值为正，$Gdppc^2$ 为负，并通过了至少10%的显著性检验。因此，浙江省经济发展水平变量中的人均GDP的对数变量及其平方项变量的系数估计值符合库兹涅茨倒"U"形曲线假说，随着经济发展水平的不断提高，浙江省各地区城乡收入差距呈现先上升后下降的趋势。

从列（3）和列（4）可看到，时间虚拟变量与政策虚拟变量的交互项显著为正，通过了1%的显著影响检验。虽然浙江省服务业高质量发展能缩小城乡区域发展差距，但浙江省服务业高质量发展不能促进区域经济协调发展。从控制变量对区域经济协调发展的影响来看，外商直接投资占比能促进全省地区最高人均GDP占各地区的人均GDP的比重不断减少。因此，外商直接投资能促进区域经济协调发展。财政支出和人力资本都不能促进区域经济协调发展，并且浙江省经济发展水平变量中的人均GDP的系数显著为负，而人均GDP的平方项显著为正。因此，随着经济发展水平的提高，浙江省全省地区最高人均GDP占各地区的人均GDP的比重呈现先下降后上升的趋势。

表5-3　　　　　浙江省服务业高质量发展对城乡区域
发展差距及区域经济协调发展的影响

被解释变量	*Deveg*		*Coord*	
	（1）	（2）	（3）	（4）
Time×*Serh*	-2.6421***	-3.5815***	0.2397***	0.3735***
	(0.8374)	(0.7949)	(0.0622)	(0.0715)
Time	-7.7965***	-6.4650***	-0.5841***	-0.4604***
	(1.0426)	(1.0453)	(0.0774)	(0.0633)

续表

被解释变量	\<td colspan="2"\>Deveg		Coord	
	(1)	(2)	(3)	(4)
$Serh$	1.9106***	8.7625***	-1.4879***	-1.1483***
	(0.7253)	(2.3064)	(0.0539)	(0.1645)
Fdi		0.2911		-0.0249*
		(0.1972)		(0.0147)
$Fisep$		0.3889***		0.0242***
		(0.0863)		(0.0066)
$Stud$		-0.2590		0.0822***
		(0.1636)		(0.0134)
$Gdppc$		21.2797*		-2.7596***
		(11.5928)		(0.8504)
$Gdppc^2$		-1.0744**		0.1162***
		(0.5315)		(0.0386)
$\_cons$	26.1620***	-87.5563	2.7265***	17.9533***
	(0.8219)	(62.6597)	(0.0610)	(4.6242)
年份效应	YES	YES	YES	YES
个体效应	YES	YES	YES	YES
观测值	209	209	209	209
R^2	0.9012	0.9272	0.9079	0.8861

注：***、**、*分别表示通过1%、5%、10%的显著性检验，括号中数字为标准误。

二 稳健性检验

（一）Logistic 回归分析

表5-4为Logistic回归分析结果，列（1）和列（2）以城乡区域发展差距是否大为被解释变量，列（3）和列（4）以全省地区最高人均GDP占各区域的人均GDP的比重是否大为被解释变量。从列（1）可看到，不考虑控制变量时，$Time \times Serh$ 系数显著为负，通过了5%的显著性检验。从列（2）可看到，当考虑控制变量时，时间虚

拟变量与政策虚拟变量交叉项系数也为负,通过了10%的显著性检验。因此,浙江服务业高质量发展能使城乡区域发展差距小于其均值,能缩小城乡区域发展差距。从控制变量对城乡区域发展差距是否大的影响来看,外商直接投资占比变量的系数估计值显著为负,通过了1%的显著性检验。因此,外商投资占比能使城乡区域发展差距小于其均值。人力资本系数为正,通过了1%的显著性检验,因此人力资本能使城乡区域发展差距大于其均值。

当被解释变量为全省地区最高人均GDP占各区域的人均GDP的比重是否大时,不考虑控制变量时,$Time \times Serh$ 的系数为0.9564,考虑控制变量时,$Time \times Serh$ 的系数为1.7863,并至少通过了10%的显著性检验。因此,浙江服务业高质量发展仍不能促进区域经济协调发展。从控制变量对全省地区最高人均GDP占各区域的人均GDP的比重是否大的影响来看,外商直接投资占比变量的系数估计值显著为负。因此,外商投资占比能促进区域经济协调发展。财政支出占国内生产总值的比重的系数估计值为正,财政支出仍不能促进区域经济协调发展。人力资本的系数估计值为负,通过了1%的显著性检验。因此,人力资本能使全省地区最高人均GDP占各区域的人均GDP的比重逐渐变小。

表 5-4　　　　　　　　Logistic 回归分析结果

	被解释变量:对 $Deveg$ 排序		被解释变量:对 $Coord$ 排序	
	(1)	(2)	(3)	(4)
$Time \times Serh$	-1.5361**	-1.1641*	0.9564*	1.7863**
	(0.6488)	(0.6171)	(0.5209)	(0.7973)
Fdi		-0.8787***		-0.4441***
		(0.1661)		(0.1151)
$Fisep$		0.0235		0.1454***
		(0.0352)		(0.0541)
$Stud$		0.8173***		-1.4280***
		(0.1924)		(0.4646)

续表

	被解释变量：对 Deveg 排序		被解释变量：对 Coord 排序	
	（1）	（2）	（3）	（4）
Gdppc		-10.1834 （13.5150）		0.7851 （18.4168）
Gdppc²		0.3704 （0.6181）		-0.1373 （0.8483）
常数	1.6094** （0.6325）	67.3525 （73.7513）	-0.6931 （0.5000）	7.3806 （99.7909）
N	209	209	209	209
Cox & Snell R²	0.0341	0.3565	0.0170	0.4655
Nagelkerke R²	0.0456	0.4766	0.0228	0.6224

注：***、**、*分别表示通过1%、5%、10%的显著性检验，括号中数字为标准误。

（二）调整时间窗口

本部分选择的时间窗口为2005—2021年，浙江省启动服务业高质量发展前后的其他因素可能会影响研究结果的可靠性，因此，进一步调整时间窗口，设置提前1年的虚拟变量（x2017，指定该变量在2017年为1）与政策虚拟变量的交互项、提前2年的虚拟变量（x2016，指定该变量在2016年为1）与政策虚拟变量的交互项、提前3年的虚拟变量（x2015，指定该变量在2015年为1）与政策虚拟变量的交互项、提前4年的虚拟变量（x2014，指定该变量在2014年为1）与政策虚拟变量的交互项，研究结果见表5-5。提前1年的虚拟变量与政策虚拟变量的交互项、提前2年的虚拟变量与政策虚拟变量的交互项、提前3年的虚拟变量与政策虚拟变量的交互项、提前4年的虚拟变量与政策虚拟变量的交互项的系数估计值均不显著，因此，验证了研究结果的可靠性。

表 5-5　调整时间窗口的检验结果

	提前 1 年 Deveg (1)	提前 1 年 Coord (2)	提前 2 年 Deveg (3)	提前 2 年 Coord (4)	提前 3 年 Deveg (5)	提前 3 年 Coord (6)	提前 4 年 Deveg (7)	提前 4 年 Coord (8)
Time×Serh	-3.832*** (0.817)	0.339*** (0.064)	-3.341*** (0.717)	0.265*** (0.060)	-3.145*** (0.661)	0.203*** (0.059)	-3.179*** (0.624)	0.162*** (0.059)
Time	-6.641*** (1.030)	-0.426*** (0.051)	-6.956*** (1.009)	-0.371*** (0.049)	-7.105*** (0.993)	-0.291*** (0.049)	-7.128*** (0.979)	-0.200*** (0.050)
Serh	3.636*** (0.777)	-1.073*** (0.160)	3.649*** (0.775)	-0.980*** (0.165)	3.693*** (0.773)	-1.019*** (0.174)	3.802*** (0.772)	-1.146*** (0.179)
Fdi	0.180 (0.159)	-0.026* (0.014)	0.163 (0.160)	-0.021 (0.014)	0.148 (0.159)	-0.014 (0.015)	0.133 (0.158)	-0.002 (0.015)
Fisep	0.199*** (0.061)	0.030*** (0.007)	0.178*** (0.061)	0.036*** (0.007)	0.162*** (0.061)	0.034*** (0.008)	0.148** (0.061)	0.028*** (0.008)
Stud	-0.205 (0.146)	0.073*** (0.012)	-0.165 (0.144)	0.064*** (0.012)	-0.139 (0.143)	0.054*** (0.013)	-0.125 (0.141)	0.046*** (0.013)
Gdppc	37.015*** (10.806)	-3.172*** (0.826)	33.793*** (10.697)	-3.315*** (0.887)	30.651*** (10.570)	-2.760*** (0.940)	27.856*** (10.410)	-1.874* (0.987)
$Gdppc^2$	-1.743*** (0.497)	0.136*** (0.038)	-1.599*** (0.492)	0.142*** (0.040)	-1.452*** (0.487)	0.118*** (0.043)	-1.319*** (0.480)	0.079* (0.045)

续表

	提前1年 Deveg (1)	提前1年 Coord (2)	提前2年 Deveg (3)	提前2年 Coord (4)	提前3年 Deveg (5)	提前3年 Coord (6)	提前4年 Deveg (7)	提前4年 Coord (8)
x2017×Serh	2.165 (1.450)	−0.079 (0.085)						
x2016×Serh			1.680 (1.388)	0.021 (0.084)				
x2015×Serh					1.133 (1.342)	0.112 (0.085)		
x2014×Serh							0.658 (1.301)	0.137 (0.085)
cons	−172.826*** (58.535)	20.010*** (4.480)	−154.807*** (57.860)	20.689*** (4.801)	−137.907** (57.150)	17.573*** (5.086)	−123.132** (56.265)	12.685** (5.333)
年份效应	YES	YES	YES	YES	YES	YES	YES	YES
个体效应	YES	YES	YES	YES	YES	YES	YES	YES
观测值	209.000	209.000	209.000	209.000	209.000	209.000	209.000	209.000
R^2	0.888	0.895	0.890	0.889	0.892	0.878	0.895	0.867

注：***、**、*分别表示通过1%、5%、10%的显著性检验，括号中数字为标准误。

第五节　间接效应分析

使用浙江省各城市是否相邻空间权重矩阵测算了城乡区域发展差距、全省地区最高人均 GDP 占各城市的人均 GDP 的比重的 Moran's 指数，结果见表 5-6。可看到，2008—2021 年，城乡区域发展差距的 Moran's 指数显著为正，并通过了至少 5% 的显著性检验。2005—2021 年，全省地区最高人均 GDP 占各城市的人均 GDP 的比重的 Moran's 指数也显著为正，也通过了至少 5% 的显著性检验。因此，城乡区域发展差距和区域经济协调发展都存在空间正向自相关。2005—2014 年，城乡区域发展差距的 Moran's 指数呈现波浪式增长，从 2005 年的 0.082 增长到 2014 年的 0.492，城乡区域发展差距的空间相关度不断增长。2015—2021 年，城乡区域发展差距的 Moran's 指数增长不明显，2015 年城乡区域发展差距的 Moran's 指数为 0.490，2021 年为 0.493，这表明城乡区域发展差距的集聚趋势不显著。

2005—2011 年，全省地区最高人均 GDP 占各城市的人均 GDP 比重的 Moran's 指数快速增长，从 2005 年的 0.248 增长到 2011 年的 0.408，表明全省地区最高人均 GDP 占各城市的人均 GDP 的比重的空间相关度不断增长。2012—2016 年，该变量的空间相关度缓慢增长。2017—2021 年，全省地区最高人均 GDP 占各城市的人均 GDP 的比重反复波动，并快速增长，表明各地区的区域经济协调发展依赖于邻近地区的区域经济协调发展。

表 5-7 为 LM、LR 及 Wald-test 检验结果。从 LM 检验结果可看到，当被解释变量为城乡区域发展差距和全省地区最高人均 GDP 占各城市的人均 GDP 的比重时，空间误差模型均通过了 1% 的显著性检验，因此可以选择 SEM 模型，并且空间滞后模型通过了 5% 的显著性

表 5-6　Moran's 指数分析结果

	Deveg					Coord				
	Moran's I	z	p-value	Geary's c	z	p-value	Moran's I	z	p-value	Geary's c	z	p-value
2005 年	0.082	1.019	0.154	0.815	-0.778	0.218	0.248	1.965	0.025	0.744	-1.049	0.147
2006 年	0.108	1.201	0.115	0.724	-1.070	0.142	0.349	2.470	0.007	0.669	-1.448	0.074
2007 年	0.107	1.177	0.120	0.738	-1.054	0.146	0.358	2.493	0.006	0.650	-1.584	0.057
2008 年	0.266	2.071	0.019	0.745	-1.038	0.150	0.377	2.575	0.005	0.616	-1.784	0.037
2009 年	0.262	2.030	0.021	0.769	-0.962	0.168	0.392	2.646	0.004	0.605	-1.864	0.031
2010 年	0.219	1.762	0.039	0.837	-0.706	0.240	0.401	2.700	0.003	0.592	-1.908	0.028
2011 年	0.209	1.772	0.038	0.797	-0.801	0.212	0.408	2.731	0.003	0.607	-1.843	0.033
2012 年	0.243	1.970	0.024	0.735	-1.041	0.149	0.406	2.698	0.003	0.615	-1.863	0.031
2013 年	0.481	3.130	0.001	0.434	-2.641	0.004	0.405	2.688	0.004	0.622	-1.846	0.032
2014 年	0.492	3.161	0.001	0.421	-2.781	0.003	0.406	2.689	0.004	0.632	-1.801	0.036
2015 年	0.490	3.143	0.001	0.419	-2.828	0.002	0.406	2.700	0.003	0.652	-1.682	0.046
2016 年	0.489	3.128	0.001	0.411	-2.893	0.002	0.408	2.701	0.003	0.649	-1.719	0.043
2017 年	0.487	3.111	0.001	0.422	-2.868	0.002	0.405	2.693	0.004	0.645	-1.724	0.042
2018 年	0.483	3.090	0.001	0.413	-2.916	0.002	0.400	2.661	0.004	0.655	-1.686	0.046
2019 年	0.487	3.113	0.001	0.422	-2.862	0.002	0.430	2.804	0.003	0.622	-1.890	0.029
2020 年	0.483	3.090	0.001	0.427	-2.839	0.002	0.409	2.695	0.004	0.614	-1.919	0.027
2021 年	0.493	3.136	0.001	0.402	-2.995	0.001	0.404	2.655	0.004	0.614	-1.971	0.024

检验，表明可以选择 SAR 模型。Wald 检验结果显示，P 值均至少通过 5% 的显著性检验。因此，与 SEM 模型和 SAR 模型相比，选择 SDM 模型更优。LR 检验结果显示，P 值均通过了 1% 的显著性检验，与 Wald 检验结果一致，SDM 模型不能退化为 SEM 模型和 SAR 模型。双固定效应检验结果显示，选择 SDM 模型时，时间空间双固定模型更优。因此，最终选择时间空间双固定模型。

表 5-7　　　　　　　　LM、LR 及 Wald-test 检验结果

统计量	被解释变量：$Deveg$ 统计结果	P 值	被解释变量：$Coord$ 统计结果	P 值
LM 检验			
Moran's I	4.416	0.000	2.764	0.006
空间误差模型的 LM	181.529	0.000	66.205	0.000
空间误差模型的 Robust LM	126.848	0.000	46.473	0.000
空间滞后模型的 LM	60.546	0.000	25.157	0.000
空间滞后模型的 Robust LM	5.865	0.015	5.425	0.020
Wald-test 检验			
Spatial lag 检验	14.42	0.0442	26.25	0.0005
Wald 检验	17.06	0.0170	26.44	0.0004
豪斯曼检验			
Hausman Test	29.33	0.0001	21.12	0.0017
LR 检验			
SDM 能否退化为 SAR	19.77	0.0030	232.68	0.0000
SDM 能否退化为 SEM	24.73	0.0004	78.14	0.0000
双固定效应检验			
选择地区固定效应	69.18	0.0000	138.83	0.0000
选择时间固定效应	64.90	0.0000	54.10	0.0000

首先，使用 SDM 模型和各城市是否相邻空间权重矩阵来研究浙

江省服务业高质量发展对城乡区域发展差距和区域经济协调发展所产生的空间溢出效应,SDM 估计结果见表 5-8。当被解释变量为城乡区域发展差距时,从空间滞后解释变量的系数估计值来看,在列(1)和列(2),时间虚拟变量与政策虚拟变量的交互项的空间滞后项系数估计值显著为负,并通过了 5% 的显著性检验。因此,一个地区的城乡区域发展差距受到邻近地区服务业高质量发展的显著影响,邻近地区服务业的高质量发展能缩小本地区的城乡区域发展差距。从控制变量的空间滞后项系数估计值来看,一个地区的城乡区域发展差距也受到邻近地区财政支出占国内生产总值的比重的影响,邻近地区财政支出占国内生产总值的比重能缩小本地区的城乡区域发展差距。各城市的高校在校生和外商直接投资的空间滞后项系数估计值未通过 10% 的显著性检验。

从列(3)和列(4)可看到,当被解释变量为全省地区最高人均 GDP 占各城市的人均 GDP 的比重时,时间虚拟变量与政策虚拟变量的交互项的空间滞后项系数估计值未通过 10% 的显著性检验,因此,浙江省邻近地区的服务业高质量发展对一城市的区域经济协调发展的影响微弱。一个地区的区域经济协调发展受到邻近地区财政支出占国内生产总值的比重的影响,但邻近地区财政支出占国内生产总值的比重不能促进本地区的区域经济协调发展,反而会提高全省地区最高人均 GDP 占本城市的人均 GDP 的比重。高校在校生人数的空间滞后项系数估计值为正,并通过了 10% 的显著性检验。因此,邻近地区高校在校生人数也不利于本地区区域经济协调发展。

表 5-8　　SDM 估计结果(使用是否相邻空间权重矩阵)

	Deveg		*Coord*	
	(1)	(2)	(3)	(4)
Time×Serh	-2.8752***	-4.1723***	0.2824***	0.3499***
	(0.4502)	(0.7789)	(0.0921)	(0.0383)

续表

	Deveg		Coord	
	(1)	(2)	(3)	(4)
控制变量				
$W_x Time \times Serh$	-1.5592**	-4.8714**	0.0869	0.0917
	(0.7717)	(2.0764)	(0.1284)	(0.0987)
$W_x Fdi$		0.2701		0.0091
		(0.2570)		(0.0126)
$W_x Fisep$		-0.7137***		0.0191***
		(0.1385)		(0.0066)
$W_x Stud$		-0.1609		0.0339*
		(0.3652)		(0.0179)
$W_x Gdppc$		88.9582***		-2.2643***
		(22.3613)		(0.7935)
$W_x Gdppc^2$		-4.0057***		0.1551***
		(1.0275)		(0.0363)
rho	0.8894***	0.7688***	0.5523***	0.6037***
	(0.0440)	(0.0364)	(0.0772)	(0.0512)
$sigma^2\_e$	3.1515***	3.1594***	0.0242***	0.0076***
	(0.9506)	(0.5230)	(0.0065)	(0.0008)
N	209	209	209	209
R^2	0.1678	0.4104	0.4614	0.8480
LogL	-472.3655	-445.1453	58.5543	198.0489

注：***、**、*分别表示通过1%、5%、10%的显著性检验，括号中数字为标准误。

其次，使用SDM模型和各城市经济权重矩阵来研究浙江省服务业高质量发展所产生的空间溢出效应（如表5-9所示）。当被解释变量为城乡区域发展差距时，时间虚拟变量与政策虚拟变量的交互项的系数估计值显著为负，通过了1%的显著性检验。因此，浙江省服务业高质量发展存在空间依赖性，服务业高质量发展能缩小城乡区域发展差距。当被解释变量为区域经济协调发展变量时，时间虚拟变量与政策虚拟变量的交互项的系数估计值显著为正。因此，服务业高质量发展仍不能降低全省地区最高人均 GDP 占各城市的人均 GDP 的比重。

从表 5-9 的列（1）和列（2）可看到，在使用经济权重矩阵情形下，一个地区的城乡区域发展差距受到邻近地区服务业高质量发展的显著影响，邻近地区服务业的高质量发展能缩小本地区的城乡区域发展差距。同时，在使用经济权重矩阵情形下，邻近地区高校在校人数能缩小本地区城乡区域发展差距，但邻近地区的外商直接投资不能扩大本地区的城乡区域发展差距。

从列（3）和列（4）可看到，在使用经济权重矩阵情形下，时间虚拟变量与政策虚拟变量的交互项的空间滞后项系数估计值显著为正，并通过了 1% 的显著性检验。因此，邻近地区服务业的高质量发展不利于本地区的区域经济协调发展，邻近地区的服务业高质量发展会提高全省地区最高人均 GDP 占本城市的人均 GDP 的比重。外商直接投资和高校在校生人数的空间滞后项系数估计值为正，并分别通过了 10% 和 1% 的显著性检验。因此，在使用经济权重矩阵情形下，邻近地区外商直接投资和高校在校生人数也不利于本地区区域经济协调发展。

表 5-9　　　　　SDM 估计结果（使用经济权重矩阵）

	$Deveg$		$Coord$	
	（1）	（2）	（3）	（4）
$Time \times Serh$	-2.5973***	-2.8926***	0.2394***	0.3354***
	(0.7132)	(0.7375)	(0.0625)	(0.0347)
控制变量				
$W_x Time \times Serh$	-9.2006**	-16.1830***	1.1249***	1.0705***
	(4.2773)	(4.4311)	(0.3775)	(0.2088)
$W_x Fdi$		1.3271***		0.0336*
		(0.3919)		(0.0175)

续表

	Deveg		Coord	
	（1）	（2）	（3）	（4）
$W_x Fisep$		-0.3818		0.0051
		(0.2589)		(0.0121)
$W_x Stud$		-3.5163***		0.1152***
		(1.0128)		(0.0441)
$W_x Gdppc$		183.6412***		-3.1747**
		(37.8950)		(1.4913)
$W_x Gdppc^2$		-8.0915***		0.2030***
		(1.6710)		(0.0654)
rho	0.8312***	0.7549***	0.5926***	0.6056***
	(0.0183)	(0.0281)	(0.0754)	(0.0700)
$sigma^2\_e$	3.5008***	2.9327***	0.0269***	0.0064***
	(0.3581)	(0.3545)	(0.0027)	(0.0006)
N	209	209	209	209
R^2	0.1694	0.5615	0.4581	0.8842
LogL	-457.2327	-423.5579	50.6823	222.5096

注：***、**、*分别表示通过1%、5%、10%的显著性检验，括号中数字为标准误。

最后，使用SDM模型和各城市地理权重矩阵来研究浙江省服务业高质量发展对城乡区域发展差距和区域经济协调发展所产生的空间溢出效应（如表5-10所示）。使用各城市地理权重矩阵时，一个地区的城乡区域发展差距和区域经济协调发展变量都受到邻近地区服务业高质量发展的显著影响，在使用各城市地理权重情形下，邻近地区服务业的高质量发展能缩小本地区的城乡区域发展差距，但邻近地区服务业的高质量发展不利于本地区的区域经济协调发展。从列（3）和列（4）可看到，外商直接投资和高校在校生人数的空间滞后项系数估计值为正。因此，在使用各城市地理权重矩阵情形下，邻近地区外商直接投资和高校在校生人数也不利于本地区区域经济协调发展。

表 5-10　　　　　SDM 估计结果（使用地理权重矩阵）

	Deveg		Coord	
	（1）	（2）	（3）	（4）
$Time \times Serh$	-2.8663***	-3.4691***	0.2616***	0.3613***
	(0.6998)	(0.7675)	(0.0612)	(0.0380)
控制变量				
$W_x\,Time \times Serh$	-6.8795**	-10.7669***	0.5431*	0.4824***
	(3.2519)	(3.6355)	(0.2868)	(0.1877)
$W_x\,Fdi$		0.8217**		0.0503**
		(0.3863)		(0.0205)
$W_x\,Fisep$		-0.2602		0.0112
		(0.2060)		(0.0107)
$W_x\,Stud$		-1.0802*		0.0517*
		(0.5527)		(0.0268)
$W_x\,Gdppc$		152.0684***		-1.0731
		(32.4906)		(2.1010)
$W_x\,Gdppc^2$		-6.8969***		0.1138
		(1.4623)		(0.0948)
rho	0.8675***	0.7715***	0.6334***	0.5848***
	(0.0173)	(0.0303)	(0.0666)	(0.0702)
$sigma^2\_e$	3.1567***	2.9392***	0.0241***	0.0068***
	(0.3164)	(0.3714)	(0.0024)	(0.0006)
N	209	209	209	209
R^2	0.1440	0.5328	0.0039	0.9070
LogL	-441.9922	-425.3010	83.7028	217.6799

注：***、**、*分别表示通过1%、5%、10%的显著性检验，括号中数字为标准误。

表 5-11 为各变量对城乡区域发展差距影响的空间溢出效应分解。各城市是否推进服务业高质量发展与时间虚拟变量的交互项对本地城乡区域发展差距的直接效应显著为负，各城市是否推进服务业高质量发展与时间虚拟变量的交互项对邻近地区城乡区域发展差距的间接效应也为负，并通过了1%的显著性检验。因此，服务业高

质量发展不但能缩小本地区的城乡区域发展差距，也能缩小邻近地区的城乡区域发展差距。

外商直接投资对本地城乡区域发展差距的直接效应及其对邻近地区城乡区域发展差距的间接效应均为正，并通过了5%的显著性检验。因此，本地外商直接投资不能缩小本地城乡区域发展差距，也不能缩小邻近地区城乡区域发展差距。

财政支出占国内生产总值的比重对本地城乡区域发展差距的直接效应为正，通过了1%的显著性检验，但对邻近地区城乡区域发展差距的间接效应不显著。因此，本地财政支出不能缩小本地城乡区域发展差距，本地财政支出对邻近地区城乡区域发展差距的影响较弱。

高校在校生人数对邻近地区城乡区域发展差距的间接效应显著为负，并通过了5%的显著性检验。因此，虽然高校在校生人数对本地城乡区域发展差距的直接效应较弱，但本地高校在校生人数能显著缩小邻近地区的城乡区域发展差距。并且高校在校生人数的总效应也显著为负，因此，高校在校生人数对邻近地区的城乡区域发展差距的间接效应导致其对城乡区域发展差距的总效应显著增强。

表 5-11　　各变量对 Deveg 影响的空间溢出效应分解

变量	直接效应 系数	直接效应 标准误	间接效应 系数	间接效应 标准误	总效应 系数	总效应 标准误
Time×Serh	-8.0558***	1.8046	-54.5619***	16.2061	-62.6177***	17.8689
Time	12.1969***	3.3357	39.2115***	10.3993	51.4085***	13.4103
Serh	0.0038	0.0406	0.0064	0.1517	0.0102	0.1877
Fdi	0.6100**	0.2437	4.3124**	1.7516	4.9224**	1.9433
Fisep	0.2898***	0.1037	-0.1650	0.8332	0.1248	0.9096
Stud	-0.5864*	0.3081	-5.0754**	2.5782	-5.6617**	2.8572
Gdppc	67.8258***	13.7658	661.3284***	111.4654	729.1542***	118.9929
$Gdppc^2$	-3.1458***	0.6281	-30.1354***	4.9445	-33.2811***	5.2889

注：***、**、*分别表示通过1%、5%、10%的显著性检验。

表 5-12 为各变量对区域经济协调发展影响的空间溢出效应分解。各城市是否推进服务业高质量发展与时间虚拟变量交互项对本地区域经济协调发展的直接效应显著为正，各城市是否推进服务业高质量发展与时间虚拟变量交互项对邻近地区区域经济协调发展的间接效应也显著为正，均通过了 1% 的显著性检验。因此，服务业高质量发展不能促进本地区的区域经济协调发展，也不能促进邻近地区的区域经济协调发展。

外商直接投资对本地区域经济协调发展的直接效应为负，并通过了 10% 的显著性检验，其对邻近地区区域经济协调发展的间接效应不显著。因此，外商直接投资能促进本地区域经济协调发展，但对邻近地区区域经济协调发展的促进作用较弱。

财政支出占国内生产总值的比重对本地区区域经济协调发展的直接效应及其对邻近地区区域经济协调发展的间接效应均为正，并通过了至少 5% 的显著性检验。因此，财政支出既不能促进本地区域经济协调发展，也不能促进邻近地区区域经济协调发展。

高校在校生人数对本地区域经济协调发展的直接效应及其对邻近地区区域经济协调发展的间接效应均为正，均通过了 1% 的显著性检验。因此，高校在校生人数既不能促进本地区域经济协调发展，也不能促进邻近地区区域经济协调发展。

表 5-12 各变量对 Coord 影响的空间溢出效应分解

变量	直接效应 系数	标准误	间接效应 系数	标准误	总效应 系数	标准误
$Time \times Serh$	0.4430***	0.0587	0.7068***	0.2365	1.1498***	0.2853
$Time$	-0.0520*	0.0276	-1.0444***	0.1717	-1.0964***	0.1969
$Serh$	0.0014	0.0335	0.0013	0.0406	0.0026	0.0738
Fdi	-0.0152*	0.0090	0.0014	0.0286	-0.0138	0.0340
$Fisep$	0.0093**	0.0044	0.0468***	0.0143	0.0562***	0.0168
$Stud$	0.0715***	0.0102	0.1482***	0.0455	0.2197***	0.0529

续表

变量	直接效应 系数	直接效应 标准误	间接效应 系数	间接效应 标准误	总效应 系数	总效应 标准误
$Gdppc$	-1.4117**	0.5873	-6.0460***	1.4437	-7.4577***	1.6070
$Gdppc^2$	0.0096	0.0269	0.3118***	0.0643	0.3214***	0.0714

注：***、**、*分别表示通过1%、5%、10%的显著性检验。

第六节 影响机制分析

服务业高质量发展对城乡区域发展差距和区域经济协调发展的作用路径一般表现为推动产业结构升级、促进城镇化、促进进出口贸易增长等方面。本章构建计量模型，研究浙江服务业高质量发展对城乡区域发展差距和区域经济协调发展的影响机制。

$$ME = a + b \times Serh + c \times Time + d \times Serh \times Time + e \times C_{it} \quad (5-3)$$

$$Comp = f + g \times Serh + h \times Time + i \times Serh \times Time + j \times ME + k \times C_{it} \quad (5-4)$$

ME为机制变量，包括产业结构升级、城镇化率和进出口贸易额；$Comp$为城乡区域发展差距和区域经济协调发展变量；$Serh$为服务业高质量发展。

第一，产业结构升级效应。服务业高质量发展将推动服务业结构不断优化，并促进生产性服务业与制造业高度融合，服务业高质量发展是促进中国产业结构和消费结构升级的必由之路。从表5-13可看到，服务业高质量发展通过产业结构升级对城乡区域发展差距（$Deveg$）的间接效应为0.4958×0.4000=0.1983，直接效应为-4.0921，总效应为-3.8938。因此，服务业高质量发展通过产业结构升级能缩小城乡区域发展差距，验证了假设2。服务业高质量发展通过产业结构升级对区域经济协调发展变量（$Coord$）的间接效应为0.4958×(-0.0459)=-0.0228，直接效应为0.3962，总效应为0.3735。因此，服务业高质量发展通过产业结构升级不能缩小全省地区最高人均 GDP 占该城市的人均 GDP 的比重。

表 5-13 服务业高质量发展通过产业结构升级对城乡区域发展差距及区域经济协调发展的影响

	Inds		Deveg		Coord	
	（1）	（2）	（3）	（4）	（5）	（6）
	系数	标准误	系数	标准误	系数	标准误
Inds	—	—	0.4000***	0.0872	-0.0459**	0.0179
Time×Serh	0.4958*	0.2842	-4.0921***	0.8500	0.3962***	0.0710
Time	-0.2143	0.2517	-7.5422***	1.0448	-0.4702***	0.0625
Serh	4.2927***	0.6537	1.8060***	0.4636	-0.9514***	0.1795
Fdi	0.0173	0.0585	-0.1979*	0.1158	-0.0241*	0.0145
Fisep	0.0540**	0.0263	0.1418***	0.0436	0.0267***	0.0066
Stud	0.1194**	0.0533	-0.0672	0.1250	0.0877***	0.0134
Gdppc	27.6710***	3.3798	36.5975***	10.8819	-1.4901	0.9744
$Gdppc^2$	-1.1643***	0.1532	-1.6864***	0.5016	0.0628	0.0434
常数项	-72.5614***	18.3786	-208.1600***	56.7880	14.6240***	4.7410
年份效应	YES		YES		YES	
个体效应	YES		YES		YES	
观测值	209		209		209	
R^2	0.9491		0.8945		0.8899	

注：***、**、*分别表示通过1%、5%、10%的显著性检验。

第二，城镇化效应。浙江服务业集聚水平不断提升，制造业发展面临转型升级的压力，服务业集聚必将推动资本、劳动力和技术向该地区聚集，[①] 同时，服务业集聚能显著缩小城乡差距，并促进该地区加快城镇建设，从而发挥服务业集聚水平对城镇化的促进效应。

---

① 戴一鑫、吕有金、卢泓宇：《长江经济带服务业集聚对新型城镇化的影响研究——空间溢出效应的视角》，《长江流域资源与环境》2022 年第 7 期。

从表5-14可看到，服务业高质量发展通过城镇化对 *Deveg* 的直接效应（-4.6889）和间接效应［14.0649×（-0.2369）］均为负。因此，服务业高质量发展通过城镇化对 *Deveg* 具有缩小作用，验证了假设3。但服务业高质量发展通过城镇化对 *Coord* 的直接效应（0.2909）和间接效应（14.0649×0.0085）均为正，服务业高质量发展不能通过城镇化来缩小全省地区最高人均GDP占该城市的人均GDP的比重。

表5-14　　　　　服务业高质量发展通过城镇化对城乡区域发展差距及区域经济协调发展的影响

	Inds		*Deveg*		*Coord*	
	（1）	（2）	（3）	（4）	（5）	（6）
	系数	标准误	系数	标准误	系数	标准误
Urba	—	—	-0.2369***	0.0521	0.0085**	0.0036
Time×*Serh*	14.0649***	1.6619	-4.6889***	1.4315	0.2909**	0.1196
Fdi	-0.4861*	0.2840	0.2509	0.2117	-0.0943***	0.0125
Fisep	-0.1315	0.0911	-0.3282***	0.0678	0.0305***	0.0040
Stud	1.0479***	0.3272	0.6929***	0.2482	-0.0367**	0.0146
Gdppc	-122.7004***	26.4858	105.9340***	20.6172	-0.7622	1.3925
Gdppc^2	6.0820***	1.2282	-4.9920***	0.9626	0.0030	0.0646
常数项	674.0862***	142.4706	-519.1258***	111.1319	9.0125	7.5418
年份效应	YES		YES		YES	
个体效应	YES		YES		YES	
观测值	209		209		209	
R^2	0.5463		0.4738		0.7138	

注：＊＊＊、＊＊、＊分别表示通过1％、5％、10％的显著性检验。

第三，贸易的促进效应。党的十九届四中全会提出，要"建设更高水平开放型经济新体制""实施更大范围、更宽领域、更深层次的全面开放"。习近平总书记强调，"实行高水平的贸易和投资自由化便利化政策，全面实行准入前国民待遇加负面清单管理制度，大幅度放宽市场准入，扩大服务业对外开放，保护外商投资合法权益"。① 因此，服务业高质量发展必将促进对外贸易不断增长，提升中国贸易竞争力。从表5-15可看到，服务业高质量发展通过进出口贸易对 $Deveg$ 的间接效应为（-2.1478）×0.2632=-0.5653，直接效应为-7.4552，总效应为-8.0205。因此，服务业高质量发展通过进出口贸易能缩小城乡区域发展差距，验证了假设4。服务业高质量发展通过进出口贸易对 $Coord$ 的间接效应为（-2.1478）×0.0186=-0.0399，直接效应为0.2958，总效应为0.2558。因此，服务业高质量发展不能通过进出口贸易缩小全省地区最高人均GDP占该城市的人均GDP的比重。

表5-15　　服务业高质量发展通过进出口贸易对城乡区域
发展差距及区域经济协调发展的影响

	Inds		*Deveg*		*Coord*	
	（1）	（2）	（3）	（4）	（5）	（6）
	系数	标准误	系数	标准误	系数	标准误
Imex	—	—	0.2632**	0.1274	0.0186***	0.0062
Time×Serh	-2.1478***	0.7059	-7.4552***	1.3072	0.2958***	0.0746
Fdi	0.1497	0.1206	0.3267	0.2193	-0.0255*	0.0144
Fisep	0.0571	0.0387	-0.3120***	0.0704	0.0308***	0.0068
Stud	0.1271	0.1390	0.4112	0.2522	0.0744***	0.0134
Gdppc	-19.9850*	11.2505	140.2598***	20.5298	-2.2545***	0.8495
Gdppc^2	0.7760*	0.5217	-6.6370***	0.9498	0.0941**	0.0385
常数项	126.2489**	60.5179	-712.0351***	110.7539	14.8562***	4.6438
年份效应	YES		YES		YES	
个体效应	YES		YES		YES	
观测值	209		209		209	
R^2	0.2917		0.4317		0.8913	

注：***、**、*分别表示通过1%、5%、10%的显著性检验。

---

① 慎海雄主编：《习近平改革开放思想研究》，人民出版社2018年版。

第七节 结论与政策启示

一 主要结论

本章使用 2005—2021 年浙江省 11 市的面板数据,实证检验浙江省服务业高质量发展对城乡区域发展差距和区域经济协调发展的影响机制。研究发现:第一,使用双重差分法和 Logistic 回归分析,结果表明浙江省服务业高质量发展能显著缩小城乡区域发展差距,但是难以促进区域经济协调发展。第二,使用 SDM 模型研究浙江省服务业高质量发展对城乡区域发展差距和区域经济协调发展所产生的空间溢出效应,结果表明邻近地区服务业的高质量发展能缩小本地区的城乡区域发展差距,但是对城市的区域经济协调发展的影响微弱,邻近地区的服务业高质量发展会提高全省地区最高人均 GDP 占本城市的人均 GDP 的比重。第三,服务业高质量发展能通过产业结构升级来缩小城乡区域发展差距,但不能缩小全省地区最高人均 GDP 占该城市的人均 GDP 的比重。第四,服务业高质量发展通过城镇化来缩小城乡区域发展差距,但不能缩小全省地区最高人均 GDP 占该城市的人均 GDP 的比重。第五,服务业高质量发展能通过进出口贸易来缩小城乡区域发展差距,但不能缩小全省地区最高人均 GDP 占该城市的人均 GDP 的比重。

二 政策启示

第一,推动服务业高质量发展,培育多层次市场主体。服务业高质量发展的关键是培养市场主体的多样性和发展活力,在推动建设具有国际竞争力的大型服务企业的同时,也要注重提升中小微企业的可持续发展能力和市场竞争力,扩宽其发展空间。针对服务业发展长期滞后的农村和山区,根据发展条件和实际背景,设计和实施相应的发展战略,利用比较优势或学习效应发展生产性和生活性服务业。第二，释放服务业空间溢出效应。浙江中小城市和周边地区要利用产业融合和产业链延伸的附加价值，借助发达城市和地区的产业扩散和溢出效应发展自身。加强区域间的互动合作和双向交流，促进资源要素双向流动，助力中小城市和农村地区形成一大批具备持续造血能力的服务企业。第三，加速产业结构优化和升级，深化服务业与其他产业互融。产业融合是现代产业发展的主要特征和趋势，通过生产性服务业与其他产业融合，可以创造更多的就业机会和收入来源，是建设共同富裕示范区的重要途径。第四，稳步推动城市化进程。将城市化和乡村振兴有机结合，继续完善人口户籍政策，保障进城务工人员的生活、医疗和子女教育等公共服务需求，让全体人民共享经济发展成果。第五，坚持服务业双向开放，"引进来"和"走出去"两手抓。持续优化服务贸易结构，营造良好的营商环境，鼓励服务业企业积极参与国际市场竞争，提升出口服务的附加值和核心竞争力。推进浙江服务业向全球价值链上游延伸，全面提高浙江服务贸易竞争力，以此创造更多的就业和富民机会，为建设共同富裕示范区贡献服务贸易的力量。

第六章　农村电商高质量发展促进共同富裕示范区建设

第一节　引言

正如习近平总书记所指出的,"促进共同富裕,最艰巨最繁重的任务仍然在农村",① 而浙江建设共同富裕示范区在农村最为关键的问题仍然是缩小城乡收入差距。中国全面建成小康社会为新发展阶段推动共同富裕奠定了坚实基础,而浙江省过去在探索解决发展不平衡不充分问题方面成效显著,浙江省建设共同富裕示范区具有基础和优势。经济发展质量效应明显提高、城乡收入差距持续缩小、国民素质和社会文明程度达到新高度,是共同富裕的三大核心目标。对标共同富裕的三大核心目标,共同富裕示范区建设在农村的工作重心在于增加农民收入、补强农村公共服务短板、提升乡村治理水平。当前,共同富裕的难点和重点主要转向了城镇居民和农民之间的共同富裕,缩小城乡收入差距是新时代共同富裕战略推进的重要任务。②

农村电商高质量发展有望为共同富裕中最繁重的问题提供解决方

---

① 《习近平谈治国理政》第4卷,外文出版社2022年版。
② 杜志雄:《共同富裕思想索源及农民农村实现共同富裕的路径研究》,《经济纵横》2022年第9期。

案。在政策层面，2014年中央一号文件就正式提出要"加强农产品电子商务平台建设"，以加强农产品市场体系建设。2014—2023年，中央一号文件连续十年对农村电商做出全面部署。另外，浙江省《农业农村领域高质量发展推进共同富裕行动计划（2021—2025年）》也明确指出，将电子商务专业村建设作为农业农村数字促共富的主要措施。农村电商成为推动农业农村经济发展的新引擎，帮助欠发达地区实现跨越式发展的重要手段。在现实层面，农村电商的发展水平与城乡可支配收入差距的缩小在浙江同步变动。浙江省城乡居民可支配收入之比从2012年的2.61下降到2022年的1.90，在长三角地区城乡可支配收入差距最小。浙江是中国农村电商最为发达的省份，浙江每万人农村人口的电商占比从2014年的0.0412上升到2022年的1.380，2022年远高于全国平均水平0.1585。张磊等分别基于省级电商数据和电子商务进农村综合示范政策的研究表明，电商有助于提高农村居民收入。[①]《浙江省电子商务发展报告2020》指出，农村电商在解决农村就业、促进农民增收、推动产业发展等方面发挥了积极作用，浙江农村电商的蓬勃发展可能对缩小城乡收入差距具有重要作用。

浙江省建设共同富裕示范区强调先行、先试，以高质量发展为全体人民共同富裕先行探路。那么浙江省农村电商高质量发展在促进农村农民共同富裕的建设上具有怎样的示范意义？这需要依次回答如下三个方面的问题：第一，浙江农村电商高质量发展的经验是什么？第二，农村电商促进共同富裕的理论机制是什么？第三，浙江农村电商的发展是否确实对共同富裕有显著的促进作用？本章将通过对农村电商典型案例[②]的分析，从发展模式、特点等对浙江农村电

[①] 张磊、韩雷：《电商经济发展扩大了城乡居民收入差距吗?》，《经济与管理研究》2017年第5期；陈享光、汤龙、唐跃桓：《农村电商政策有助于缩小城乡收入差距吗——基于要素流动和支出结构的视角》，《农业技术经济》2023年第3期。

[②] 笔者根据丽水市《生态产品价值实现机制丽水实践典型案例集（一）（二）（三）》整理。

商的经验进行总结归纳；对标共同富裕示范区建设目标中的促农增收的要求，以分析农村电商的促共富机制；对农村电商发展影响浙江县域城乡收入差距的实际效果进行评价，来检验农村电商发展促共富的作用。

第二节 浙江农村电商高质量发展的基本成就与经验

一 浙江引领中国农村电商的发展

浙江在农村电商领域取得巨大成就。浙江是中国电子商务最为发达的省份，也是中国农村电商发展最早、成效最为显著的省份之一。2022年，农村网络零售额为11681亿元，占全省网络零售总额的43.20%，培育电子商务示范村227个，农村电商示范服务站（点）159个。本部分从农村电商的销售规模和农村电商的平台数量两个方面来分析这一成就。表6-1给出了全国和浙江省农村电商销售额的基本情况，有如下发现。

第一，中国农村电商发展迅速，浙江省始终占据最重要的地位。从农村网络零售额来看，全国农村网络零售额从2016年的0.353万亿元增长到2022年的2.17万亿元，2022年农村网络零售额占全国网络零售总额的15.7%。浙江省农村网络零售额占全国农村网络零售总额的比重在2018年以后维持在35.00%左右，远高于排名第二的江苏的占比（15.00%），在全国各省份中稳居第一。

第二，农村电商在农产品价值实现上的作用逐渐增大，而浙江农村电商在这一方面则成效显著。2016—2022年，全国层面农产品网上零售额从0.159万亿元增长到0.532万亿元，年均增长22.30%，远高于第一产业产值6.62%的年均增速。2016—2022年，浙江农产品网上零售额占全国的比重维持在24.00%左右，而浙江省第一产业产值占全国的比重从3.14%下降到2.64%，农产品网上零售额占比几乎是第一产业产值占比的 10 倍。同时，浙江农产品网上零售额增长绝对值（其间增长 840 亿元）超过第一产业产值的绝对值增长（其间产值增长 440 亿元）。这些数据足以表明浙江农村电商充分挖掘了其在实现农产品价值上的潜力，发挥了显著作用。

表 6-1　2016—2022 年全国和浙江省农村电商销售额的基本情况

（单位：万亿元，%）

			2016 年	2017 年	2018 年	2019 年	2020 年	2021 年	2022 年
全国	农村网络零售额		0.353	0.895	1.380	1.710	1.790	2.050	2.17
	农产品网上零售额		0.159	0.244	0.231	0.398	0.416	0.422	0.532
	一产产值		6.014	6.210	6.475	7.047	7.775	7.265	8.835
浙江	农村网络零售	金额	—	—	0.493	0.629	0.627	0.697	1.168
		占全国比重	—	—	35.70	36.80	35.00	34.00	53.82
	农产品网上零售额	金额	0.040	0.051	0.067	0.084	0.111	0.124	0.124
		占全国比重	24.93	20.77	28.96	21.21	26.68	29.38	23.35
	浙江第一产业	产值	0.189	0.193	0.198	0.209	0.217	0.221	0.233
		占全国比重	3.14	3.11	3.05	2.96	2.79	3.04	2.64

注：关于农村网络零售额，2018 年商务部对农村、农产品网络零售的统计对象、范围、方法进行了调整。

资料来源：对应年份的《中国电子商务报告》《浙江电子商务报告》《中国统计年鉴》。

浙江省电子商务专业村（典型代表为淘宝村）存量和密度均位居全国领先地位。淘宝村的范围限定于农村地区的行政村和乡镇，作为农村电商创业的典型，各省拥有的淘宝村数量很好地体现了该省的农村电商发展情况。从淘宝村的数量来看，阿里研究院发布的 2022 年中国淘宝村名单显示，2022 年全国淘宝村数量为 7780 个，约占全国行政村的 1%，遍布全国 28 个省份。浙江省 2022 年的淘宝村数量已经达到 2426 个，占全国的比重为 31.18%，远高于排名第二的广东省（1466 个）。从农村人口的淘宝村密度来看，2013—2022 年，全国和浙江省的每万人农村人口所拥有的淘宝村数量持续增长。全国每万人农村人口的淘宝村数量从 0.0003 个增长到 0.1585 个,浙江省每万人农村人口淘宝村数量从 0.0029 个增长到 1.380 个,密度远高于全国。淘宝村的判定标准之一为电子商务年销售额达到 1000 万元,这表明 2022 年浙江省每个农村居民平均每年的电子商务销售额为 0.138 万元以上。

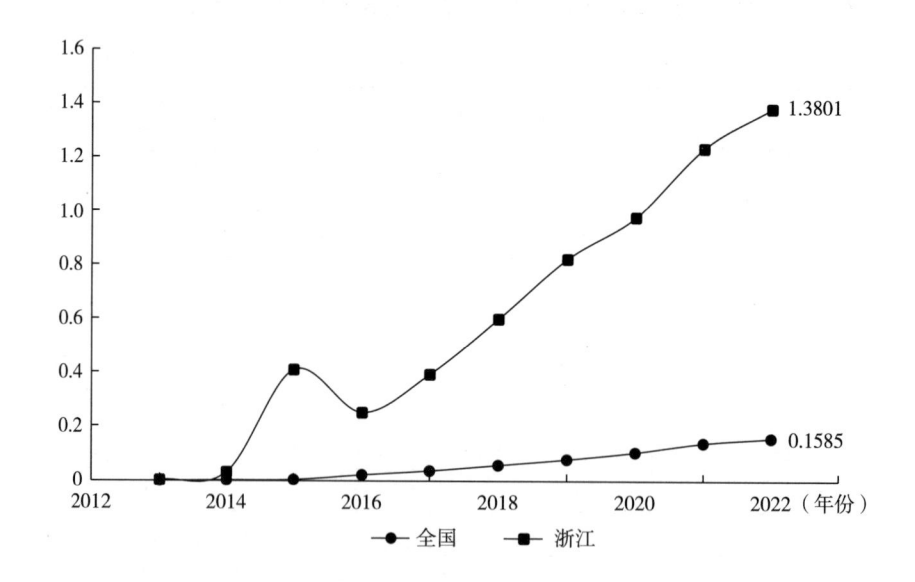

图 6-1　2013—2022 年全国、浙江农村人口的淘宝村密度

资料来源:2012—2020 年淘宝村数据来自阿里研究院的《1%的改变——2020 中国淘宝村研究报告》,2021 年和 2022 年淘宝村数据来自阿里研究院发布的《2021 年淘宝村名单》《2022 年淘宝村名单》;城乡人口数据来自对应年份的《中国统计年鉴》《浙江统计年鉴》。

二　浙江农村电商高质量发展的典型案例

(一)农村电商开创生态农产品价值实现的新渠道

几乎所有景宁畲族村寨都分布于海拔 600 米以上的山区,采用传统农耕方法,其农产品因品质好、污染少深受认可。为了使高山农产品实现产品价值,景宁畲族自治县大力发展电子商务。2018 年,景宁建成一个县级电子商务公共服务中心和 304 个村级电商服务站,当年网络销售额达到 20.37 亿元。在电子商务平台及物流平台日益完善的基础上，开创"景宁 600"新零售新渠道，探索出以"基地+订单种植+产品包装+线上线下融合销售+产品配送"的模式。具体做法包括：建立"畲吃品"种植基地，推动生态产品产业化；优化"线上线下体验"，提高"景宁 600"附加值；加强冷链物流体系建设，提升生态产品配送效率；依托农村电商服务站，精准"线上销售""畲吃品"。主要成效：建立种植基地，利用现代技术带动农户采用"古法"种植；"线上线下"结合，创新农产品进城模式；专业物流配送，提升客户体验的满意度。

（二）建本地化电子商务综合服务商畅产品上下行通道

遂昌"赶街"模式是以本地化电子商务综合服务商作为驱动，带动县域电子商务生态发展，促进地方传统产业，尤其是农业及农产品加工业实现电子商务化。截至 2017 年，遂昌已有网店 2000 多家，网货供应商 300 多家，第三方服务商 40 多家，农村电子商务从业人员 8000 多人；"赶街"模式已覆盖全国 17 个省、42 个县，建设超过 8200 个"赶街"村级电商服务站，实现移动端服务站点逾半数覆盖。

浙江赶街电子商务有限公司是遂昌农村电商的龙头企业，也是"赶街"模式的实施主体。该公司创造性地实践了"一中心、三体系"的县域电子商务发展模式，即县级电商服务中心和公共服务、农产品上行、消费品下行三大体系。建设以集约发展为重心的县级电商服务中心；建设以培训服务为重心的公共服务体系；建立以完善的供应链管理为重心的农产品上行体系，通过集中专业化服务模式，可以实现产、供、销分离，让专业人干专业事，农民专注于生产，培养大量年轻人专注营销；建立以村级服务站体系为重心的消费品下行体系。开创"赶街"县、乡、村三级线下服务体系。

主要成效：第一，有效推进了农村转型发展，"赶街"带给农村农民"互联网+"的全新思维，通过"互联网+"发展原生态农业、乡村休闲旅游、生态服务业等。第二，有效促进了农民增收节支，"赶街"让深居山村的农民搭上了信息化的快车，拉近了与广阔市场的距离，实现销售集中化，从而获得更广阔的销售市场和更强的议价能力。第三，有效解决了服务群众"最后一公里"。"赶街"不但是一个产品物流体系，更是一个发布和采集信息的村村通渠道。"赶街"也间接推动了农村基层设施、物流配送等条件的进一步改善，对于解决服务群众"最后一公里"问题，促进城乡统筹发展都具有积极的现实意义。

（三）依托龙头企业促进农村非农产业的电商发展

"北山"模式在促成生产物质产品的价值实现方面有较强的推广价值。"北山"模式是以"农户+网络+企业+政府"为核心，以"北山狼户外用品有限公司"为龙头，以个人、家庭以及小团队开设的分销店为支点，以户外用品为主打产品的农村电子商务发展模式。

主要做法：第一，重培育，积极优化发展环境。加强统筹指导，成立全县电子商务建设工作领导小组，加强部门联动及资源整合；成立电商协会，引导企业规范发展；加快信息化基础设施建设，实施宽带改光纤工程。加强政策扶持，出台《关于加快发展电子商务产业的若干意见》等电商扶持政策，设立电子商务产业信贷扶持基金，加强金融机构合作，根据创业青年不同阶段的不同需求，开发小额信贷产品。

第二，促规范，着力提升发展质量。以龙头企业为轴，引导分销商与企业签订协议，防止分销商之间的价格战；通过规范分销方式，促成行业自律，形成高效运作方式，促进龙头企业在各分销商的支撑下有效提升运作效率，真正实现双赢。对外抓营销，树品牌。组织企业参加各种展览会、交易会，让企业与市场接轨，了解市场的业务动态和业务需求。加大区域特色品牌集聚点培育力度，鼓励网商创建网络自有品牌，积极打造省、市著名商标，特别是通过市场化运作，全力打造一批区域化布局、标准化生产、规范化管理的生态精品网销品牌。

第三,搭平台,不断增强发展后劲。搭建农民网商培训平台。建立电子商务见习基地,鼓励和支持本地职业技术学校设置适合农村青年和产业发展的电子商务专业,加强电子商务职业教育和专业技术培训。搭建农民网商交流平台。成立电商协会,全面推进电商协会日常管理和活动开展。成立专业电子商务服务中心,为广大网商带来咨询、培训、人才等一站式电子商务服务。搭建电商集聚发展平台。积极谋划建设集仓储物流、产品展示、电商培训、创业孵化、俱乐部活动等功能于一体的北山电子商务创业园。

主要成效:第一,促进了电商产业的蓬勃发展。北山狼户外用品有限公司作为"北山"模式的发展源头,已从一家两人创业的网店发展成为现在拥有50多名员工的注册公司,全国各地分销商400多家,2017年的销售额突破6000万元。在"北山"模式的带动下,该县不断涌现出顺联动力、麦田家居、午憩宝等知名电商企业(平台)。

第二,激发了农村发展的内生动力。发展农村电子商务以来,昔日的"烧饼村""草席村"蜕变成为远近闻名的"淘宝村",推动产业发展。2017年该村共有淘宝网店120多家,从业人员200多人,实现交易额超亿元。

三 浙江农村电商高质量发展的基本经验

农村电商的高质量发展无疑将在促进农村农民共同富裕上发挥更大的作用,其高质量发展主要是实现"人""货""场"等农村电商三要素上的高质量。通过对以上三种浙江农村电商的典型案例进行介绍,发现其成功具有一定的共性,满足农村电商高质量发展的基本特征。在这些典型的农村电商发展过程中,都极为重视内生动力的培育。在产业专业化规模化的发展过程中实现农村技术进步,通过电商人才的培育实现人力资本的积累。这些农村电商经济朝着内生增长的方向发展。

(一) 政府引领扶持电商产业发展,健全支撑产业的服务体系

政府引领推动农村电商产业快速发展。2015年,景宁畲族自治县出台《关于进一步促进景宁畲族自治县电子商务发展的实施意见》,加速了景宁农产品新零售的诞生。2012年,遂昌县与阿里巴巴集团淘宝网签订战略合作协议,次年成立首家县域农村电子商务服务站(赶街网点),随后遂昌"赶街"模式迅速打响,成为遂昌在农村电子商务领域的突破性创新和实践,引全国争相效仿。对于农村电商发展较好的"北山"模式,政府及时出台《关于加快发展电子商务产业的若干意见》等电商扶持政策,设立产业发展专项扶持资金。正是政府的这些政策扶持,才使得网络、物流、电商服务中心、人才培训、质量监管等支撑农村电商运行的服务体系更好地发展起来。政府引领为农村电商发展提供软硬件环境,强化公共基础性建设支持。

(二) 产业规模化专业化高级化协同发展,为农村电商提供足够的货源供给

农村电商有助于实现供给与市场需求的有效对接,产业的发展水平决定农村电商的发展规模。三个案例在农村电商的发展过程中,均强调产业发展的重要性。景宁畲族自治县在发展电商之初依赖的是其独特的地理位置、良好的生态环境所生产的高山生态农产品,在通过电子商务打造"景宁600"这一区域特色的公共品牌后,建立"畲吃品"种植基地,推动生态产品规模化。在以电商模式为特色的遂昌"赶街"模式中,致力于打造"一村一品"产业专业化,如"茶叶村""青糕村""笋干村""番薯干村"等20余个网上销售产品特色村。在以龙头企业带动电商集聚发展的"北山"模式中,充分发挥品牌的作用,农民参与到服务业的生产活动中,北山村的产业实现了高级化发展。这一产业结构升级也会产生溢出效应,带动周边区域制造业、服务业的发展,形成市场需求拉动供给、供给促

进需求的经济良性循环。

（三）以建、服、管健全物流体系，提高产品流通效率

物流体系的健全、高效，有助于提高电商经济发展的质量和效益。以农产品为主的"景宁600"在发展过程中吸引和鼓励企业实施冷链物流项目，提升整体物流的时效性。在"赶街"模式的发展过程中，物流体系主要依托县、乡、村三级电商服务体系，县级服务中心在采购、仓储、配送上的统一，实现物流体系的标准化，而村级服务站则通过服务站的物流中转、代收代发，解决物流"最后一公里"问题。"北山"模式则是通过加强物流行业的规范管理，建立协调机制，与圆通、申通、中通、韵达等快递公司进行对接，对包裹数量、价格、服务质量、递送天数等进行规范，降低网商物流成本。三种模式在提高物流体系效率时均采取了不同的方法，但是都使物流效率得到大幅提升。

（四）加强电商人才培育，强化农村电商发展的人力资本积累

重视电商人才的自主培育，通过提高人力资本来创造农村电商经济发展的内生动力。"景宁600"为适应特色农产品网络新零售的发展需求，重视培养农村新型网络营销人才。鼓励区域性的农业院校与地方生产组织建立有效合作关系，协同创新建设发展网络新零售营销人才队伍。"赶街"模式一方面通过网店协会为政府、企业、返乡大学生、农村青年以及相关物流、通信、银行等服务业提供大量电商理念知识培训；另一方面在网店协会的基础上，与相关院校联合成立遂昌县农村电子商务学院（赶街职业技术培训学院），探索出一套针对县域农村电商人才的培育机制。"北山"模式鼓励和支持本地职业技术学校设置适合农村青年和产业发展的电子商务专业，加强电子商务职业教育和专业技术培训，成立全市首家淘宝大学，开设电子商务网上经商创业专业。

郭凯凯和高启杰将农村电商高质量发展概括为产业支撑服务体系健全，监督管理机制运行高效；供应链与三级物流体系健全，商品

流通提效降耗；经营主体专业化规模化，农民受益水平较高；现代农业生产与经营体系高质量建构，农产品市场竞争力增强。① 从以上三个案例可以看到，政府主导了电商产业支撑体系的完善，通过规范、引导物流发展提供产品上行下行的高效通道，注重电商人才培育和产业发展，从人力资本积累和技术进步来塑造农村电商发展的内生动力。应当说，这些典型案例均满足农村电商高质量发展的要求。

第三节　农村电商高质量发展推动共同富裕示范区建设的机制

一　农村电商的基本内涵

农村电商的基本内涵和在农村的基本作用，决定了农村电商在推进共同富裕示范区建设中发挥的作用。现有文献对农村电商做出如下几种定义：岳欣认为农村电子商务是指利用互联网、计算机等现代信息技术手段，通过集约化管理、市场化运作、成体系的跨区域跨行业联合，构筑紧凑而有序的商业联合体，拓展农村信息服务业务、服务领域，为从事涉农领域的生产经营主体提供在网上进行产品或服务的销售、购买和电子支付等业务交易的过程。② 任晓聪和和军认为农村电子商务依托行业资源，利用大数据、云计算以及互联网信息技术，为从事农业生产的经营主体提供可以在网络交易平台上实现产品销售、购买以及售后等全过程服务。③ 郭凯凯和高启杰指出农村电商主要是指以农户、新农人、新型农业经营主体等为主的电商从业者利用多样化电商平台和电子支付工具，依托现代供应链体系和物流链体系，实现跨时空、跨城乡的乡土特色、城市工业消

---

① 郭凯凯、高启杰：《农村电商高质量发展机遇、挑战及对策研究》，《现代经济探讨》2022年第2期。
② 岳欣：《推进中国农村电子商务的发展》，《宏观经济管理》2015年第11期。
③ 任晓聪、和军：《我国农村电子商务的发展态势、问题与对策路径》，《现代经济探讨》2017年第3期。

费品或专业化服务的双向电子交易和管理过程。①

自电子商务诞生以来，农村电商经历一段较长时间的自主发展过程。2014年中央一号文件首次提出"农产品电子商务平台建设"，以后每年中央一号文件均对农村电商的建设进行了政策指导，农村电商依靠产业政策扶持在全国各地迅速发展起来。通过对中央一号文件（以下简称"文件"）中关于农村电商的梳理可以较为明确地理解发展农村电商的目的、作用方式、作用对象，从而能够更为准确地理解农村电商促进共同富裕的机制。2014—2023年，除了2017年，文件提出发展农村电子商务的目的依次是"加强农产品市场体系建设""创新农产品流通方式""加强农产品流通设施和市场建设""农产品出村进城工程""推动农产品进城、工业品下乡双向流通""深入推进电子商务进农村和农产品出村进城，推动城乡生产与消费有效对接""加强农产品流通体系建设"。尽管2016年和2020年分别提到要形成农产品出村、农资和工业品下乡的双向流通格局，但从文件内容来看，农村电商发展的主要目的还是为农产品畅通流通渠道、打开市场，实现农产品供给与需求的产销对接。

表6-2　　　　　　　　中央一号文件关于农村电商的梳理

	要点
2014年	加强农产品市场体系建设。启动农村流通设施和农产品批发市场信息化提升工程，加强农产品电子商务平台建设
2015年	创新农产品流通方式。支持电商、物流、商贸、金融等企业参与涉农电子商务平台建设。开展电子商务进农村综合示范
2016年	加强农产品流通设施和市场建设。促进农村电子商务加快发展，形成线上线下融合、农产品进城与农资和消费品下乡双向流通格局
2017年	推进农村电商发展。促进新型农业经营主体、加工流通企业与电商企业全面对接融合，推动线上线下互动发展

---

① 郭凯凯、高启杰：《农村电商高质量发展机遇、挑战及对策研究》，《现代经济探讨》2022年第2期。

续表

	要点
2018 年	重点解决农产品销售中的突出问题。促进农村电子商务发展的基础设施，鼓励支持各类市场主体创新发展基于互联网的新型农业产业模式，深入实施电子商务进农村综合示范，加快推进农村流通现代化
2019 年	实施数字乡村战略。继续开展电子商务进农村综合示范，实施"互联网+"农产品出村进城工程
2020 年	发展富民乡村产业。有效开发农村市场，扩大电子商务进农村覆盖面，支持供销合作社、邮政快递企业等延伸乡村物流服务网络，加强村级电商服务站点建设，推动农产品进城、工业品下乡双向流通
2021 年	全面促进农村消费。加快完善县乡村三级农村物流体系，改造提升农村寄递物流基础设施，深入推进电子商务进农村和农产品出村进城，推动城乡生产与消费有效对接
2022 年	加强农产品流通体系建设。深入推进"互联网+"农产品出村进城工程，推动建立长期稳定的产销对接关系
2023 年	深入实施"数商兴农"和"互联网+"农产品出村进城工程，鼓励发展农产品电商直采、定制生产等模式，建设农副产品直播电商基地

资料来源：笔者根据 2014—2023 年的中央一号文件整理。

通过对农村电商的基本定义和产业扶持政策的基本梳理可以发现，农村电商的经营主体还是农村居民，主要目的是通过实现农产品产销对接，促进形成农产品进城、工业品下乡的双向流通格局。然而，从阿里巴巴的数据来看，农村电商已不再以实现农村产品价值为主要目的。80%以上农村地区的电商活动销售的产品是以工业制成品为主，仅有 10%的农村地区主要销售农产品。[①] 因此，农村电商的核心内容应当是以农村居民为经营主体，依托现代供应链体系和物流链体系所从事的电子商务活动。

二 农村电商高质量发展推动共同富裕示范区建设的理论机制

基于农村电商的作用对象，农村电商在推进浙江省共同富裕示范

---

① 秦芳、王剑程、胥芹：《数字经济如何促进农户增收？——来自农村电商发展的证据》，《经济学》（季刊）2022 年第 2 期。

区建设过程中所发挥的作用，应当是提高农村居民收入以缩小城乡收入差距促共富。促进农民共同富裕面临大部分农民收入较低、城乡收入差距较大、大多数农村地区产业发展较落后、部分农民就业创业能力不强等方面的现实难题。[①] 提高农民收入，缩小城乡收入差距是共同富裕中"最艰巨最繁重的任务"中的核心要义。农村电商能够有效实现农产品产销对接，促进农产品价值实现，促进农民增收；电子商务在农村的兴起，也会激发农村居民创业；当农村电商形成规模后，也会促进产业的发展，从而促进农村居民的就业。农村电商的发展有望成为完成这一重要任务的有效手段。然而，长期以来城镇居民人均可支配收入要高于农村居民可支配收入，农村居民收入的绝对值增加可能并不足以缩小城乡收入的绝对差距，只有农村居民收入的增长速度快于城镇居民收入的增长速度才能实现城乡收入差距的缩小。

第一，农村电商降低农产品的市场搜寻成本，促进自产农产品的价值实现，扩大农村居民的经营性收入。数字技术的应用能够通过搜寻成本、重复成本、交通成本、追踪成本和验证成本影响经济发展，[②] 而电商能够降低农村居民搜寻商品和市场信息的成本。[③] 对市场信息的掌握可以使农产品供需对接，让农产品接近市场，出村进城实现农产品价值。当农产品的销售渠道打通后，从事农业生产的农村居民可以通过电商与卖家建立直接联系，从而实现农业生产经营性收入的增加。

第二，农村电商促进农村居民的创业活动，增加非农就业，增加农民工商业经营性收入。一方面，农产品通过电子商务平台打开销

[①] 张远新：《新时代促进农民共同富裕的逻辑、难题和路径》，《浙江工商大学学报》2022年第5期。

[②] A. Goldfarb, C. Tucker, "Digital Economics", *Journal of Economic Literature*, Vol. 57, No. 1, 2019, pp. 3-43.

[③] N. M. George et al., "A Systematic Literature Review of Entrepreneurial Opportunity Recognition: Insights on Influencing Factors", *International Entrepreneurship and Management Journal*, Vol. 12, No. 2, 2016, pp. 309-350.

路后，会激发农户自主经营并直接从事电商经营活动，即自产自销。另一方面，农村电商的发展会激发农村居民从事电子商务经营活动的动机，不再局限于销售农产品，而是工业制成品。秦芳等的研究指出，80%以上农村地区的电商活动销售的产品是以工业制成品为主，仅有10%的农村地区主要销售农产品。[①] 著名的"北山"模式也是以销售户外用品为主，这是典型的工业制成品。

第三，农村电商促进产业规模化专业化高级化发展，在农村实现更为充分的就业，扩大工资性收入。一方面，在主打农产品销售的农村电商中，为了培育产品的竞争力，产业政策会引导农业生产向专业化和规模化转型，实行"一乡一业""一村一品"。如"赶街"致力于打造"一村一品"区域产业，先后涌现出"茶叶村""青糕村""笋干村""番薯干村"等20余个网上销售产品特色村，不断带动农民增收致富。这些产业专业化和规模化发展，会促进农村居民在农业部门的就业。另一方面，在以工业品销售为主的农村电商中，工业品的销路被打开后的需求刺激，在一定程度上会促进在位企业扩大生产，吸引企业进入制造业行业，最终将推动产业向高级化方向发展。非农产业在工资水平上相比农业更具竞争力，会吸引农村居民从事非农生产，增加工资性收入。

第四，农村电商会促进农村居民收入增速快于城镇居民收入增速，在缩小城乡收入差距上具有潜力。相对城市而言，农村电商通过实现农村地区与市场的对接，在一定程度上会激发农村经济发展的后发优势。例如，中国作为一个技术和经济与发达国家有相当差距的后发国家，可以以引进技术的方式加速创新，推动经济快速增长。[②] 中国自改革开放以来，年均增速远高于其他国家，在总量层面缩小了与发达国家的差距，为缩小与发达国家人均GDP的差距创造

[①] 秦芳、王剑程、胥芹：《数字经济如何促进农户增收？——来自农村电商发展的证据》，《经济学》（季刊）2022年第2期。

[②] 林毅夫：《李约瑟之谜、韦伯疑问和中国的奇迹——自宋以来的长期经济发展》，《北京大学学报》（哲学社会科学版）2007年第4期。

了条件。农村电商是数字经济进农村的一种重要体现，农村可抓住数字经济机遇实现经济发展的后发优势，使得农村居民收入增速快于城镇居民收入增速，从而缩小城乡收入差距。

假设1：农村电商能够通过促进农产品的供需对接，实现农民农业生产的经营性收入增长。

假设2：农村电商的蓬勃发展可能通过创业和产业发展，实现农村劳动力的更充分就业，促进农村居民可支配收入增长。

假设3：农村电商可促进农村居民可支配收入增长快于城镇居民可支配收入，在缩小城乡居民可支配收入差距上具有潜力。

第四节 农村电商发展与浙江县域共同富裕关系的实证检验

一 模型构建与数据处理

（一）回归模型设定

上述理论机制认为，要缓解城乡收入的绝对差距，需要使农村居民增收，且农村居民可支配收入的增长速度要快于城镇居民可支配收入。因此，本章利用计量模型考察农村电商发展与农村居民可支配收入、城乡居民可支配收入的绝对差距和农村居民与城镇居民收入增长速度的差异。

为了消除时间趋势和缓解遗漏变量的影响，本章采用双向固定效应模型。

$$\ln(ncincome)_{it} = \alpha_{it} + \beta_1 E\_commerce_{it} + X_{it} + \gamma_t + \mu_i + \varepsilon_{it} \quad (6-1)$$

$$\ln(deltincome)_{it} = \alpha_{it} + \beta_1 E\_commerce_{it} + X_{it} + \gamma_t + \mu_i + \varepsilon_{it} \quad (6-2)$$

$$\ln(deltgrowth)_{it} = \alpha_{it} + \beta_1 E\_commerce_{it} + X_{it} + \gamma_t + \mu_i + \varepsilon_{it} \quad (6-3)$$

被解释变量。式（6-1）中的被解释变量 $\ln(ncincome)_{it}$ 为各年各县市农村居民可支配收入的对数。式（6-2）中的被解释变量 $\ln(deltincome)_{it}$ 为各年各县市的城镇居民可支配收入与农村居民可支配收入差的对数，这是从收入视角衡量共同富裕的重要指标。式（6-3）中的被解释变量 $\ln(deltgrowth)_{it}$ 为各年各县市城乡居民可支配收入增长率差，定义为农村居民可支配收入增长率与城镇居民可支配收入增长率之差，该差值越大，表明城乡收入差距越有减小的可能性。

核心解释变量。本章的核心解释变量为各年各县市的农村电商发展水平（$E\_commerce_{it}$），分别用各年各县市的淘宝村的数量和农村电商密度（每万农村居民的淘宝村数量）来衡量，[①] 后者用于回归结果的稳健性检验。

控制变量。本章的控制变量（X_{it}）主要是体现各县市经济发展水平、农业发展水平的变量。包括各年各县市人均 GDP，取对数；各年各县市农业产值，取对数；各年各县市工业化率，取工业产值占生产总值的比重。

γ_t 为时间固定效应；μ_i 为个体固定效应，个体固定效应控制了诸多不随个体变动的遗漏变量；ε_{it} 为随机扰动项。

（二）数据来源

本章使用 2014—2020 年浙江省各县市数据，主要有两个来源。一是阿里研究院发布的中国淘宝村名单。考虑到 2014 年以前中国淘宝村太少，如 2013 年仅为 20 个，浙江省仅有 6 个，而 2014 年浙江省淘宝村增加到 64 个，因此我们选用 2014—2020 年的淘宝村数据。二是浙江省各地级市统计年鉴。从统计年鉴中整理出本章所需的浙江各年各县市的变量。

（三）描述性统计

表 6-3 为本章各变量的描述性统计。因为浙江省不同县市在不同年份所统计的指标并不完全一致，本章得到的是非平衡面板数据，

[①] 以淘宝村数量来衡量某一区域的农村电商发展水平是较为通行的做法。参见刘俊杰等《农村电商发展与农户数字信贷行为——来自江苏"淘宝村"的微观证据》，《中国农村经济》2020 年第 11 期。

这也就导致了变量的观测值并不一致。在计量回归中以实际的样本量为准，将缺失值进行删除处理。平均而言，样本中各县市的农村电商发展水平较高，但不同县市间发展水平差异较大。从淘宝村数量来看，各县平均每年有12.6个淘宝村，每10万农村人口便有1个淘宝村，但从淘宝村数量的绝对值来看，标准差为25.48，各县市拥有淘宝村数量的差异较大。

表6-3　　　　　　　　　关键变量描述性统计

变量名称	样本量	均值	标准差	最小值	最大值
农村居民可支配收入（取对数）	454	10.11	0.32	9.37	10.69
城乡居民可支配收入绝对收入差（取对数）	454	9.97	0.21	9.39	10.58
城乡居民可支配收入增长率的差	387	-0.01	0.08	-0.31	0.24
淘宝村数量	456	12.6	25.48	0	164
农村电商密度（淘宝村个数/万人）	262	0.1	0.15	0	0.55
ln（人均GDP）	455	11.18	0.43	9.72	12.42
ln（农业产值）	455	3.02	0.67	0.71	4.4
工业化率	456	0.38	0.12	0.06	0.64

二　实证结果分析

（一）基本估计结果

本章估计了电商发展水平对农村居民可支配收入、城乡居民可支配收入绝对差以及城乡收入增长率差异的影响，结果见表6-4。可以发现：一是农村电商的发展对农村居民可支配收入具有明显的促进效应。淘宝村数量变量的系数值为0.0020，且均在1%的水平上显著。二是农村电商的发展促进城乡居民可支配收入的绝对差扩大，可见农村电商的引入并不能立即导致城乡差距的缩小，相反会扩大城乡收入差距。出现这一现象的可能原因是农村电商为城镇居民带来的收入增量要高于农村居民的收入增量，最终仍旧表现为二者收入差距的扩大。三是农村电商推动农村居民收入增长快于城镇居民。

淘宝村数量变量系数值为 0.0003，且满足 5% 的显著性水平。农村电商进入农村，在农产品价值实现、促进农村居民就业等方面具有重要作用，为农村地区的经济发展注入新动能，从而更可能实现农村居民收入增长速度高于城镇居民。农村居民收入增长速度快于城镇居民收入增长速度，为缩小城乡居民收入差距赋予可能。

表 6-4　农村电商与农村居民可支配收入、城乡居民可支配收入绝对差、城乡收入增长率差：基本回归

	农村居民可支配收入	城乡居民可支配收入绝对差	城乡收入增长率差
淘宝村数量	0.0020*** （0.0002）	0.0022*** （0.0002）	0.0003** （0.0001）
人均 GDP	0.4419*** （0.0174）	0.0862*** （0.0186）	0.0107 （0.0114）
农业产值	0.0744*** （0.0099）	0.0339*** （0.0105）	0.0043 （0.0065）
工业化率	01936*** （0.0535）	0.1838*** （0.0570）	0.0354 （0.0352）
时间固定效应	Yes	Yes	Yes
个体固定效应	Yes	Yes	Yes
常数项	4.6912*** （0.1720）	8.6218*** （0.1832）	-0.1511*** （0.1129）
观测值	454	454	455

注：***、**分别表示通过 1%、5% 的显著性检验，括号中的数值为标准差。

（二）稳健性检验

为确保基准结果的有效性，本章采用两种方法进行稳健性检验。第一，对内生性问题的处理，参考李雪等的做法将农村电商滞后一阶作为工具变量，① 并采用 2SLS 进行回归。第二，替换核心解释变

---

① 李雪、吴福象、竺李乐：《数字经济与区域创新绩效》，《山西财经大学学报》2021 年第 5 期。

第六章 农村电商高质量发展促进共同富裕示范区建设

量的衡量标准,将淘宝村数量替换为农村电商密度(淘宝村数量/人口数)。稳健性检验结果见表6-5。可以发现,在2SLS估计下,模型1、模型2、模型3的Kleibergen-Paap rk LM统计量和Cragg-Donld Wald F统计量分别为27.36和4433.65,因此显著拒绝了工具变量不可识别假设和弱工具变量假设,工具变量有效。工具变量回归结果与基准回归结果基本一致。同时,模型4、模型5、模型6的农村电商密度变量系数也在1%或10%的水平上显著。由此可见,从基本回归中得到的农村电商的发展显著促进农村居民收入的增长,现阶段无法缩小城乡收入的绝对差距,但农村电商的发展有利于推动农村居民收入更快增长的结论是一致的。基本回归结果稳健。

表6-5　　　　　　　　　稳健性检验

	2SLS			替换核心解释变量		
	农村居民可支配收入	城乡居民可支配收入绝对差	城乡收入增长率差	农村居民可支配收入	城乡居民可支配收入绝对差	城乡收入增长率差
淘宝村数量(t-1)	0.0019*** (0.0002)	0.0020*** (0.0003)	0.0004*** (0.0001)			
农村电商密度				0.2106*** (0.0502)	0.1392*** (0.0455)	0.0738* (0.0435)
人均GDP	0.4381*** (0.0192)	0.0331 (0.0253)	0.0102 (0.0099)	0.4605*** (0.0293)	0.2245*** (0.0265)	0.0184 (0.0287)
农业产值	0.0912*** (0.0100)	0.0588*** (0.0093)	0.0040 (0.0068)	0.1055*** (0.0152)	0.0178 (0.0137)	0.0023 (0.0135)
工业化率	0.2439*** (0.0519)	0.2405*** (0.0704)	0.0351 (0.0339)	0.2419*** (0.0823)	-0.0753 (0.0745)	0.0534 (0.0688)
时间固定效应	Yes	Yes	Yes	Yes	Yes	Yes
个体固定效应	Yes	Yes	Yes	Yes	Yes	Yes
常数项	4.7200*** (0.1949)	9.1697*** (0.2474)	-0.1457 (0.1030)	4.3155*** (0.2825)	7.2560*** (0.2559)	-0.2457 (0.2781)
观测值	370	370	370	223	223	223

注:***、*分别表示通过1%、10%的显著性检验,括号中的数值为标准差。

(三) 机制分析

电子商务进入农村，在为农产品链接并拓展市场实现产品价值的同时，也会使农业生产专业化、规模化，还会促进服务于农村电商发展的上下游其他产业的发展，也可能激发具有相应人力资本的人群进行创业活动。无论是产业的发展，还是农村居民的创业活动，都会为农村劳动力资源提供更多的就业机会。因此，本部分估计农村电商发展对农村居民就业的影响，以检验农村电商发展促进农村居民收入增长的机制。

首先，农村电商能够显著提升农村居民就业水平。模型（1）农村电商发展水平变量系数为正，且均通过1%的显著性检验。其次，农村电商发展对农村居民在农业部门的就业也具有一定的促进作用。模型（2）淘宝村数量变量的系数方向一致，农村电商发展对农村居民在农业部门有积极影响。最后，农村电商在促进农村居民非农就业上具有显著作用。从模型（3）的回归结果来看，淘宝村数量系数分别为 0.0103，且均通过 1% 的显著性检验。同时也可以发现，将模型（2）和模型（3）的淘宝村数量系数进行比较，后者大于前者。这表明农村电商的发展，对农村居民的非农就业促进作用更大，究其原因，随着经济发展水平的上升、产业结构趋向高级化，农村居民的就业结构也会向非农产业转变。

表 6-6　农村电商与农村居民就业、农业就业、非农就业的关系：机制检验

	农村居民就业	农村居民农业就业	农村居民非农就业
淘宝村数量	0.0083*** (0.0011)	0.0024** (0.0011)	0.0103*** (0.0014)
ln（人均GDP）	0.3571*** (0.0902)	-0.8942*** (0.0935)	0.8241*** (0.1272)

续表

	农村居民就业	农村居民农业就业	农村居民非农就业
ln（农业产值）	0.4974*** （0.0469）	0.6538*** （0.0476）	0.4561*** （0.0644）
工业化率	1.0958*** （0.2560）	0.1171 （0.2534）	1.8142*** （0.3326）
时间固定效应	Yes	Yes	Yes
个体固定效应	Yes	Yes	Yes
常数项	6.5406*** （0.8727）	18.9794*** （0.9024）	0.8019 （1.2346）
观测值	257	263	226

注：***、**分别表示通过1%、5%的显著性检验，括号中的数值为标准差。

（四）异质性分析

从上述的回归结果来看，农村电商在缩小城乡收入差距上的作用不明显，但其通过促进农村居民可支配收入快速增长的促共富潜力是明确的。考虑到农村电商在促进农产品和工业制成品销售上的作用，本部分进一步从农业占比、经济发展水平、是否为山区等视角进一步检验农村电商促共富的潜力。

从历年中央一号文件不难看出，发展农村电商有一个重要的目的，即实现农产品供给与市场需求有效对接。那么农业占比高的地区是否更能发挥农村电商的农户增收效应？农业占比高的区域，经济发展水平相对更低，农村电商的进入为农村居民提供快速增收的机会，可能会导致农村居民收入增长速度要高于城镇居民收入的增长速度。

一般而言，经济发展水平高的地区农村电商的发展水平会更高。以本章的样本来看，人均GDP在75百分位数以上的县市，淘宝村的平均数量为15个，比75百分位数以下县市的淘宝村数量多3个。再从农村电商密度来看,人均 GDP 在 75 百分位数以上的县市,每万人的淘宝村数量为 0.19 个,比人均 GDP 在 75 百分位数以下县市的每万人淘宝村数量多 0.06 个。正是不同经济发展水平县市在农村电商发展水平上的差异,使农村电商的经营范围多样化和经营规模大型化。农村电商的主要受益群体是农村居民,更高的农村电商密度也有可能促使农村居民可支配收入的增长速度高于城镇居民可支配收入的增长速度。

浙江有 26 个县区是山区,经济发展水平较低,是浙江省在共同富裕建设过程中重点扶持的区域。因此,考察农村电商在这些区域所发挥的促共富作用将有积极的实践意义。基于此,本部分进行了山区 26 县和其他县市的样本回归。

表 6-7 给出了三种样本异质性下的回归结果。第一,农村电商具有促进农业占比更高的县市共同富裕的潜力。模型(1)为农业占比在 75 百分位数以上样本的回归,淘宝村数量系数显著为正;模型(2)为农业占比在 75 百分位数以下的样本的回归,尽管淘宝村数量系数依然为正,但不显著。农村电商有效地发挥了其在促进农产品供给与需求有效对接上的作用,推动农村居民收入的快速增长。第二,农村电商在促进经济发展水平更高地区共同富裕上潜力更大。模型(3)为人均 GDP 在 75 百分位数以上样本的回归,淘宝村数量系数显著为正;而人均 GDP 在 75 百分位数以下的样本回归中,淘宝村数量系数不显著。第三,农村电商促进山区 26 县共同富裕的潜力还未表现出来。模型(5)中淘宝村数量系数为-0.0016,且在 5% 的水平上显著。可能原因是,这些山区县农村电商的发展水平过低,不足以使县域农村居民支配收入快速增长。通过对 26 个山区县农村电商发展水平的统计可以发现,山区 26 个县平均的淘宝村数量和每万人淘宝村数量分别为 5.4 个和 0.09 个,远低于其他县市的 16.6 个和 0.17 个。

表 6-7　　　　　　　　　　异质性分析

	农业占比		人均 GDP		是否为山区 26 县	
	>75 百分位数	<75 百分位数	>75 百分位数	<75 百分位数	是	否
淘宝村数量	0.0317*** (0.0063)	0.0002 (0.0003)	0.0004** (0.0002)	0.0002 (0.0002)	-0.0016** (0.0008)	0.0003** (0.0001)
控制变量	Yes	Yes	Yes	Yes	Yes	Yes
时间固定效应	Yes	Yes	Yes	Yes	Yes	Yes
个体固定效应	Yes	Yes	Yes	Yes	Yes	Yes
常数项	Yes	Yes	Yes	Yes	Yes	Yes
观测值	164	342	112	342	164	290

注：***、**分别表示通过 1%、5%的显著性检验，括号中的数值为标准差。

第五节　结论与政策启示

一　研究结论

探究农村电商发展对缩小城乡收入差距的作用，有利于总结浙江省建设共同富裕示范区的先进经验。本章介绍了浙江省在农村电商上的发展成就、发展经验，探讨了农村电商促进农村居民增收、缩小城乡居民收入差距的路径机制，检验了农村电商在促进浙江省城乡共同富裕的成效。通过研究，本章得出如下结论。

第一，浙江省引领了中国农村电商的发展。从农村网络零售额来看，浙江农村网络零售额占全国农村网络零售额的比重近年来维持在 35% 左右，淘宝村的存量占全国总量的 31% 左右，每万人农村居民拥有淘宝村数量为 1.38 个，远高于全国平均水平。

第二，浙江省农村电商的典型案例为农村电商高质量发展提供经验。通过对景宁、遂昌、缙云等县市不同类型的农村电商案例分析发现，农村电商的高质量发展需要政府引领扶持，健全支撑产业的服务体系；产业规模化专业化高级化协同发展，为农村电商提供足够的货源供给；以建、服、管健全物流体系，提高产品流通效率；加强电商人才培育，强化农村电商发展的人力资本积累。这为其他地区、省份的农村电商高质量发展提供了经验。

第三，通过理论分析和实证检验表明，农村电商具有促进农村居民增收的效果和缩小城乡收入差距的潜力。农村电商在农产品价值实现中的作用使得农村居民增加农业生产的经营性收入，对创业活动和产业发展的带动作用可促使农村充分就业，使农村居民可获取经营性收入和工资性收入。实证检验发现，农村电商对农村居民可支配收入的增长具有显著的促进作用，主要通过促进农村居民在非农部门和农业部门就业来实现。尽管农村电商对缩小城乡收入差距的作用不明显，但能够显著促进农村居民可支配收入的增长速度高于城镇居民可支配收入的增长速度，在缩小城乡收入差距实现促共富的目标上具有较大潜力。

二 政策启示

推动农村电商在全域高质量发展，扩大农村电商在农村地区的覆盖面，将农村电商作为缩小城乡收入差距促进共同富裕的有效手段。

（一）继续发挥政府的引领作用，促进有效政府与有为市场的融合

实施电子商务进农村综合示范工程和"互联网+"农产品出村进城工程，依托电子商务进农村综合示范县、电子商务示范村、农村电商示范服务站建设，带动全域农村电商的高质量发展。习近平总书记多次强调"壮大农村集体经济，是引领农民实现共同富裕的重要途径"。[①] 应当注重集体经济在市场主体中的竞争优势，推动农村电商的发展。农村电商是数字经济在乡村振兴中的重要内容，要加

---

① 《最艰巨任务在农村——正确认识和把握实现共同富裕的战略目标和实践途径（下）》，2022年8月5日，《经济日报》账号，https://baijiahao.baidu.com/s? id = 1740268970732119226&wfr = spider&for = pc。

快农村新型基础设施建设，在农村地区加快布局5G、人工智能、物联网等新型基础设施。同时也要从流通体系建设、电商人才培育、电商产业金融支持等方面健全产业服务体系。

（二）加快经济水平较低地区的农村电商产业发展，发挥电商促农增收的作用

浙江经济发展水平低的地区农村电商的发展还存在不足。例如，在山区26县尽管有些成功的案例，但整体而言农村电商发展水平与其他地区还存在差距。应当在这些地区，加快电商专业村、"网上农博"地方馆等建设，多元打造农产品产销对接平台，扩大特色农产品线上销售。推广"互联网+农业"销售模式，鼓励各类电商平台开设山区26县特色频道，搭建山区26县特色农产品线上销售平台。持续深化"浙里市场""山区26县共同富裕特色农产品浙里展"专区，推动全省大型农批市场与山区26县加强合作，搭建"山区—市场—终端"扁平化供货渠道。支持经济发达地区建设消费帮扶综合体和特色街区，打造山区农特产品展示展销窗口，拓宽山区26县农产品销售渠道。

（三）数字经济助推农业高质量发展，推动农村发展多元化特色产业

产业发展是农村电商发展的基础，农村电商的蓬勃发展也能推动产业发展。数字化在创新、协调、绿色、开放、共享方面的特点，可实现农业生产的数字化、产业链价值链延伸、提升"供配"流通效率，提升农业发展的质量和效率。特别是数字经济可通过发挥多业态融合的作用，助力构建现代农业体系。培育"农业+"多产业融合农业新业态，拓展农业发展的广度，围绕产业链延伸、价值链提升、供应链优化，推动农业+文化、农业+旅游、农业+电商、农业+康养、农业+科普等产业融合，从而实现一二三产业深度融合。

（四）完善流通体系建设，创新农村电商发展模式

建设农产品冷链物流，搭建完善农村县、乡、村三级物流体系。

农产品流通体系优化重塑,有效保障农产品出村进城。推动商贸流通网点建设,解决好农村网购"最后一公里"问题,鼓励大型流通企业向农村延伸经营网络。鼓励新零售、跨境电商等企业在村镇开设体验店,畅通农产品进城和工业品下乡双向流通渠道。加强商贸流通标准化建设,推动电商绿色循环发展。加快发展新业态新模式。完善农村电子商务配套设施,加快发展直播带货、社区团购、社交电子商务等电商新业态。

第七章　健康服务业高质量发展助力共同富裕示范区建设

第一节　引言

健康作为人类追求的重要目标之一，既是个人全面发展的必要前提，也是经济社会发展的重要基础。随着经济社会发展和人民生活水平的不断提高，人民群众对健康的重视程度在不断提高，尤其是在全面推进社会主义共同富裕的背景下，人民健康的重要意义更加突出。按照党的十九届五中全会的要求，"十四五"时期全体人民共同富裕迈出坚实步伐，到2035年，人民生活更加美好，人的全面发展、全体人民共同富裕取得更为明显的实质性进展。党的二十大报告进一步提出，推进健康中国建设，把保障人民健康放在优先发展的战略位置。共同富裕强调社会公平正义与全面协调发展，而健康作为重要的人力资本，是实现共同富裕的基础。

2021年5月，党中央、国务院作出了支持浙江高质量发展建设共同富裕示范区的重大部署。作为幸福生活的重要组成部分，如何保障全民共同健康成为浙江建设共同富裕示范区的题中应有之义。为此，2021年10月，浙江省卫生健康委印发《关于卫生健康领域推进高质量发展建设共同富裕示范区实施方案（2021—2025年）》，为健康浙江建设明确了基本路径。浙江省在建设共同富裕先行区的过程中，以打造"健康中国省域示范区"为目标，逐渐形成了一批标志性的成果，探索出了特色鲜明的"浙江范式"。本章通过系统梳理健康经济的相关理论，深入剖析缩小健康差距与实现共同富裕的理论逻辑，总结浙江以完善健康服务改革与创新的相关经验和模式，进而提出进一步以健康服务高质量发展建设共同富裕示范区的政策建议。

第二节　健康不平等的形成与因素分析

健康兼具生物属性和社会属性。健康差距是指个体或者群体在身体、心理和社会适应方面的差异。这种差异既有生理性因素（如基因遗传），也有社会性因素（如经济社会地位）；既有合理的差距，也有不合理的差距。其中，由财富、权力和身份等社会经济因素导致的不合理的健康差距就是"健康机会不平等"，也叫"健康不平等"。[①] 世界卫生组织将"健康不平等"定义为不同社会阶层的个体或群体之间具有系统性差异的健康水平。[②] 其中，与社会经济因素相关的健康不平等是健康经济学、健康社会学领域关注的焦点，因为这样的不平等可以通过政策等手段调节，因而更具有研究的价值。

学术界对健康不平等的影响因素做了大量的研究，总的来说，影响健康不平等的因素主要包括"行为生物因素和社会经济因素"两大方面。就行为生物因素而言，部分研究从生命历程视角解释个体健康不平等问题时发现，成年人的健康状况取决于生命早期的生物学因素，例如在子宫内就已经经历了不平等。[③] 出生后的儿童期和青

[①] P. L. Donni, V. Peragine, G. Pignataro, "Ex-ante and Ex-post Measurement of Equality of Opportunity in Health: A Normative Decomposition", *Health Economics*, Vol. 23, No. 2, 2014, pp. 182-198.

[②] 王甫勤：《代际社会流动与精神健康》，《社会发展研究》2017年第1期。

[③] M. E. J. Wadsworth, "Health Inequalities in the Life Course Perspective", *Social Science and Medicine*, Vol. 44, No. 6, 1997.

春期的生活环境与生活习惯也会进一步造就个体之间的健康差距。就社会经济因素而言，社会经济地位反映了一个人在社会中的绝对和相对地位。它包含了对物质和社会资源的获取以及相对地位，即声望或与等级相关的特征。[1] 社会经济地位通常被认为是个体健康风险（包括发病率和死亡率风险）强有力的预测因子。社会经济地位包括"客观社会经济地位和主观社会经济地位"两方面：客观社会经济地位强调收入、教育、职业等物质因素造成的健康不平等，主观社会经济地位强调个体对自身社会经济地位的评价等主观因素造成的健康不平等。在客观社会经济地位与健康不平等问题中，大量的研究都聚焦在收入水平与健康不平等关系上。目前已经形成了三种较为成熟的理论假说，分别是"绝对收入假说、相对收入假说和贫困阈限假说"[2]。主观社会经济地位差异造成的健康不平等问题与心理因素密切相关。较低社会经济地位群体面临更大的心理压力、更强的社会剥夺感和匮乏感，而这些因素与诸多健康问题密切相关。

由此可见，健康是一个复杂的社会性问题，它既取决于生物遗传等客观因素，也受社会经济地位等主观因素的影响。因此，我们需要从生物、心理、行为、社会、文化等多个层面，综合理解和剖析健康不平等的影响因素和形成机制。

第三节 缩小健康差距与实现共同富裕的理论研究

造成个体或者群体间健康差距的因素既有生物遗传因素，也有社会经济因素。特别是社会经济地位差距是造成健康机会不平等的主

---

[1] C. W. Mueller, T. L. Parcel, "Measures of Socioeconomic Status: Alternatives and Recommendations", *Child Dev.*, Vol. 52, No. 1, 1981, pp. 13-30.
[2] 池上新：《阶层流动与中国居民的健康及其不平等》，《贵州师范大学学报》（社会科学版）2016年第5期。

要决定因素,这点在以往的文献中得到了广泛的论证和认可。那么,如何缩小这种健康差距呢?

从微观视角看,促进代际社会经济地位流动,尤其是向上流动有助于缩小健康差距。研究发现,成年期较童年期家庭社会经济地位发生向上流动的群体,与其在老年期的健康状况呈显著的正向相关性,[①] 而促进代际社会经济地位流动的重要手段就是教育。教育作为一种重要的人力资本投资,可以在整个人生过程中提高劳动力市场化配置水平,是促进社会流动性和创造机会的重要驱动力。受教育程度是社会不平等的标志,它是家庭原有社会经济资源的产物,也是未来在劳动力市场机会和收入的关键决定因素。除了提供物质资源外,教育还向人们提供知识,塑造他们影响健康和疾病的健康行为。Roemer通过构建"环境—努力"分析框架,指出居民健康由环境因素和努力因素共同决定。环境是指由个人不能够控制且未能负责的部分,努力是指个人能控制且能负责的部分。虽然环境因素是个体无法选择的外生因素,但是个体可以通过后天的努力,比如接受教育、学习健康知识、提升健康素养、建立良好生活习惯等来改善健康状态。[②]

从宏观视角看,一个国家的政治理念和传统会影响该国的公共政策和卫生政策,进而对拥有不同社会经济背景的人口健康产生不同程度的影响。例如,纳瓦罗等对比分析了欧美国家的社会政策和健康不平等的关系。他们的研究发现,国家的政治传统和理念会通过劳动力市场(工会力量、劳动参与率、失业率等)和福利国家体制(政府公共卫生支出等)两个传导机制产生经济不平等,进而影响到

---

① E. Lahelma, *Health and Social Stratification*, The Blackwell Companion to Medical Sociology, Malden, MA: Blackwell, 2001.

② J. E. Roemer, *Equality of Opportunity*, Cambridge, MA: Harvard University Press, 1998.

人们健康水平的差异。[①] 政府再分配能力的提升，虽然解决了医疗资源投入保障的问题，但是医疗服务供给增加并不会必然降低健康不平等状况，关键在于医疗卫生服务资源的均等性及可及性，也就是看哪些群体从中获得更多的利益。如果弱势群体的医疗卫生服务的可及性提高，就有助于降低健康不平等；反之，如果优势阶层从医疗卫生服务供给中受益更多，则会加剧健康不平等。

综上可知，缩小微观个体的社会经济地位差距，调节社会收入分配，完善社会服务保障政策是缩小健康不平等的重要方向。

第四节　浙江完善健康服务业实现共同富裕的经验借鉴

在推进共同富裕示范区建设的过程中，以打造健康中国省域示范区为目标，浙江省逐渐形成了一批标志性成果，探索形成了特色鲜明的"浙江范式"。其中，综合医疗改革是浙江夯实健康底色，增进共富成色的重要领域和发力点。围绕"三医联动"和"六医统筹"，浙江在下辖的12个市县开展试点。2021年，浙江省综合医改试点评估居全国前列，三级公立医院绩效考核稳居前三。全省公立医院医疗费用"控总量、调结构"成效明显，医疗服务收入占比达34.2%。总的来说，浙江在数字化技术促进健康改善、医养融合以及医保控费改革三个方面，作出了积极的探索，并取得了卓越的成效。

一　以数字化赋能浙江医共体建设

数字技术不仅被证明在促进经济增长方面具有显著的积极作用，

[①] V. Navarro, C. Muntaner, C. Borrell, "Politics and Health Outcomes", *Lancet*, Vol. 368, No. 9540, Sep. 2006, pp. 1033-1037.

也因其改善公民福祉和公共健康的潜力而被广泛认可。① 随着5G、人工智能、大数据、云计算等为代表的数字技术的快速扩散和普及，互联网的广泛应用极大地改变了人们工作和生活的方式。在数字技术时代，互联网已成为人口健康方面的一种重要媒介，其优势已得到充分证明，包括获得广泛的信息、降低成本、增加访问、克服时间和空间的能力、实时互动、内容定制和匿名性等。为推动互联网与大健康领域的深度融合，2015年，国务院正式印发《全国医疗卫生保健体系规划纲要（2015—2020年）》，明确提出积极应用移动互联网、物联网、云计算等新技术，提升居民健康信息服务和智能医疗服务。在宏观政策和技术发展的共同推动下，数字技术在大健康领域的广泛应用不仅可以缓解中国医疗卫生资源分布不均，实现优质医疗资源的垂直流动，还可以提供实时、便捷、高质量的医疗服务，改善居民健康结果。

2021年是浙江医疗系统重点推进数字化建设的改革元年。为了给患者提供更加优质、便捷的医疗健康服务，促使医疗服务资源配置更高效、监管治理更智能，浙江省卫健委着力推进"健康大脑+"体系建设。2021年5月，浙江省卫健委开始着力构建"健康大脑+"体系。自系统运行以来，效果显著。数据显示，"看病就医一件事"让省、市医院早高峰平均排队时间缩短60%；"浙里防疫"在常态化疫情防控和应急处置中发挥重要作用；"浙医互认"破解重复检查、不合理检查的难题，上线以来累计节省医疗费用2.7亿元；"出生一件事"累计新生儿受益家庭有55万余户；"浙里急救"平均缩短急救车辆到达时间两分钟。② 目前，浙江的"健康大脑"系统功能齐

---

① S. Lindsay et al. , "Enabling Healthy Choices: Is ICT the Highway to Health Improvement?", *Health*, Vol. 12, No. 3, 2008, pp. 313-331; D. Haluza, D. Jungwirth, "ICT and the Future of Health Care: Aspects of Health Promotion", *Int. J. Med. Inf.* , Vol. 84, No. 1, 2015, pp. 48-57; T. D. Stanley, H. Doucouliagos, P. Steel, "Does ICT Generate Economic Growth? A Meta-regression Analysis", *J. Econ. Surveys*, Vol. 32, No. 3, 2018, pp. 705-726.

② 林莉、郑纯胜：《浙江："健康大脑+"覆盖全省》，《健康报》2022年3月3日。

全，每日服务患者1700万人次。该系统的功能包含智慧公共卫生、智慧医疗和数字健康管理三个细分领域，已经开发各种数字化医疗应用70多项。①除此之外，"健康大脑"系统的服务范围已经覆盖全省26个山区县，初步建成了贯通省、市、县、乡、村五级，汇聚了全省4400多万份居民电子健康档案和5600多万份电子病历。在2022年浙江数字化改革推进会上，浙江省卫生健康委的"健康大脑+"体系项目荣获2021年度浙江省改革突破奖金奖。

数字赋能探索建立"三级共享"的诊疗体系。嘉兴市嘉善县"数字赋能"推进县域医共体高质量发展，积极打造实现上联沪杭、下通基层的省、县、乡、村资源共享的诊疗体系，实现县域机构100%数据和业务全联通。一是建设5G智慧健康屋，开通"移动家医""云诊室""共享中药房"等应用，提供"云胶片""智慧药房""刷脸付""医后付"等智慧医疗服务，通过数字智慧构建便民惠民服务新链条。二是开展省数字医共体监管平台试点，制定涵盖八大类150余项的监管指标体系，实现事前、事中、事后业务全流程监管，目前这一做法已在全省推广使用。

数据共享平台开创医学检查"浙医互认"模式。2021年12月31日，浙江省打造的"浙医互认"平台正式运营，这标志着浙江省在全国率先实现了省域范围内的省、市、县三级医疗检查结果互认。"浙医互认"平台在全省的运行是医疗改革从技术层面到制度层面的全面改革和深化，它彻底打破了不同区域、不同医院之间的"技术隔阂"和"制度隔阂"，解决了病人就诊时面临的"重复检查""花费巨大"等问题。截至目前，该平台汇聚了省、市、县、乡四级共计1856家医疗机构的检查检验数据，并对使用高频、技术稳定的93

---

① 陈潇奕、余丽：《健康浙江：夯实健康底色，增进共富成色》，《浙江日报》2022年2月25日第12版。

项检验项目和180项影像检查项目实现结果互认。① 数据显示，截至2022年8月底，全省已累计互认检查检验1521万项次，直接节省医疗费用6.61亿元。实际上，医疗检查结果全省互认的难点在于医院的收入问题。为了提高医院的参与积极性，浙江省建立了较强的激励约束机制，以"结余留用、超支分担"为原则，省医保基金将把医院应得的利润足额给予拨付，从而充分调动医院的积极性，有效推进了检查结果的全省互认进程。

数字社会系统助力建设"浙里急救"平台。为了解决医疗救治工作中面临的反应速度慢、信息共享程度低和急救资源不均衡等突出问题，省卫健委统筹全省的救护车辆配置、机构等资源来打造贯通省内所有市县的"浙里急救"应用。该平台应用"V"字数字化模型方法，汇集了公安、医疗、交通、应急管理等相关数据信息，构建起了"全省一张网"的急救模式，下面细分为一键呼救、协同应急、决策分析、精准调度和上车入院等子模块。该平台运行以来，全省范围内120呼救派车时间平均约为80秒，比原先缩短30秒；急救中心接到呼救电话至救护车到达的急救反应时间平均约为14分（其中城区13分6秒，山区农村等非城区16分57秒），比原先缩短2分；院前心肺复苏成功率从1.3%提升到2.8%；定位准确率（以衢州为例）从60%提升至90%。②

部门协作探索建立"一键核对"精准识别系统。结合"最多跑一次"，依托政府智慧平台在全省率先探索建立社会救助家庭经济状况"一键核对"平台，整合民政、社保等10个部门39项信息开展经济状况核对。例如，嘉兴市打破了信息孤岛和数据壁垒，实现了

---

① 《国务院大督查在行动｜浙江搭建数据共享平台 医学检查检验结果全省互认》，2022年9月2日，快资讯网站，https: //www.360kuai.com/pc/985e3f15d994740d3? co-ta=3&kuai_so=1&sign=360_57c3bbd1&refer_scene=so_1。

② 《数字社会系统省卫生健康委"浙里急救"应用介绍》，2022年5月5日，浙江省卫生健康委员会网站，https: //wsjkw.zj.gov.cn/art/2022/5/5/art_1650497_59017020.html。

由人工比对向系统自动比对的转变，核对时间从 20 天缩短为 1 天。

数字化助力探索"一证通办"社会救助模式。一是建立网络申请通道。申请对象通过互联网+"掌上 App"智能网上通道，录入基础信息并授权后进入救助申请。二是完善社工介入通道，实现救助受理"无前台"。依托镇（街道）全覆盖配备的专职救助社工，对申请的家庭，通过主动上门，开展入户调查、协助申请救助。三是创新部门数据通道，实现社会救助"零跑路"。借助嘉兴市智慧办大数据平台，让数据跑路，对申请救助对象的家庭收入、支出、财产信息进行自动比对，精准快速识别困难家庭的经济状况。

数据归集打造"一体化"数字化平台。平台依托大数据中心数据底座，打破信息孤岛和数据壁垒，将信息技术与政务工作深度融合，实现跨行业、跨部门、跨领域的数据汇集与共享。通过数据接口、数据仓和电子介质等方式，归集了 27 个部门的 135 项数据。平台将实现"六统一"，即救助对象统一认定、经济状况统一核对、救助需求统一发布、救助资金统筹使用、救助事项协同办理、救助绩效精准评估。

二 促进医养融合发展——基于嘉兴长期护理保险制度的探索

长期以来，中国医疗和养老服务的资源供给、决策体制以及监管体系相对分离，无法适应日益增长的医养结合叠加需求。老年人所需要的医疗健康和养老服务分别由不同类型、不同层级的机构提供，政策制定和监督管理职能分散于卫生、民政、老龄等多个部门，部门之间常态化协同机制有待完善，医养结合服务对象的信息数据难以共享，机构重叠、职责交叉、权责脱节等问题在一定程度上制约了医养结合的高质量发展。保险业是推动医疗服务资源与养老服务资源整合的关键之一。2018 年 11 月 8 日，国务院副总理、全国老龄委主任孙春兰在全国老龄委全体会议上强调："完善医疗保障、长期护理保险制度。"随后的 28 日，国务院常务会议上又提出"将符合条件的养老机构内设医疗机构纳入医保定点范围"，对长期护理保险提出要求。中国长期护理保险制度才刚起步，浙江省嘉兴市在长护险领域起步很早。2017 年，嘉兴市在全国率先以设区市为单位，建立和实施城乡一体、全民覆盖、独立险种的长期护理保险制度，有效破解了失能人员护理难题，促进了养老服务产业发展。经过四年多的探索与实践，嘉兴长护险制度改革已取得阶段性成效，有效缓解了"一人失能、全家失衡"的社会现象，努力做到"全面小康一个都不能少"，为嘉兴打造共同富裕先行市发挥了积极作用。2021年，嘉兴市长期护理保险制度的经验做法已经获得民政部李纪恒部长的批示肯定。

（一）嘉兴长护险的基本情况

嘉兴长期护理保险的参保范围为行政区域内职工基本医疗保险和城乡居民基本医疗保险的参保人员。缴费标准为每人每年 120 元。其中，职工基本医疗保险参保人员：个人缴纳 30 元、医保统筹基金筹资 30 元、政府补助 60 元；城乡居民基本医疗保险参保人员：个人缴纳 30 元、政府补助 90 元。嘉兴长期护理保险试点的实施为完善中国连续性医疗照护和医保支付体系制度提供了重要的经验借鉴。自试点实施以来，取得如下成效。

一是失能人员得到实惠。失能人员接受长护险护理服务后，不仅减轻了家庭的经济压力，也极大地缓解了其家人的事务性负担和心理负担。很多常年卧床的失能人员在接受相对专业的护理服务后，其生活状态得到显著改善，群众的获得感、幸福感明显，纷纷通过写感谢信、赠送锦旗等朴素的方式表达对政策的拥护和认同。据不完全统计，2020 年全市各级医保部门、服务机构共收到感谢信、锦旗 453 件。

二是养老产业得到发展。长护险对嘉兴居家养老护理机构发展壮大的促进作用非常明显。制度实施以来，本地的嘉科、福如海、椿熙堂等养护机构发展迅速，同时还引进福寿康、易得康、金山卫夷等市外养老服务机构入驻嘉兴，进一步填补了上门护理服务空白、充实了养老服务力量。目前，嘉兴全市长护险定点服务机构有191家，其中医疗机构84家、养老机构61家、上门护理服务机构46家，46家护理机构共有上门护理服务人员1032人。

三是医保基金得到节约。为解决"以医代养""医养不分"的问题，对开展长护险护理服务的医疗机构实行重度失能人员医疗费按床日支付的办法，一方面倒逼医疗机构合理控制医疗费用，另一方面引导患者形成"医养有别"的就医观念。目前，床日支付标准按照三级医疗机构350元/日、二级医疗机构300元/日、一级医疗机构180元/日、其他机构150元/日限额执行。制度实施后，一些符合入院指征、患有老年慢性病等疾病的重度失能人员的住院医疗费用得到一定控制。在随机抽选的387例享受长护险待遇满1年的人群中，对比其享受待遇前后1年住院情况，长护险享受后人均年住院次数从1.39次下降到0.96次（下降31%），人均年住院医保基金支出从21914元下降到15027元（下降31.4%）。以嘉善县的长期护理医保基金为例，基金收入显著高于支出。

表7-1　　　　　嘉善县长期护理医保基金收支情况　　（单位：万元）

	基金收入	基金支出
2018年	5741.22	628.54
2019年	6040.54	1652.15
2020年	5756.34	3719.43
2021年	6193.6	4414.16
2022年（截至5月）	6074.86	2816.5

资料来源：嘉善县医保局。

（二）嘉兴长护险"1+4+X"模式总结

嘉兴市将长护险作为积极应对人口老龄化的一项重要制度安排，

在定位上明确为社会保险制度；在设计上遵循"四个一"思路，即坚持"让失能人员生活更有尊严"一个目标，突出"促进养老服务产业发展"一个初衷，利用"城乡发展均衡"一个优势，发挥"社会保险制度的资源调节功能"一项功能；在运行上按照一个独立险种单独管理。

制度的总体架构为"1+4+X"，包括 1 个主体文件即《嘉兴市长期护理保险暂行办法》，4 个配套办法即实施细则、失能等级评定、定点机构协议管理、服务项目管理，以及由人社、民政、卫健等部门制定的失能等级评定标准、护理人员培训、服务监管等若干配套文件，具体经验如下。

一是参保全民化。根据嘉兴经济社会发展现状，立足城乡一体、覆盖全民、全员享受，将职工医保和城乡居民医保两类参保对象全部纳入制度范围。截至 2020 年底，制度已覆盖所有参加基本医疗保险的人员 423.53 万人，户籍人口参保率达到 99.71%。

二是标准一体化。充分体现社会公平和城乡统筹，打破传统社保制度的城乡二元结构，所有参保人员户籍不分城乡、年龄不分长幼，筹资和待遇水平实行统一标准。筹资标准统一为上上年度全市城镇居民人均可支配收入的 0.25%，目前为每人每年 120 元，其中个人缴费 30 元，职工医保人员单位缴费 90 元（暂时由职工医保统筹基金划转），城乡居民医保人员财政补助 90 元。目前，全市累计基金收入为 9.35 亿元。将重度失能人员纳入待遇范围，符合重度失能等级条件的参保人员，统一按照接受护理服务的类型享受相应的待遇。目前，养老机构和医疗机构护理服务每月最高支付限额分别为 3000 元和 2400 元，基金支付 70% 即 2100 元和 1680 元；居家护理服务每月最高支付限额 1500 元，基金支付 80% 即 1200 元。

三是评定专业化。建立主要由社区卫生服务中心中级以上职称医护人员组成的失能等级评定专家库，根据《嘉兴市长期护理保险失能等级评定标准》，从疾病病史、日常生活活动能力、精神状态、感知和沟通能力、社会参与能力五个维度对失能人员进行综合评估。在评定申请受理上,居家人员可通过"浙里办"App"长护险申办"模块提出申请,也可直接向村(社区)提出申请,由镇(街道)初步筛查;入住服务机构人员由定点服务机构初步筛查后代为提出申请。在评定过程中,建立"镇街信息采集—系统自动初评—县级专家复评"的分级智能评定机制,由初评专家上门采集临床数据,录入失能等级智能评定系统,并运用"双盲法"自动生成评定结果,同时在村(社区)、定点机构、医保局门户网站公示,确保评定结果公平公正。失能分为重度、中度、轻度三个等级,评定结果有效期原则上为两年。目前,已完成评定32363人次,符合重度失能人数24202人,占评定人数的74.78%。

四是服务项目化。为便于费用结算和后续监管,参考医疗保险按服务项目结算的方法,设置护理服务项目27个,其中基础项目14个、按需项目13个,基本涵盖饮食起居等日常护理内容,并参考现行各类养护机构的服务收费明确了结算标准。待遇享受人员可在27个护理服务项目内,根据自身实际需求,自行选择护理服务项目。

五是待遇多元化。护理服务分为养老机构护理、医疗机构护理、居家护理三种类型,在待遇的给付方式上采用劳务为主、货币为辅、实物为补充的多元化形式,满足不同失能人员和家属对服务的不同需求。对接受养老机构、医疗机构护理服务的重度失能人员,待遇由服务机构按照服务的项目和频次数量按月向医保部门直接结算。对接受居家服务的重度失能人员,待遇由近亲属服务费300元、机构上门护理服务费600元和护理耗材费300元三部分组成,也可以全部为机构上门服务费1200元。目前,嘉兴全市有21962名重度失能人员享受长护险待遇,其中在定点机构接受服务的4818人(医疗机构2211人、养老机构2607人)占21.94%,接受居家护理服务的17144人占78.06%。全市累计支付待遇27.97万人次,基金支出2.83亿元,人均待遇12906元/年。

六是管理社会化。通过全市统一招标,引入泰康养老、人保财险等4家商保公司协助开展失能等级评定申请受理、待遇核定、日常稽核、政策宣传等日常经办业务。镇(街道)社保服务机构、村(社区)负责辖区内申请评定人员的失能状态初筛、待遇对象服务回访等工作。

三 大力推进医保控费改革

支付方式改革是深化医改的"牛鼻子",事关公立医院高质量发展的方向与力度,事关重塑医保—医院—医药多元治理格局。《"十四五"全民医疗保障规划》提出,在全国范围内普遍实施按病种付费为主的多元复合式医保支付方式。医保按疾病诊断相关分组付费(CHS-DRG)、医保按病种分值付费(DIP)两种主流的住院支付方式也在相互借鉴,在省级层面,一方面打通经办管理、临床管理、基金监管等管理型基础设施,另一方面打通编码标准、数据质控、算法模型等数字化基础设施。这也将对门诊支付方式改革带来影响。与此同时,门诊医保支付方式改革(按人头、APG)也被纳入国家医保局2022年的工作任务,致力于同住院医保支付方式改革(DRG、DIP)形成闭环管理。当前,支付方式改革与医保总额预算管理、医疗服务价格调整、药品耗材带量集采、医疗机构绩效评价、医保数据治理等改革深入融合,各地衍生出一系列"支付+"创新模式。2019年,浙江省启动了新一轮的医保支付制度改革,以规范医疗行为、调节利益机制和健全医保制度为改革目标,尝试探索建立在总额预算约束下的多元复合式医保支付体系。

(一)基于住院医保支付制度改革

2020年,浙江已经实现在全省域内的住院医疗费用按疾病诊断相关分组(Diagnosis Related Groups,DRGs)的医保点数支付制度。浙江成为中国内地第一个在全省实现DRGs医保付费体系的省份。实行DRGs以来,浙江省的人均住院医疗费用显著下降,医院绩效和医保基金运行质量显著提升。数据显示,2021年全省的所有三级医院的人均住院费用同比下降了9.78%,个人负担也显著减少。例如,台州市的个人住院负担在2021年人均减少了443.4元。[①]

1. 顶层设计先行

为了有效推进医保改革,浙江从顶层设计的制度和政策入手,全方位、有重点地有序推进医保支付制度改革。首先,从整体层面入手,制定全省统一的改革文件。2019年浙江医保局印发了《关于推进全省县域医共体基本医疗保险支付方式改革的意见》(浙医保联发〔2019〕12号),标志着浙江医疗改革的全面启动。其次,分区域、有重点地在市级层面试点并行推进。金华开展了急性后期康复医保支付制度的改革试点,湖州和杭州开展了中医病组点数激励试点,温州开展了分级诊疗的同病同价改革试点等。最后,建立了完善的政策体系。在12号文件的指导下,浙江省医保局建立了"1+4+11"的医保支付制度改革政策体系(如表7-2所示)。

表7-2　　　　浙江DRGs点数支付改革的整体框架体系

1个暂行办法	4个专项文件	11个实施细则
《浙江省基本医疗保险住院费用DRGs点数付费暂行办法》(浙医保联发〔2019〕21号)	《浙江省医疗保障疾病诊断相关分组(ZJ—DRG)细分组目录(1.0版)》(浙医保发〔2020〕19号)	杭州、宁波、温州、湖州、嘉兴、绍兴、金华、衢州、舟山、台州和丽水11个城市制定的实施细则中
	《浙江省医疗保障局关于促进分级诊疗实行DRGs支付同病同价的通知》(浙医保发〔2021〕45号)	
	《浙江省基本医疗保险DRGs点数付费评价办法(试行)》(浙医保发〔2021〕50号)	
	《浙江省医疗保障疾病诊断相关分组(ZJ—DRG)细分组目录(1.1版)》(浙医保发〔2021〕57号)	

资料来源:徐伟伟、胡振产:《医保支付制度改革的"浙江范式"》,《卫生经济研究》2021年第12期。

---

① 徐伟伟、胡振产:《医保支付制度改革的"浙江范式"》,《卫生经济研究》2021年第12期。

2. 实施路径清晰

为了实现精细化的"病组点数法"医保支付方式改革,在"总额预算""DRG 分组""点数"三个关键词的约束下,浙江省建立了全地区、全人口和全病种的住院 DRGs 医保点数付费体系,具体可以分为以下四个步骤。①

第一步,分组。分组是整体 DRGs 体系的基础,也是最重要的工作。住院病历数据根据主诊断分到 26 个 MDC(主要诊断分类),再按照外科及非外科手术操作,将相近的诊断相关分组,最后综合考虑患者年龄、合并症、伴随病等因素,将患者分入若干诊断组进行管理,实现 DRGs 支付标准。截至目前,根据《浙江省医疗保障疾病诊断相关分组(ZJ—DRG)细分组目录(1.1 版)》(浙医保发〔2021〕57 号)制定的修订版本,一共分为 1006 个病组。

第二步,定价。DRGs 体系的定价模式是由基础点数(权重)、点值(基础费用)和调节因子共同构成。每家医院的病组点数是由全市的住院病例平均费用、某 DRG 病组病例平均住院费用、某 DRG 病组的"基准点数"和每家医院的"成本(差异)系数"构成。考虑到病人年龄、高耗材使用、高值药品使用和地区等因素,每个地方会设定不同的调节因子以确定每组 DRGs 的价格。

第三步,支付。通常来说,DRGs 的支付模式有绝对价值法和相对价值法两类。浙江采用的是相对价值法,因为相对价值法建立了一个激励相容的供给模式。当所有的医院都采用过度医疗的方式进行治疗时,那么在分子不变、分母变大的情况下,每家医院获得的总点数必然下降,那么就会损害所有医院的利益。因此,相对价值法以内生的方式激励和约束所有医疗机构的行为。②

第四步,管控。为了使建立的 DRGs 高效运行,建立管控体系必

---

① 《国内首创的金华"病组点数法"医保支付改革,为医院管理带来了哪些启发?》,2020 年 7 月 3 日,搜狐网,https://www.sohu.com/a/405592427_467288。

② 顾昕等:《浙江 DRG 付费体系建设:国家医保改革战略的"重要窗口"》,《中国医疗保险》2021 年第 6 期。

不可少。在运行的过程中，政府邀请医学专业学会和医学协会共同参与进来，基于医学分析和科学共识来提升基于标尺竞争制度的医疗服务质量。

3. 高度重视病案首页管理

高度重视病例的首页管理是 DRGs 有效运行的前提条件，因为 DRGs 出院医保报销结算主要以出院病案首页为诊断依据，若主要诊断选择错误将对后续进一步分组产生极大的影响。因此，病案首页的质量直接决定了医保基金支付的精确程度和使用效率。这就要求临床医生需要综合考虑全面的并发症/合并症、年龄、性别、手术操作、出院转归等诸多因素影响，将不同的病例按照临床过程同质、资源消耗相近的原则，分别归入不同的组。① 为了避免一些趋利避害行为，所有的病组都会进行动态调整。

4. 建立完善监管制度

为了保证浙江 DRGs 系统的高效运行，浙江医保局从病人自费比例、医疗机构覆盖组数、人头比等八个方面 25 个细分指标建起了完善的评价体系。以医疗系统信息化为基础，运用大数据平台进行监管评价。除此之外，浙江还建立了不定期飞行检查和交叉监督等办法用以杜绝诱导住院、推诿重病、分解住院和诱导多次住院等不合规医疗行为。

5. 引入公共治理模式

为了克服政府运行机制中出现的管理僵化和"一刀切"等"管理通病"，浙江省引入医学共同体中的社群机制，建立医疗改革中的公共治理模式。具体做法是让高度专业性的病案分组和系统开发，由医学学会和医疗协会共同参与制定。不仅如此，还将医保费用改革中的一些重要事项也交给学会来决定。在此基础上，还建立了医

---

① 《国内首创的金华"病组点数法"医保支付改革，为医院管理带来了哪些启发？》，2020 年 7 月 3 日，搜狐网，https://www.sohu.com/a/405592427_467288。

疗机构互审制度来相互监督不规范的医疗行为。[1]

（二）医保门诊的"APG 点数法"支付经验

门诊医疗服务是医保基金支付改革的重要组成部分。2016 年以来，浙江金华就开始着手进行 DRG 点数法的病例分组方案改革。因此，在推进医保支付制度改革的过程中，金华市对病例的分组经验丰富，病例的首页信息和医保信息等相对完善，且医疗大数据监管平台运行良好，这就为门诊医保支付制度的改革提供了良好的基础。为此，自 2020 年开始，金华市便开始推进门诊医疗支付的改革。具体做法是实施医保门诊按人头包干结合 APG 门诊病例分组（Ambulatory Patient Groups）。

自医疗门诊 APG 点数法实施以来，金华市的医疗保险改革成效显著。首先，医保基金支付增长率大幅下降。公开报道的数据显示，2020 年 1 月，金华在全省首创医保门诊"APG 点数法"支付方式改革；2021 年 1 月起全市全面实施，并构建"安心医保支付"应用场景。目前，金华全市门诊基金支出年度增长率从 19.4%下降至 10%，其中市本级门诊基金预计可节省 8881 万元。[2] 其次，分级诊疗制度推进效果明显。因为 APG 支付体系的制度设计特点，基层医疗机构的积极性和能动性被充分调动起来。在内在激励制度的驱使下，基层医疗机构通过提高病人签约率和医疗服务质量两个方面入手，积极动员病例主动签约基层医疗机构。数据显示，重点人群的基层医疗机构家庭签约率达到了 87.77%，加速推进了分级诊疗制度的建设和完善，老百姓的门诊就医服务获得感和满意度显著增强。最后，较大提升医疗管理水平。APG 点数法的基础是医疗门诊服务和医保支付系统的精细化管理。因此，在推进 APG 落地的过程中，医疗机构和医保局在病例首页信息管理、规范病例书写和医疗费用支付等

---

[1] 顾昕等：《浙江 DRG 付费体系建设：国家医保改革战略的"重要窗口"》，《中国医疗保险》2021 年第 6 期。

[2] 章馨予：《我市"APG 点数法"改革经验全省推广》，《金华日报》2022 年 1 月 4 日。

方面进行了有效规范和严格管控，这在一定程度上提升了医疗管理的服务质量。

为了合理控制医保基金在住院费用和门诊费用上的结算，金华在2020年1月启动了门诊付费改革。2020年5月拟定《金华市基本医疗保险门诊付费暂行办法（征求意见稿）》，并获批浙江省医保局试点。① 2020年12月28日，金华市医保局、财政局和卫生健康委联合印发《金华市基本医疗保险门诊付费办法（试行）》，开始实施在总额预算下按人头包干结合"APG点数法"付费综合治理改革。② 金华的此项改革分为以下步骤。

1. 筹资支付全面改革，建立总额预算制度

首先，在金华市门诊医保支付系统改革之初就确立了以"以收定支，收支均衡，略有盈余"为原则的预算协商谈判机制。在这个总额预算制度的原则下，根据上一年度的总支出额度，按照一定的增长幅度来确定下一个年度的门诊医保基金总额。当然，年度增长率由金华医保局、市财政局、卫生健康委员会和医疗机构等部门共同确立。遇到新冠疫情等突发事件，增长率可以上浮。其次，建立"结余留用、超支分担"机制。各级医疗机构共同构成一个医共体，每年进行决算时根据当年的门诊费用实际支出来共享分担。如果当年医保基金存在结余部分，则所有医疗机构留用95%，医保基金留用5%；如果医保基金的支出超过收入，那么则需要医疗结构承担95%。最后，建立分级报销制度。在建立城乡居民三档全民医保制度的基础上，根据就医机构资质和病种的不同，设置不同的报销比例。医院的级别越高，则门诊的报销比例越低。例如，二级及以上医院的报销比例为20%，在基层医疗机构可以报销50%的门诊费用。如

---

① 杨燕绥等：《医保复合型付费的"约束—引导—激励"机制研究——契约科学和社会治理下金华医保改革实践》，《卫生经济研究》2021年第12期。
② 《预见未来：金华市门诊点数法结算（APG）经验分享》，2021年3月19日，搜狐网，https://www.sohu.com/a/456295501_100009435。

果参保人员签约基层家庭医生，在门诊的报销比例可以高达 60%。[1]

表 7-3　　　　　　　　金华市当前的门诊医保待遇情况

缴费档次	普通门诊		门诊慢病 20 个病种	门诊特病 14 个病种
一档	基层报销 50% 其他报销 20% 基层签约报销 60%	最高限额 3000 元	报销比例 80% 最高限额 5000 元 两个及以上 7500 元	起付线 500 元以上 按三级医院住院 比例报销 85%、90%
三档		最高限额 1500 元	报销比例 60% 最高报销额 2000 元 两个及以上 3000 元	起付线 500 元以上 按三级医院住院 比例报销 75%

资料来源：曹凯：《金华门诊支付改革探索》，《中国医院院长》2022 年第 6 期。

2. 确定人头包干费用，助力精准控制

其一，依据门诊就诊类型，科学确定人头包干费用。以金华市前两年的人均门诊费用为主要依据，再根据病例的年龄、性别、健康状况等情况，精准确定病例的人头权重。那么病例的人头报销额度决算值由全市统筹门诊医保基金总额、参保人员的权重数值和本人报销权重数值决定。[2] 本人的报销权重数值由本人的报销权重预算数值和新增的病种权重和其他权重调整而得。其二，进一步细化包干类型。根据参保人员是否签约基层家庭医生，划分为不同的医保支付方式。对于签约基层家庭医生的参保人员来讲，其普通门诊和慢性病门诊的包干费用由签约的医疗机构统筹使用，而对于签约的特殊病种则由所有的医疗机构统筹使用。对于未签约的参保人员来讲，其所有的病种都由全市的医疗机构统筹使用。具体支付方式和包干类别见图 7-1。

---

[1] 曹凯：《金华门诊支付改革探索》，《中国医院院长》2022 年第 6 期。
[2] 江小州：《金华市推行门诊"APG 点数法"付费改革的探索实践》，《中国医疗保险》2021 年第 8 期。

第七章　健康服务业高质量发展助力共同富裕示范区建设

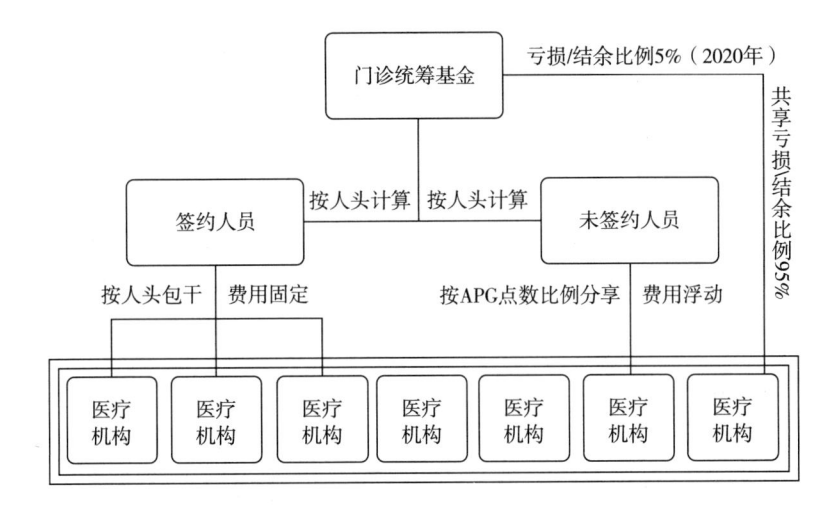

图 7-1　金华门诊支付系统示意

资料来源：《"门诊版 DRG"即将来临？详解金华市门诊支付改革试点》，2021 年 2 月 7 日，搜狐网，https://www.sohu.com/a/449321002_133140。

3. 科学确定 APG 分组法，精准确立支付额度

首先，对门诊病例进行科学分组。"APG 点数法"是根据临床过程、资源消耗等相似程度，充分考虑门诊诊查费、一般诊疗费、高值耗材、国家谈判药等因素，运用门诊病例分组（APG）技术，结合金华本地实际情况，将金华全市门诊病例分为手术操作、诊断、辅助三类 2092 组。在分组的过程中确立了四个主要原则：第一，在一个治疗周期内，每个病例的多种结算病例合并为一个主诊断病例；第二，手术病例的手术结算费用列入手术 APG 组，相关的检查、检验等列入辅助 APG 组；第三，以药物为主的病例列入诊断 APG 组，相关的检查、检验等列入辅助 APG 组；第四，其他的检查、检验、耗材、诊疗费和额外补偿的耗材等都列入辅助 APG 组。其次，利用大数据对过往的病例费用进行统计分析，合理测算每个病组的平均门诊治疗费用。在此基础上，综合考虑不同级别医疗机构的服务水平和成本差异，原则上以级别确定差异系数，级别差异系数＝某级别医疗机构 APG 例均费用÷全市该 APG 例均费用。最后，计算 APG 病例点数，确定医保基金支付额度。APG 的基准点数 = 该 APG 例均费用÷全部 APG 例均费用×100。通过计算形成相应病组点数，反映各类病组服务量，从而统筹分配医保基金。

4. 完善管理体系，持续动态调整优化

第一，建立完善的监管制度。由医保局、卫健委、监管部门、公安局、法院和检察院等机构联合建立检查机制，确立医保基金的共同监管工作机制，提升医保基金的使用效率。第二，建立质量控制体系。由金华市医疗行为管理委员会下辖的医保价格小组、耗材小组、药品管理小组、诊疗行为小组组成的机构每个季度都开展一次医保门诊基金 APG 使用的质量评估。第三，对病例组分类别进行针对性的门诊诊疗指导，以提高门诊基金使用效率。浙江金华中心医院将病例组分为优势病组、重点病组、效率病组和劣势病组，根据每一个病组的医保基金 CMI 数值和结余情况，有针对性地进行路径精准管理。

第五节　浙江健康服务业高质量发展建设共同富裕示范区的对策思路

2016 年 10 月，《"健康中国 2030"规划纲要》颁布，提出以农村和基层为重点，推动健康领域基本公共服务均等化，维护基本医疗卫生服务的公益性，逐步缩小城乡、地区、人群间基本健康服务和健康水平的差异，实现全民健康覆盖，促进社会公平。2019 年 7 月，《国务院关于实施健康中国行动的意见》提出了"到 2030 年健康公平基本实现"的愿景。健康作为公民的一项基本权利，缩小健康不平等，促进健康公平，让"人人享有健康"是实现共同富裕的应有之义和重要内容之一。

一　完善健康治理体系

《世界卫生报告 2000》中呼吁各个国家的卫生部门应肩负起国民

健康的管理责任，并首次提出了"健康治理"的理念。2009年，世界卫生组织继续提出"将健康融入所有政策之中"的倡议之后，健康治理理念逐渐在全球16个国家和地区得以践行。健康治理的提出意味着健康不再是单一的个体关注的话题，而是整个国家和社会需要重视的议题。健康治理的核心目标就是缩小健康机会不平等，促进健康公平。建议中国以立法形式制定相应的法律法规，要求相关规划中，将减少健康不公平作为目标，并确保将健康平等的理念列入健康规划的主旨与目标中，从制度和政策双重层面建立一个共创、共享的健康治理体制机制。所谓共创健康治理，是指凝聚社会共识，在政府的统一协调下，发挥社会力量参与的积极性和主动性，形成以基层组织、民间团体和社区志愿者为代表的多层次、多元化的社会共治格局。特别是健康治理要深入社区规划和社区治理全过程，加强居委会等社区力量与市场、社会的联系。所谓共享健康治理是指通过财政支出、收入分配调节等宏观和微观手段，补齐健康事业发展的短板和弱项，缩小健康服务的地区差距和城乡差距，进一步提高健康服务的可及性和公平性。新冠疫情暴发以来，中国发布了多份有助于帮助弱势群体减少健康不平等的文件，未来应考虑将其完善并转化为长期政策，根据不同地区的实际情况，不断完善对弱势群体的定义标准和精细化管理以消除健康贫困。

二 以价值医疗推动"三医联动"高质量发展

以医疗、医药和医保为核心的"三医联动"改革已经在中国推行多年，通过加快协调医保支付方式改革、公立医院改革、医药价格改革等各方联动整体设计，初步实现了药品价格明显下降、参保群众受益、诊疗服务效率提升等多方进展。但目前中国医疗、医药和医保之间仍然存在联动性不足、激励机制欠缺和医疗服务质量有待提升的问题。价值医疗是以患者为中心的医疗体系，也被称为"高性价比的医疗"，是指以患者为中心，在一定成本下所创造的最优医疗价值。[①] 价值医疗的核心理念是实现医疗价值服务从医疗服务的数量核定转变为医疗服务价值的测度，以实现患者、医生和医疗机构的利益为主体角度，测度其单位成本的价值体现，从而实现医疗价值服务模式的驱动，为实现提高医疗资源配置、提高资源使用效率奠定基础。以价值医疗整合"三医联动"，关键是构建以价值医疗为核心的评价体系。比如，在医疗支付领域，构建总额预付制形式下的按价值付费方式，进一步实现对医疗费用的控制；在医疗服务领域，建立"患者就诊—医生治疗—康复恢复"的多维度价值评价标准，切实提升医疗服务质量。

三　促进数字技术与健康服务融合

以数字化、网络化和智能化为特征的网络通信技术正在加速融入和改变人们的生产生活方式，并驱动传统的医疗卫生服务向数字健康服务迈进。习近平总书记强调，"要高度重视新一代信息技术在医药卫生领域的应用，重塑医药卫生管理和服务模式，优化资源配置、提升服务效率"[②]。数字技术的广泛应用提高了传统医疗服务的供给能力和供给效率。促进数字技术与健康服务融合，关键是要提高大健康领域服务设施数字化和服务管理数字化水平，构建线上线下一体化服务新模式，为行业发展赋能，为管理服务增效。例如，以数字化赋能"三医联动"，构建"三医联动"平台，对医保、医疗、医药实行流程再造，打通医院、药店、医生、患者、医保等信息和数据，实现医院处方流转、药师电子审方、医保在线支付、医保智能监控、个性化药事服务的全方位、全流程服务。建议以慢病服务中心为抓手，打通线上线下一体化的慢病管理服务，提供线上复诊、

---

① 高鹏、刘言：《价值医疗的概念及相关研究进展》，《中国医疗管理科学》2022年第1期。
② 《国家医疗保障局关于积极推进"互联网+"医疗服务医保支付工作的指导意见》，2020年10月24日，中华人民共和国中央人民政府网站，https://www.gov.cn/zhengce/zhengceku/2020-11/03/content_5556883.htm。

在线开方、医保支付、送药到家的便民服务，有效缓解线下就诊压力，为慢病患者提供更加方便快捷的诊疗与管理服务。

四 重视健康教育和健康素养提升

获取和普及健康知识和基本技能是提高全民健康水平最根本、最经济和最有效的措施。2008 年，中国发布了《中国公民健康素养——基本知识与技能（试行）》的公告，健康素养成为具有综合性和长期性的新型健康指标。国民健康素养的提升离不开健康教育。因此，要充分发挥教育对健康素养和健康行为的塑造和引导作用，特别重视和加强学校健康教育，将健康科普与校园中的知识学习有机融合，帮助未成年人及早树立正确的健康观念，培养良好的健康习惯，奠定更好的健康素养基础。加强心理健康教育，普及心理健康知识，发挥基层社区在心理健康服务中的网底作用，搭建心理健康服务平台。构筑健康教育促进社会网络，引导合理膳食、开展控烟运动、加强体育医疗融合和非医疗健康干预，普及健康生活方式。充分发挥中医治未病的优势，为群众提供中医体质辨识、随访管理等一系列健康服务。

第八章　旅游业高质量发展助力共同富裕示范区建设

第一节　引言

共同富裕不仅是世界范围内普遍关注的重点议题，也是中国新发展阶段和新发展格局下有待进一步解决的重大实践与理论问题。浙江省是高质量建设共同富裕的示范区。《中共中央　国务院关于支持浙江高质量发展建设共同富裕示范区的意见》（2021年5月20日）赋予浙江为全国推动共同富裕发展提供省域范例的重任。旅游业作为国民经济的战略性支柱产业，具有天然的富民属性，旅游业的发展会通过市场化的方式影响财富和收入的再分配，进而影响社会收入分配结构，而旅游业的高质量发展则会缩小收入差距，推动共同富裕的建设。旅游业在浙江省众多产业中具有重要的地位。"十三五"时期，浙江省积极响应国家政策，结合自身发展优势促进旅游业高质量发展，在全国处于领先地位；面向"十四五"，浙江省致力于率先基本建成现代化旅游经济强省，努力成为长三角休闲度假地、中国最佳旅游目的地、国际知名旅游目的地和未来旅游先行地。为此，本章将总结浙江旅游业高质量发展的现状特征，深入分析浙江旅游业高质量发展推动共同富裕示范区建设的主要路径、政策响应与发展方向，为推动浙江省旅游业高质量发展、助力共同富裕示范区建设提供参考。

第二节 浙江旅游业高质量发展的典型特征

浙江省经济发展水平高、旅游资源禀赋好，在全国旅游业发展中处于领先地位，尤其是在数字文旅、品质旅游、乡村旅游、民营旅游经济等方面具有显著优势，这成为浙江旅游业促进共同富裕示范区建设的重要基础。

一 民营经济与旅游经济相互促进

浙江省是中国民营经济最为活跃的区域之一，也是民营旅游经济最发达的省份之一。浙江省各级政府一直以来十分重视民营旅游企业的发展。浙江省文化和旅游厅通过建立旅游投资项目储备库、精选旅游项目举办推介会、主动简化项目审批手续等手段，充分发挥民营资本在旅游业中的重要作用。

旅游业是中小微民营企业集聚的行业，浙江省在处理政商关系方面积累的丰富经验为旅游业发展提供了良好的营商环境。同时，旅游业也极大地促进了浙江民营经济的转型发展。一方面，旅游业为民营资本提供了丰富的投资机会。旅游业因其准入门槛低、产业业态多元化、投资方式多样化等特点，吸引了浙江省大量中小微型企业、个体创客、合作社等各类主体参与和投资。特别是在消费结构升级、旅游需求不断细分化和定制化的背景下，中小民营企业也实现了良性资本扩张。除了以旅游业为主营业务的旅游集团，其他行业的民营企业如横店集团、广厦集团、南都集团等一批浙江民营企业也纷纷跨界投资旅游业。另一方面，旅游业为民营企业发展提供保障。在旅游业政策方面，浙江省坚持"谁投资、谁受益"的原则，极大地激发了民营企业参与旅游业的热情；在旅游业治理方面，浙江省是最早提出"积极推进旅游信息化建设"的省份之一，为浙江省民营旅游企业的经营发展提供了优质的旅游信息服务。

二 数字经济助力旅游业转型发展

浙江省数字经济发展水平在全国处于领先地位。中国旅游报社、中国社会科学院舆情调查实验室和阿里巴巴集团共建的文旅产业指数实验室所发布的全国省级文化和旅游新媒体国际传播力指数报告显示,浙江省在五类指数排名中皆上榜,且视频传播力指数榜排名第二。作为数字文旅示范省,浙江省在数字技术背景下,文旅产业发展势头强劲,呈现融合化、生活化、IP化、智慧化的新趋势。

常态化疫情防控下,数字化成为助推浙江省旅游业高质量发展的重要举措。疫情期间,中国旅游业遭受了巨大打击,游客旅游及消费心理发生了极大转变,国内游客跨省游逐渐减少,大多选择市内周边游;海外疫情防控形势复杂严峻,入境旅游和出境旅游总体处于停摆阶段。浙江通过引导培育"互联网+文旅"的新业态,推动文旅消费线上线下融合发展,大力促进浙江数字文旅工程,取得了良好的效果。通过"云游"系列产品分批展示浙江5A级、4A级景区的720度全景VR资源,使游客可以更方便、更直观地了解景区信息,一定程度上减缓了疫情对旅游业的冲击;丽水推出"云游丽水",可以满足游客观赏实时直播和生态状况;大云温泉省级旅游度假区开启"云游"互动直播模式,累计吸引了1500万网友前来围观。通过直播带货、"种草"营销等措施帮助文旅企业在疫情寒冬下快速找到新的增长点,助力企业平稳度过危机。例如,莫干山举办新经济会客厅云上推介会,以莫干山旅游景区推介、IP民宿推介、百位CEO疗养计划启动仪式、莫干山春季实景展等丰富的内容,吸引了游客的众多关注并成功出圈。

三 品质化推动旅游业高质量发展

浙江省在旅游发展过程中注重品质化管理。在旅游标准化方面,浙江省从旅游业态的规范化管理到农家乐餐具的清洁操作流程,出台了《品质旅行社评价规范》《浙江省旅游风情小镇创建工作实施办法》《农家乐经营户（点）旅游服务质量星级划分与评定》等一系列精细化、专业化与体系化的旅游标准，并主导开展国家标准《旅游餐馆设施与服务等级划分》《旅游购物场所服务质量要求》和行业标准《旅游类专业学生旅行社实习规范》《旅游住宿在线预订平台服务规范》的制定和修订工作；积极创新标准宣传新模式，完成《采摘体验基地旅游服务规范》《景区村庄服务与管理指南》等6项"标准云课堂"视频的录制与发布；代表中国首次争取国际标准立项，由浙江省牵头提出的ISO 14785《旅游与相关服务 线上线下旅游咨询服务与要求》国际标准提案，历经三个月的投票，最终在国际标准化组织（ISO）正式立项，成为由中国提出的首批旅游国际标准提案。

在旅游品牌塑造方面，浙江省旅游业形成了一系列高质量和有影响力的旅游服务品牌。在酒店业方面，总部位于浙江杭州的君澜酒店集团植根于中华优秀传统文化，从酒店命名、建设风格到特色主题产品的研发，无不体现中国文化内涵，并凭借其对中国市场的深入了解和精准把握，塑造了一个高端民族酒店品质生活的度假休闲新空间，历经数年发展，君澜集团已跻身中国饭店集团10强和全球酒店集团60强。在旅游业方面，浙江省打造了"文化浙江""诗画浙江"等文化品牌，"诗画浙江与世界对话""美丽中国·诗画浙江""浙江文化旅游节"等一系列对外交流品牌，为中国文化对外交流工作作出了重要贡献。浙江省旅游品质化的过程，也是在当今消费结构升级的需求市场中，实现旅游高质量发展可持续化的过程。

四 乡村旅游模式创新稳步推进

浙江省是全国乡村旅游发展最具代表性的区域之一。浙江省下辖包括杭州市、宁波市、温州市等在内的11个地级市，共有20402个村庄，并于2017年提出"万村景区化"战略，成为全国首个村庄景区化的实践区。2022年，浙江省已建设234家3A级景区村庄，全年乡村旅游和休闲农业接待游客3.9亿人次，营业总收入为469亿元，从业人员为33.4万人。①浙江省在2022年11月发布的《2022（第五届）中国县域旅游发展潜力百强县市名单》中占据了35个席位，数量居全国第一，浙江省安吉县连续4年位居全国县域旅游综合实力百强县榜首。其发达的县域旅游对带动浙江省乡村产业发展、改善乡村环境、增加村民收入、优化社会分配等方面起到了极大的促进作用。浙江省通过在乡村旅游方面采取的一系列措施，进一步深化了浙江省乡村旅游和休闲农业精品工程，在疫情常态化背景下活跃了乡村旅游、休闲旅游消费市场，提振了旅游产业发展信心，更是通过激活乡村土地等生产要素、赋能传统产业转型升级、提供就业机会等方式推动了浙江省欠发达地区产业结构升级，进一步缓解了城乡差距不平衡的问题。

浙江省通过打造乡村旅游精品线路、构建乡村旅游建设标准体系、创新专业化运营模式等措施推动乡村旅游高质量发展。在打造乡村旅游精品线路方面，浙江省乡村旅游线路类型多样、串联业态多元、体验内容丰富、产业市场成熟度高。②浙江省文化和旅游厅与农业农村厅联合推出109条"浙里田园"休闲农业和乡村旅游精品线路，涉及浙江省84个县（市、区），包括23个全国休闲农业和乡村旅游示范县，24个中国美丽休闲乡村等省级休闲乡村、农家乐集聚村，161个古村落及休闲乡村，132个休闲农业景点，121个农业园区和休闲农庄，84个研学基地，主要涵盖红色乡情、教育研学、农事体验、田园村韵、绿色康养、乡村夜游六大主题。在构建乡村旅游建设标准体系方面，浙江宁波率先提出包括乡村旅游共同富裕示范村认定条件、乡村旅游共同富裕示范区建设指南、乡村旅游运营团队服务评价规范以及民宿产业集聚区认定条件在内的乡村旅游

---

① 陈慧霖等：《乡村振兴背景下浙江省3A级景区村庄空间结构特征与影响因子分析》，《自然资源学报》2022年第9期。

② 李涛等：《基于产业投资视角的乡村旅游发展区域差异与形成机制》，《自然资源学报》2022年第8期。

助力共同富裕四大建设标准,力争通过"1+4"体系为浙江省乡村旅游助力共同富裕提供全方位支持。在创新专业化运营模式方面,杭州临安创造性地提出"村落景区运营"的概念,拓展"公司+村+合作社+个人""乡贤+合作社+农户"等运营模式,通过招引市场化运营团队,吸引一大批青年回乡创业,落地上百个项目,实现旅游收入4.9亿元。此外,浙江省还将推进实施乡村文旅运营"五百计划",面向乡村培训100名村支书、推出100个创客团队、引驻100个运营团队、培育100个运营师、打造100个运营品牌。

第三节 浙江旅游业高质量发展推动共同富裕示范区建设的主要路径

中央财经委员会第十次会议强调,共同富裕是全体人民的富裕,是人民群众物质生活和精神生活都富裕,不是少数人的富裕,也不是整齐划一的平均主义,要分阶段促进共同富裕。旅游业推动浙江共同富裕示范区建设过程和路径体现在城乡共同富裕、区域共同富裕、群体共同富裕以及精神共同富裕四方面。

一 旅游业促进城乡共同富裕

城乡统筹发展是实现共同富裕的必然要求。乡村是中华民族传统文明的发源地和主要传承地,农村农民是实现共同富裕的洼地和重难点。建设共同富裕示范区,乡村振兴是必经之路。全面推进乡村振兴的第一要务是巩固拓展脱贫攻坚成果同乡村振兴有效衔接,产业兴旺是其重要任务,而旅游业正是助推浙江乡村产业高质量发展的特色产业。

浙江省依托丰富的旅游资源、秀美的自然风光、独特的民俗风情发展旅游业,特别是乡村旅游业,在旅游开发中尊重村庄差异和特色,探索乡村文旅运营和差异化经营模式,发展兴业富民多元业态。

在城市层面，杭州市文旅"i"行动赋能城乡共富，积极打通城乡互动文旅链接"结点"；温州市探索打响"文旅融合、中西合璧"的"侨家乐"品牌，加快打造国际化休闲度假旅游城市；衢州市创新推出"旅行社协会+景区村"运营新模式，推动乡村旅游整体开发运营以及奉化"推进共同富裕工作法"的12法48策等。在县镇层面，安吉县以建设美丽乡村为载体，把乡村生态资源和特色文化融入乡村旅游；莫干山镇以民宿为核心体验产品，打造具有知名度和吸引力的乡村民宿集群；乌镇乌村以一价全包的套餐式乡村休闲体验模式，提升乡村旅游体验和服务品质。2022年6月，浙江省文化和旅游厅、农业农村厅围绕红色乡情、教育研学、绿色康养等主题共同向社会推出109条"浙里田园"休闲农业与乡村旅游精品线路，进一步深化浙江休闲农业和乡村旅游精品工程，提振乡村休闲旅游消费市场，吸引城市居民下乡休闲旅游消费，促进"以工促农、以城带乡"的城乡统筹发展。

乡村振兴战略背景下，浙江省休闲农业和乡村旅游业发展迅猛，休闲农业与乡村旅游接待人次由2015年的1.03亿人次增长到2020年的2.47亿人次，年均增长27.9%。2017年以来，全省景区村庄共接待游客13.68亿人次，实现旅游收入1432亿元，农民收入中旅游贡献率达11.5%，休闲农业和乡村旅游产业规模超千亿元，旅游业不断发挥优势，推动乡村振兴，助力打造共同富裕示范样本。2022年，浙江省累计有47个全国乡村旅游重点村，排名全国第一，各村镇因地制宜实行"一村一品""一村一业"的差异化发展策略，打造美丽乡村共同富裕示范带。以浙江安吉为例，安吉是中国美丽乡村建设的发源地，以绿色发展为引领，以农业产业为支撑，以美丽乡村建设为载体，将187个村庄作为一盘棋统一规划、挖掘特色、宣传推广，吸引各地游客前来休闲旅游，打通了绿水青山和金山银山的转化通道，打造了宜居、宜业、宜游的美丽安吉。2022年，安吉全县共接待游客2721万人次，旅游总收入为393.3亿元，实现文旅产业增加值88.64亿元，占GDP

的比重为15.6%，休闲农业与乡村旅游成为带动农民就业增收和县域经济发展的重要支柱产业，安吉县美丽乡村建设进入村强民富新阶段。

浙江省城乡差距较小，农村居民人均可支配收入30多年保持全国第一。浙江省乡村旅游的蓬勃发展，全方位、多层次推进城乡一体化发展。一是乡村旅游推动浙江农村基础设施提档升级。在乡村旅游发展过程中，网络和光纤基本实现行政村全覆盖和城乡间互联互通，通公路乡村占比超99.9%，行政村通客车基本实现全覆盖。二是乡村旅游促进浙江城乡公共服务实现均等化。在推进主客共享、完善乡村服务设施的过程中，浙江省政府积极推动城市优质服务资源向农村地区延伸和扩展。三是乡村旅游促进浙江农民收入稳定增长。在乡村旅游发展的助力下，2022年，全省农村居民人均可支配收入在疫情反复冲击影响下仍实现逆势增长，达到37565元，城乡收入差距逐渐缩小。浙江省通过特色化的乡村旅游发展，一方面引导在外务工的乡土人才返乡创业就业，促进乡村产业兴旺，深耕人才提质赋能；另一方面，优化农村产业结构，活化乡村民俗文化，完善乡村综合治理，有利于城乡资源要素双向流动，打破城乡空间壁垒，在缩小城乡差距中推动共同富裕。

二 旅游业促进区域共同富裕

区域协调发展是实现共同富裕的内在要求。旅游业作为跨区域的异地流动性产业和综合性产业，产业链条长、关联度广且与其他产业具有较强的融合性，旅游消费的空间流动性能够缩小区域经济差距，增强区域发展的平衡性。[1] 旅游业在协调浙江省区域经济发展中发挥着重要作用，使之逐渐成为促进区域均衡发展、实现地区共同富裕的重要引擎。

浙江是全国区域差异最小的省份之一，这主要得益于尊重区域发

---

[1] 许先普、陈天鑫：《旅游消费、产业结构调整与区域均衡发展》，《消费经济》2019年第2期。

展差异的客观规律，积极发挥区域比较优势，形成了经济社会优势互补、均衡发展的区域经济布局。浙江省山河湖海兼备，虽然不同区域在资源禀赋、产业基础、环境条件等方面存在差异，但其借助山川秀丽、人文荟萃的旅游资源优势，着力实施文旅经济高质量发展行动，推动区域协调发展。浙江各地积极探索文化和旅游赋能区域共同富裕的有效路径，在推进区域协调发展上逐渐形成一批可复制可推广的系统化方法体系。随着旅游业的发展，浙江山清水秀的风景和底蕴深厚的民风民俗吸引其他地区游客的消费，转化为本地旅游从业者的收入，将秀美风光、绿水青山转化为旅游发展红利，推动区域间的合作互动，共同实现旅游致富。

具体而言，第一，浙江旅游业发展在区域战略统筹中促进地区共同富裕。浙江以山海协作等重大区域发展战略为引领，统筹协调发展集中于丽水、衢州等市的自然景观和集中于杭州、湖州等市的人文景观，依靠杭州湾历史文化旅游、浙东沿海海洋旅游、浙西南山水生态旅游三条旅游经济带，高效配置旅游资源，促进重大区域战略的深入落实与实施，不断缩小区域发展差距，促进区域发展呈现规模经济效应。第二，浙江旅游业发展在区域互助中促进地区共同富裕。浙江省"山海协作"工程将浙西南山区、舟山海岛为主的欠发达地区和沿海发达地区、经济发达的县（市、区）通过项目合作等方式联结，促进资金、人才、技术、信息等资源要素合理流动和聚集。借助"山海协作"工程的政策优势，浙江省内多地合作举办"山海协作旅游惠民月"、文化旅游"山海协作"推介会、"山海协作"高速+旅游座谈会等系列活动。按照"一县一策"思路，提升欠发达地区的基本公共服务供给能力，着力打造高品质旅游。2021年山区26县中有22个县旅游增加值占GDP比重超8%，旅游发展推动山区26县跨越式高质量发展，促进区域协调发展，奋力谱写推动共同富裕的崭新篇章。

三 旅游业促进群体共同富裕

全体人民共享发展成果是实现共同富裕的重要战略目标。旅游业作为一个能够增加就业、提高收入、提高人民生活质量的富民产业和生活性服务业，能够实现国家内部财富的再分配，具有调节收入分配的作用，是推动群体共同富裕的重要方式。2012—2022年，浙江城市、农村居民收入翻了一番以上，分别连续21年、37年居中国省区第一，家庭年可支配收入20万—60万元群体比例达到30.6%。旅游业作为浙江省的战略性支柱产业，在创造就业岗位、优化分配结构、保障基本民生等强国富民的重要工程中发挥着重要作用。

在旅游业的发展带动下，浙江省的收入分配差距不断缩小。一是提升低收入群体的工资性收入。近年来，旅游业已逐渐成为浙江国民经济中最具发展活力的产业，作为一个劳动密集型产业，旅游业就业门槛低、容量大，是吸纳就业的主要力量。据统计，浙江省旅游业吸纳就业人口占全社会就业总人口的13%以上，旅游业吸纳的就业人员大部分是实现共同富裕道路上需要"提低"的重点人群。浙江省通过开发乡村休闲旅游新业态和"一村一品、一乡（县）一业"的旅游特色产品，让低收入的农民群体在乡村旅游产业链中就业创收，提高其工资性收入，从而实现旅游业发展的富民增收效应。二是浙江旅游业发展扩大中等收入群体规模。浙江省紧紧围绕打造收入分配制度改革试验区这一推动共同富裕示范区建设的重要任务，促进《浙江省"扩中""提低"行动方案》制定，通过重点关注九类群体，实施八大路径推动率先基本形成以中等收入群体为主体的橄榄型社会结构。浙江旅游业的市场主体大部分是中小微企业，适合青年人创新创业并提供了文化和旅游运营师、规划师等就业岗位，促进高校毕业生和技能人才、小微创业者、高素质农民等进入中等收入群体行列。① 三是浙江旅游业发展调节不同群体之间的财富分配水平。旅游消费天然地具有调节收入分配的作用，旅游活动的开展本质上是一个地区内部财富的再分配。旅游活动通过市场的自愿交易机制在初次环节调节收入分配，2022年，浙江省全年国内旅游总收入达5682亿元，大部分的旅游收入以工资、服务收费、销售收入、经营收入等形式直接转化为旅游从业人员的个人收入。中高收入群体的旅游意愿、旅游频次和旅游消费支出远高于低收入群体，中高收入群体通过市场化、自愿式的旅游消费将财富"转移"到作为旅游服务业者群体中，成为实现居民共同富裕的重要方式。

随着经济社会的发展和人民生活水平的提高，浙江省区域发展差距、城乡差距、收入差距在逐渐缩小，特别是让农民群体共享发展成果，扎实推进群体共同富裕。以浙江宁波为例，"十三五"时期，宁波全市乡村旅游经营总收入突破62亿元，同比增长34.3%，带动农村就业人员8万人，占宁波全市农村第一产业从业人员的21%。由此可见，浙江围绕带动低收入农户增收，积极引导资源要素流向乡村，激发乡村内生动力，走好农民农村"扩中""提低"之路，打造橄榄型社会，迈向共同富裕。

四 旅游业促进精神共同富裕

精神生活共同富裕是实现共同富裕的重要方面。旅游业作为五大幸福产业之首，已经成为满足人民对美好生活需要和精神文化需求的重要途径和渠道。浙江旅游业的发展不仅增强本地居民通过享受多元、优质的文旅服务而获得的文化自觉和自信，而且丰富本地游客到外地旅游和外地游客到本地旅游而获得的文化新知和体验。

浙江旅游业的发展加快促进人民群众精神共同富裕。一是促进民族文化交流交融。2020年6月首届浙江省民族乡村振兴"百村大会

---

① 《浙江高质量发展建设共同富裕示范区实施方案（2021—2025年）》，《政策瞭望》2021年第7期。

堂"在衢州顺利举办，推介了"衢州有礼"诗画风光带、龙游县民族乡村振兴等项目。通过民族乡村旅游业的发展，促进人才、资金、信息等多要素的流动，提供了互动场域，推动传统社区重构、发展资源配置和各民族间文化交融，有利于增进彼此的了解和文化认同。二是促进地域文化传承保护。浙江省西湖文化景观、良渚古城遗址等文化遗产资源丰富，不断探索创新文化遗产保护利用机制，高质量实施"宋韵文化传世工程"。杭州以南宋皇城遗址保护利用工程为牵引，打响"南宋古都"品牌；绍兴利用宋六陵、陆游等丰富的宋韵文化资源，打造宋韵文化独特的"绍兴韵味"；宁波梳理总结"宋韵甬存"物质和非物质文化遗产，讲好"宋韵"宁波故事。通过打造宋韵文化等具有浙江辨识度的文化和旅游金名片，增进当地居民对地域文化的热爱和自豪感，拓宽文化旅游宣传渠道，促进地域文化的传承保护，对文化和旅游赋能共同富裕起到较为显著的效果。三是丰富地区精神文化生活。为了更好地满足文旅市场需求，浙江不断加大文化和旅游公共服务设施建设。截至2022年，浙江建成公共图书馆102个、文化馆102个、文化站1360个、博物馆432个，县级文化馆和图书馆覆盖率均达到100%，乡镇文化站和行政村文化活动室覆盖率均为100%，公共文化设施网络日趋完善，公共文化服务体系覆盖范围持续扩大。通过引导社区居民参加丰富多彩的文旅活动，群众的精神文化生活得到丰富，文化自信更加坚定，奏响文旅赋能共同富裕的时代和声。

在旅游业高质量发展过程中，浙江现代化的镇街综合文化站、城市书房、文化驿站等文旅设施遍布全省各地，覆盖城乡的"15分钟品质文化生活圈"已然形成。浙江正进一步在坚定的文化自信中打造文旅赋能共同富裕示范地，以文润富、以文促富，推动文化和旅游公共服务提质增效，加快推进建设精神共同富裕的省域范例。

第四节　浙江旅游业高质量发展推动共同富裕示范区建设的政策响应

政策顶层设计是贯彻国家社会经济发展战略的重要工具。为了了解浙江旅游业高质量发展推动共同富裕示范区建设的政策支持力度，从浙江省人民政府、文旅厅、发改委等官方网站下载整理"十三五"以来旅游业高质量发展的相关规范性文件，总结政策文件内容特征，旨在为新发展阶段下浙江省旅游业高质量发展提供借鉴参考。

一　旅游政策数量和涉及部门不断增多

从政策主体来看，旅游相关政策从浙江省文化和旅游厅独立颁布到近年来的多部门联合出台，涉及行政主管部门大幅增多。2022年出台的多项旅游政策文件皆是联合发布，例如，浙江省文化和旅游厅联合省发展改革委、省财政厅、省人力资源和社会保障厅等14个部门共同发布了《浙江省关于促进服务业领域困难行业恢复发展的政策意见》，浙江省文化和旅游厅联合省商务厅、省市场监督管理局共同发布了《关于纵深推进"诗画浙江·百县千碗"工程的指导意见》。此外，省文化和旅游厅还联合省人民政府于2021年发布了《浙江高质量发展建设共同富裕示范区实施方案（2021—2025年）》。这充分反映了旅游业发展的重要性与跨行业的综合性，[1] 旅游业发展涉及基础设施建设、社会治理和生态环境等方方面面，特别是在常态化疫情防控的大环境下，要实现旅游业高质量发展赋能共同富裕，需要浙江省文化和旅游厅与省人民政府、省委宣传部、省发展改革委等多部门的政策协同。

从政策对象来看，浙江省旅游相关政策内容与推动浙江省共同富

---

[1] 姚旻、赵爱梅、宁志中：《中国乡村旅游政策：基本特征、热点演变与"十四五"展望》，《中国农村经济》2021年第5期。

裕建设的联系愈加紧密。2021年6月，发布了《中共中央　国务院关于支持浙江高质量发展建设共同富裕示范区的意见》，2021年下半年浙江省发布《浙江省文化和旅游厅推进文化和旅游高质量发展促进共同富裕示范区建设行动计划（2021—2025年）》等三份与旅游促进浙江省共同富裕示范区建设相关的政府文件。这反映了浙江省对旅游高质量发展推动共同富裕示范区建设的重视程度与积极响应。

从政策内容来看，近年来浙江省发布的相关旅游政策文件，其涵盖的旅游产业业态不断丰富，基本能够覆盖各类旅游产业业态，相继出台《浙江省慢生活休闲旅游示范村创建工作实施办法》《浙江省省级非物质文化遗产代表性项目评估实施细则》等一系列相应的政策文件，从项目申报、管理要求、动态评价等多方面进行了阐述与要求。然而，浙江省近年来的旅游政策文件还存在与新业态联系不足的问题。总体而言，浙江省旅游政策体系滞后于产业发展进程。例如，浙江省智慧旅游发展水平在全国处于领先地位，但是在数字文旅、科技与文旅融合等方面支持政策较少，缺乏有效的规范管理，也无法解决其与产业结合发展所带来的旅游者信息安全、文化符号的使用权利、文化创意保护等一系列问题。

二　注重物质基础与精神需求共同发展

服务设施建设是旅游业发展的基础，是旅游相关政策的重点内容，也是浙江省旅游业高质量发展推动共同富裕示范区建设的关键。近年来，浙江省不断提升旅游业服务设施、基础设施的支持力度。例如，《浙江省文化和旅游厅推进文化和旅游高质量发展促进共同富裕示范区建设行动计划（2021—2025年）》强调建立健全高水平旅游公共服务体系，完善交通、公共场所、游客服务中心等设施建设。此外，浙江省还针对旅游度假区、旅游景区、公共基础设施等专门发布《浙江省省级旅游度假区管理办法》《高质量打造未来社区公共文化空间的实施意见》《浙江省 5A 级旅游景区、国家级旅游度假区培育管理意见》等实施方案。以浙江省旅游度假区为例，管理办法从项目申报、建设管理与评价考核等多方面对省级旅游度假区提出了规范约束，但是浙江省旅游度假区依然存在区域发展不平衡、特色差异不明显、持续发展动力不足等问题，[1] 导致其在推动实现区域共同富裕过程中尚存在差距。

浙江省旅游相关政策持续推动精神共同富裕。文旅融合是实现旅游高质量发展的重要途径，这也对文化挖掘、文化解说提出了更高要求。浙江省委宣传部、省文化和旅游厅、省广播电视局、省文学艺术界联合会、省作家协会共同印发了《关于加强和改进新时代浙江文艺评论工作的实施意见》，提出要推出一批有深度、有思考、有实效的优秀文艺评论成果，打造一批有特色、有影响力、有浙江文化内涵的文艺评论品牌，建设一支有本领、有担当、服务浙江文艺创作的文艺评论队伍。这既体现了浙江省对人民精神需求的重视程度，努力满足人们的高层次精神需求，促进浙江省精神生活共同富裕，也进一步推动了浙江省影视旅游、休闲旅游等旅游业态的高质量发展。

三　注重整体规划与区域合作协同发展

浙江省旅游业发展始终注重全域旅游发展，从而发挥旅游业在共同富裕建设中的作用。浙江省发展改革委、省文化和旅游厅共同发布的《浙江省旅游业发展"十四五"规划》从数字文旅、文旅深度融合发展、乡村旅游、生态旅游等多方面提出整体要求与发展路径。面向未来，应更加重视从顶层设计出发，从旅游业规模增长转向旅游业高质量发展，推动旅游业发展与共同富裕目标全面衔接，继续巩固和扩大脱贫攻坚成果，有针对性地加强对欠发达地区的乡村旅

---

[1] 吴侃侃、金豪：《全域旅游背景下浙江旅游度假区高质量发展的思考》，《浙江社会科学》2018 年第 8 期。

游发展，保持市场开发、人才技术、基础设施等扶持力度。

浙江省重视旅游业区域协作。自《中共中央　国务院关于支持浙江高质量发展建设共同富裕示范区的意见》发布后，浙江旅游业发展也更加重视区域合作、区域互助、区域竞争等议题。《浙江省文化和旅游厅推进文化和旅游高质量发展促进共同富裕示范区建设行动计划（2021—2025年）》强调要构建区域协作机制，以项目合作为切入点，推动高等级旅游景区和度假区强强联合，合力打造杭黄自然生态游廊道、环太湖休闲度假区集群、江南水乡古镇生态文化旅游圈，联合申报世界级旅游景区和度假区，形成一批具有国际影响力的高端旅游产品。然而，浙江省旅游业发展依然存在县域旅游文化资源与旅游经济错位等问题，[①] 应持续推动县域之间的旅游业协作互动，实施旅游产业集聚策略，建设一批辐射带动作用明显的特色旅游业示范区和示范乡镇。

第五节　浙江旅游业高质量发展推动共同富裕示范区建设的发展方向

旅游业高质量发展广泛且深入地推动着浙江省共同富裕示范区建设，但距离全面建成共同富裕示范区还有一定距离，这在客观上要求进一步促进旅游业提质升级、不断明确和优化旅游业赋能共同富裕的发展方向，在推动浙江建设共同富裕示范区过程中发挥更大作用。

一　以乡村旅游推动城乡融合发展

新发展阶段党中央赋予浙江高质量发展建设共同富裕示范区的新

---

① 王玮芹等：《浙江县域文化资源与旅游经济的空间错位分析》，《资源开发与市场》2022年第3期。

使命，对浙江农业农村现代化和城乡融合发展提出了更高要求。[①] 在乡村振兴战略全面推进的背景下，浙江乡村建设步伐不断加快，但乡村发展不平衡不充分问题有待破解。通过发展乡村旅游助力共同富裕，要进一步推进城乡融合发展，高水平推进农业农村现代化，切实增强人民群众的获得感、幸福感、安全感。

一是要建立特色乡村旅游产业体系，明确乡村旅游发展的主攻方向。城乡差距表面上看是经济差距，但本质上是产业差距。[②] 浙江乡村产业发展要坚持以农民为主体，以乡村优势特色资源为依托，以三产融合为发展路径，培育壮大乡村特色产业、乡村休闲旅游业等，形成具有浙江特色的乡村旅游产业体系。为此，要鼓励各地区发挥区域优势，因地制宜发展乡村旅游。围绕山水生态资源，开发乡村民宿、户外露营等原生态旅游项目；围绕现代化农业，发展休闲观光农业；围绕浙西南革命老区，推介红色旅游文化；围绕乡村民俗，举办民俗文化节等特色旅游活动。以浙江省47个乡村旅游重点村、109条"浙里田园"休闲农业与乡村旅游精品线路为抓手，树立乡村特色旅游产业发展的示范标杆，构建全方位、多层次的乡村产业体系，推动乡村旅游与文化、教育、康养等产业融合，发展文化创意、研学科普、民宿康养等乡村休闲旅游新业态，引领乡村经济发展方向。

二是要加强乡村基础设施建设和环境建设，优化乡村旅游发展环境。乡村基础设施提升是乡村旅游提质升级的基础性保障。近年来，浙江省通过实施城乡基础设施一体化提升计划、新一轮城乡基本公共服务均等化计划，推动公路、教育、医疗等"硬""软"基础设施、公共服务资源向乡村流动，持续改善乡村基础设施，但部分农

[①] 杨圆华、王鹏翀、戴世勋：《让"城乡融合发展"促进共同富裕》，《农村工作通讯》2021年第22期。

[②] 郭晓琳、刘炳辉：《"浙江探索"：中国共同富裕道路的经验与挑战》，《文化纵横》2021年第6期。

村基础设施和环境建设投入大、周期长，还存在投融资渠道狭窄、资金保障不足等突出短板和薄弱环节，乡村基础建设需进一步加强顶层设计，抓好统筹谋划。为此，需要持续迭代升级山海协作工程，着力补齐山区26县的基础设施短板，实现26县结对全覆盖，提升内生发展动力。同时把打造和谐优美的村庄环境作为乡村旅游开发建设的重点和突破口，依靠专项资金支持，制定有效措施，推进农村生活垃圾治理、农村"厕所革命"、农村环境整治提升等工作，打通乡村基础设施建设和乡村环境提升的"最后一公里"，让共同富裕看得见、摸得着、感受得到。

三是要加大政策引导扶持力度，构建多层次立体化乡村旅游品牌体系。浙江乡村旅游发展既需要政府的支持、高水平的规划设计，也需要大量资金投入与滚动发展。为此，要进一步加大政策引导扶持力度，支持有条件的地区通过盘活农村闲置房屋、集体建设用地、荒山荒地等资源发展休闲农业和乡村旅游。设立乡村旅游建设和发展资金，重点在乡村基础设施建设、客源市场拓展、乡村旅游线路开发上加大政策资金支持力度。通过"打造本土品牌+强化政策支持"推动乡村旅游品牌化发展，统筹整合区域资源、产品和服务，发挥乡村各自的要素优势，开发特色化、差异化的旅游产品，推出一批特色鲜明、优势突出的乡村旅游品牌，构建全方位、多层次的乡村旅游品牌体系，并利用新媒体等互联网平台推广传播浙江乡村旅游品牌，吸引更多游客前来旅游消费，将旅游消费沉淀在乡村地区。

二 以旅游业协同推动区域协调发展

区域旅游业协同发展，不仅能释放联动、协同、聚合效应，而且能打通跨区域合作、互融互进的有效路径，推动区域共同富裕。在浙江高质量发展建设共同富裕示范区的背景下，浙江省在推动区域旅游业深度合作与协调发展方面拥有独特地位和相对优势，要在实现共同富裕的道路上注重旅游业的区域协同作用，推动区域协调发展。

一是要持续深化山海协作工程，形成区域旅游业优势互补发展的新格局。浙江省共有 26 个山区县和 6 个海岛县，2002 年实施山海协作工程以来，山区海岛县旧貌换新颜，但与省内经济发达地区相比，发展仍相对滞后，区域发展不平衡不充分的问题仍然存在。为此，要进一步推动打造山海协作工程升级版，深入落实"一县一策""一岛一功能"特色发展模式，深入挖掘 32 个山区海岛文化和旅游发展潜力，借助地区自然、文化等特色资源优势，因地制宜扶持发展特色旅游和研学旅游、推出休闲农业和乡村旅游精品路线、打造农文旅发展示范村等多措并举促进旅游业发展，带动区域经济增长。同时发挥全省文旅投融资服务平台作用，支持山区海岛 32 县招引特色文化产业、旅游重点项目，促进"山海协作"结对县在人才支持、客源输入、市场推介等方面的帮扶，引导各类旅游发展要素向山海地区集聚，以缩小省内区域发展差距，助力实现共同富裕。

二是要推动数字赋能旅游业，增添实现共同富裕和共享发展的新活力。浙江信息化发展水平处于全国领先地位，但浙江的文旅数字化政策还存在诸如激发创新不足、市场保障欠缺、数据安全保障缺失等问题。为此，要聚焦三年行动计划，以供给侧结构性改革为主线，以"互联网+"、5G、VR、AR 等数字化技术为手段，推动旅游业生产方式、服务方式、管理模式创新，丰富数字文旅产品和业态，拓展数字文旅消费空间，培育适应大众文旅消费新特征的核心竞争力，让全省数字化旅游产业规模持续壮大，产业结构不断优化，供给质量不断提升，创新创业更加活跃。同时要充分利用欠发达地区丰富的红色资源、革命遗迹，打造智慧旅游+红色旅游新业态，将红色旅游片区进行数字化的深度融合；充分利用地区研学旅游资源优势，推进"智慧旅游+研学""智慧旅游+教育"的业态打造，促进传统文化与智慧旅游深度融合，打造寓教于游的数字文化体验空间。

三是要坚持互联互通机制创新，共同搭建区域旅游交流合作新平台。浙江省全力打造的文旅信息服务平台"诗画浙江·文化和旅游信息服务平台"，实现了"一景一档""一团一档"的日常运行监测及文旅导览一张图、文旅资源一张图、数据共享一张图综合应用与展示。在此基础上，要充分利用数字化技术，创新"数字化+旅游"新业态、新模式，建立有效的区域智慧旅游监管和智慧服务体系，推进旅游市场有序运行。同时要建立常态化的区域沟通协作机制，搭建全省旅游市场交流合作新渠道、新平台，推动交通运输、旅游等行业的数据互联、信息互通，联合实施整体旅游形象宣传推广、旅游线路设计开发、旅游客源互送互推，突出杭州、宁波、温州等都市区的辐射能力，更好带动周边区域发展，在区域协调发展中推进共同富裕。

三 以优质旅游推动全民共享发展成果

共同富裕是全体人民的富裕，[①] 旅游业高质量发展要让全体人民共享发展成果。中共中央、国务院对浙江建设共同富裕示范区的要求，强调要实施"扩中""提低"行动。旅游业富民效应显著，要时刻坚持把惠民利民作为旅游产业发展的落脚点和发力点，切实让人民群众共享旅游发展成果。

一是要引导休闲农业和乡村旅游提质升级发展，促进农民多元增收。浙江省拥有民宿1.9万余家，农民收入中旅游贡献率达11.5%，农民逐步向旅游从业者转变，休闲农业和乡村旅游产业规模超千亿元，乡村旅游日益成为实现乡村振兴、促进共同富裕的重要路径。浙江乡村有宅基地、田园风光、民俗文化景观等资源，要因地制宜发展乡村特色旅游业，整合、盘活村庄闲置资源，开发新产品、新业态和新服务，打造完整的旅游产业链，创造更多就业岗位，吸收

---

① 《中共中央召开党外人士座谈会 征求对中共中央关于制定国民经济和社会发展第十三个五年规划的建议的意见》，《人民日报》2015年10月31日。

更多农民吃上"旅游饭"。以业态创新、产业发展为依托,探索"政府+企业+村民"模式等乡村振兴产业组合路径,积极推动乡村农家乐升级换代,发展特色民宿、研学基地等文旅新业态,支持农民直接参与经营活动,带动乡村就业,为村民带来更多致富渠道。

二是要实施旅游消费提振促进计划,调节不同群体间的收入水平。浙江各地在做好疫情防控常态化的前提下,要积极推出各类节庆活动、优惠措施,围绕12个国家级夜间文化和旅游消费集聚区,结合不同地区的差异化优势开展系列主题活动,进一步激发旅游市场的活力。要聚焦刺激旅游消费市场,创新营销模式和惠民方式,通过推出浙江惠民旅游年卡、采用线上线下相结合方式灵活发放文旅消费券等措施,在全省范围内实施更大力度的旅游惠民促销。同时引导农民以土地入股、劳动力入股以及联合经营等方式与乡村旅游合作社、旅游企业合作,加入特色乡村民宿、乡村度假综合体等新业态的建设和经营活动,通过中高收入群体市场化、自愿式的旅游消费将财富"转移"到作为旅游服务业者的低收入群体中,调节财富分配水平,促进全体群众共同富裕。

三是要让群众共享旅游发展红利,重视发挥第三次分配慈善公益力量。第三次分配是基于"精神力量",通过慈善事业、志愿服务等方式,促进社会资源和财富在不同群体间流动。公益旅游拥有利他性、公益性、体验性等特点,是实现第三次分配的重要途径。浙江在推进共同富裕示范区建设中全面打造"善行浙江",建立健全回报社会的激励机制,鼓励高收入人群和企业向上向善、关爱社会。[①] 然而,浙江省政府和社会各界对公益旅游发展的重视程度仍需加强。为此,要进一步加快建设旅游公益组织,引导更多市民、游客与企业等共同参与公益旅游活动,不断壮大旅游志愿者队伍。通过强化"进、管、育"等环节,优化志愿者队伍结构,推进专业化建设与管

---

① 《浙江高质量发展建设共同富裕示范区实施方案(2021—2025年)》,《政策瞭望》2021年第7期。

理。同时要发挥浙江旅游窗口的作用，通过"线上+线下"多渠道方式联动发力，推动公益旅游宣传，让更多有需要的人民受益于公益事业的无偿捐赠。

四 以提升旅游供给赋能共同富裕的精神内涵

共同富裕是人民群众物质生活和精神生活都富裕。随着经济社会的不断发展，精神共同富裕的重要性越来越突出。旅游业作为传承文化、交流文化、推广文化的现代服务业与典型的幸福产业，不仅要加强文化和旅游硬件设施建设，保障区域文化繁荣发展，还要培养旅游者审美情趣体验，引领文化内涵式发展。

一是要提升旅游公共服务水平，让群众精神生活更富裕。近年来，浙江不断加大公共文化和旅游事业投入，但浙江省部分地区仍存在旅游公共服务单一、公共文化和旅游服务共建共享不足等问题。区域资源是有限的，市、区、县、村间的公共文化和旅游服务资源应联合共享，加大对山区26县公共文化和旅游服务的支持力度。在公共文旅服务设施的数量上，做到市县乡三级全覆盖；在文旅行业服务质量上，实现城乡一体"15分钟品质文化生活圈"覆盖率达到100%。

二是要加强乡村文化的提炼与创新，让乡风文明建设更深入。中华文明传统文化的根底在于农耕文明，根源在于乡土文化。浙江省2013年启动农村文化礼堂建设，经过多年的持续推进，农村文化礼堂已成为浙江传承中华优秀传统文化和弘扬社会主义核心价值观的有效载体，在建设共同富裕示范区的关键时期，全省农村文化礼堂和新时代文明实践中心建设也须迈入积厚成势、蓄力跃升的新阶段。乡村正逐渐演变成新型文化综合体，乡村旅游要超越传统农家乐形式，加快向观光、休闲、度假复合型转变，解码乡村文化基因，提炼文化特色与元素，促进乡村旅游的主客共享，维系并丰富人与人、人与社会之间的亲密关系，提升村民和游客的精神风貌。

三是要推动数字文旅系统的建立和应用,让智慧旅游赋能精神共富。2021年,浙江启动数字化改革并在浙江县域、乡村中持续深入推进,逐渐成为浙江新发展阶段全面深化改革的总抓手。一方面,要通过积极推进浙江博物馆、美术馆、图书馆等文化和旅游公共设施的"共同体"建设,搭建"数字资源共享平台",以数字赋能奏响精神文明新乐章。另一方面,要着力推动智慧旅游建设更深入,打造文旅大数据平台,以大数据和数字化管理洞察消费需求,扩大新技术的场景应用,满足人民群众的个性化旅游需求和文化体验。同时,深入开展文旅幸福指数研究,探索建立"精神富有"数字化评价指标体系,以指数分析谋划文化需求,有针对性地为群体提供特色文旅产品和服务。

第九章　服务贸易高质量发展赋能共同富裕示范区建设

第一节　引言

党的十一届三中全会以来，依托经济特区的设立创办、沿海城市开放战略的贯彻实施，以及经济开发区、产业园区、高新技术产业区和自由贸易试验区的建设优化，中国对外开放持续深化，开放型经济体制推动中华民族真正的"富起来"和"强起来"。但是，特定阶段采取的、地域性差异显著的开放发展定位，加快实现中国一部分人、一部分地区率先富起来的同时，地区和城乡之间发展不平衡的严峻矛盾也逐渐显现、日益加剧。中国新发展阶段的对外开放应当如何赋能中国经济社会高质量、高水平发展，有效破解区域、城乡间发展不均衡的严峻困境，深刻挖掘国内国际两个市场、两种资源的深厚潜能，切实发挥好"先富带动后富"的拉动效应，形成中国新时代共同富裕社会建设的全新动能？

经济全球化和经济服务化的时代趋势背景下，服务业的对外开放和国际合作是中国新发展阶段向制度型开放、高水平对外开放转变的关键抓手和重要突破口，服务业开放和服务贸易的高质量发展会成为中国开放型经济体制赋能推进全社会共同富裕的核心环节和重点领域。目前，有三个主要问题亟待研究探讨和深入分析：第一，

"服务贸易高质量发展"的基本内涵和核心本质是什么？第二，服务贸易高质量发展和服务业高水平对外开放如何夯实强化"共同富裕"物质基础和财富源泉，赋能"蛋糕"的"做大做强"？第三，服务贸易和服务业对外开放的成果效益如何平等、合理、广泛地惠及全体人民群众，从物质生活和精神领域两个层面"分好蛋糕"？

《中共中央　国务院关于支持浙江高质量发展建设共同富裕示范区的意见》（2021年5月20日）出台，要求推动浙江高质量发展建设共同富裕示范区，打造富有省域特色和示范作用的实践案例，深化丰富和拓宽延伸中国共同富裕的理论基础和路径研究。浙江省是中国改革开放的前沿阵地和对外贸易的重要窗口，更是服务业对外开放领域创新引领、开拓突破的领头羊和试验田。2015年9月，浙江省商务厅发布《浙江省服务贸易发展基地创建办法》，旨在深度释放服务贸易发展基地推进产业集聚、提升产业规模、加快人才培养等领域的先导作用。2020年8月，商务部印发的《全面深化服务贸易创新发展试点总体方案》将浙江省杭州市作为全国范围内28个省、市（区域）全面深化服务贸易创新发展试点之一，赋予杭州市探索服务贸易创新发展体制机制、打造服务贸易发展高地的重大使命。2021年5月，《浙江省服务贸易发展"十四五"规划》指明，以打造全国数字贸易先行示范区为重要契机，全面深化服务贸易创新发展和数字化转型，推动对外贸易的转型升级和高质量发展。因此，浙江省具备建设共同富裕示范区以及考察服务贸易高质量发展赋能意义的社会环境和政策保障，为中国如何依托服务贸易的高质量发展加快推动共同富裕社会建设提供省域样本和典范成果。

本章基于浙江共同富裕示范区的建设现状和发展目标，明晰服务贸易高质量发展基本内涵的三个重要维度，阐述分析服务贸易高质量发展赋能共同富裕示范区建设的作用机制和影响逻辑，全面总结浙江服务贸易的发展现状、主要特征和现实挑战，从"做大蛋糕"和"分好蛋糕"两个方面，探讨提高服务贸易推进共同富裕示范区建设正向赋能效应的实施路径。

第二节 服务贸易高质量发展赋能共同富裕示范区建设的作用机制

近年来，单纯追求数量和规模的对外贸易发展观念已经无法满足中国经济社会高质量发展和人民追求美好生活的愿景需求。在中国推进实现全社会共同富裕的背景下，服务业开放和服务贸易对中国区域经济增长、国内分配优化影响效应的文献研究浩如烟海、包罗万象。

一部分文献认为服务业的对外开放和服务贸易加剧区域间发展的不平衡性，加速扩大地区、城乡间的收入差距。戴枫和孙文远提出服务业领域开放的工资提升效应存在技能异质性，即熟练劳动者的相对工资提高较快，[1] 容易导致整体收入不平等的扩大。马颖等学者则指出经济发展和政策环境、[2] 自然禀赋分配等方面的差异，[3] 很可能形成区域间、行业间的服务业开放程度和服务贸易发展水平的先天性失衡，进而演化为地区间收入不平等、区域贸易壁垒等均衡性发展难题。

另一部分研究则聚焦于服务业开放和服务贸易实现物质和精神双维度"共同富裕"的赋能效应。围绕服务贸易打造要素流动畅通、供给边界持续扩展的广阔市场，姚战琪指出服务贸易带来国内消费产品多样化、高端化，丰富消费者的消费需求清单，有效促进人均

---

[1] 戴枫、孙文远：《对外开放与发展中国家的收入不平等：基于亚洲和拉美国家的比较研究》，《国际贸易问题》2012年第1期。

[2] 马颖、余官胜：《对外开放与经济发展关系研究新进展》，《经济学动态》2010年第4期。

[3] 邵建春：《对外开放与中国收入分配不平等——基于国际收支视角的研究》，《经济经纬》2012年第5期。

消费支出和增进消费者福利。① 这种效应还体现在服务业领域消费需求的个性化、定制化和生产柔性化的发展趋势上。② 同时，通过引进国外的先进技术和模式，提供相对省时、省力的学习模仿机会，③ 高效促进企业的技术进步，提高社会全要素生产率，加快优化相关产业间的要素配置，最终赋能实现国民收入水平的全面提升。④

一　服务贸易高质量发展的基本内涵

"高质量发展"是颇具中国特色的经济学概念，国内学术界针对经济社会领域"高质量发展"的论述各有侧重，但已经基本形成部分共识。

一是"创新""改革""开放"是经济社会高质量发展的"三轮"驱动力。⑤ "科技""制度""模式和业态"领域优化升级、变革转型的"创新轮"，高水平的开放型经济体制发展建设的"改革轮"，推进更大范围、更宽领域、更深层次制度型对外开放局面的"开放轮"，形成融合协调、共同发力、协同并进的高质量发展驱动引擎。

二是高水平的"发展任务""目标导向"是经济社会高质量发展的根本指引。"系统性""全面性""可持续性""民生指向性"是经济高质量发展的主要方向，国民经济领域的"总量提高""效益提升""结构优化""安全高效""发展可持续性""成果共享"⑥是高

---

① 姚战琪：《中国服务业进口对居民人均消费支出的影响研究》，《学术论坛》2022年第1期。

② 夏杰长、李銮淏：《贸易强国建设的关键突破和战略思路》，《价格理论与实践》2023年第1期。

③ 钱海松：《中国技术贸易影响技术进步的理论机制与实证检验》，硕士学位论文，浙江工商大学，2016年。

④ 徐紫嫣、夏杰长：《服务业开放、国民收入追赶和跨越中等收入陷阱》，《河海大学学报》（哲学社会科学版）2022年第3期。

⑤ 中国社会科学院财经战略研究院课题组：《"十四五"时期推进中国贸易高质量发展的问题与对策》，《财贸经济》2021年第10期。

⑥ 赵剑波、史丹、邓洲：《高质量发展的内涵研究》，《经济与管理研究》2019年第11期。

质量发展的核心任务和重要目标。

三是"科学理论""顶层设计"的高质量协同优化是经济社会高质量发展的赋能合力。深刻认识和解决回应"中国问题",需要"中国学术"引领的"中国道路"来实现。科学理论的现实应用则必须同顶层制度设计匹配运行、动态优化。坚持立足大局、抓住根本,以理论创新和研究应用辅助顶层制度的合理规划,以政策法规的精准实施和动态优化验证发展分析框架和理论内容,两者的共振协同是高质量发展的重要合力。

以此类推,服务贸易高质量发展的三个维度:一是深层释放和充分发挥"创新""改革""开放"三轮驱动力推进服务贸易高质量发展的重要意义;二是明确规划服务贸易领域"贸易规模稳步提高""贸易效益持续提升""贸易结构优化升级""对外开放兼顾国家安全和可持续性发展""开放合作和经贸成果全球共享"等高水平的发展任务和核心目标;三是形成服务经济领域的中国理论体系,提升服务业对外开放和服务贸易的科学理论研究的深度、广度和精度,助力服务贸易领域相关政策的精准制定和贯彻落实,形成新发展阶段中国智库支撑和顶层制度赋能服务贸易高质量发展的深刻合力。因此,服务贸易高水平、高质量、高效益的发展以及发展成就获得感和人民福祉的显著提升,[①] 有赖于多重维度的有机结合和协调运行。

二 服务贸易高质量发展赋能共同富裕示范区建设:影响逻辑和作用机制

服务贸易高质量发展促进共同富裕示范区建设的赋能效应释放,其影响效应的底层逻辑就是"尽其所长,强其所短",具体包括两个方面:一是挖掘放大服务贸易促进共同富裕社会建设的推动作用和

---

① 裴长洪、刘洪愧:《中国外贸高质量发展:基于习近平百年大变局重要论断的思考》,《经济研究》2020 年第 5 期。

加速效应；二是深化推进服务贸易的高质量发展来缓和规避加深地区或城乡间收入差距、阻滞服务业开放合作成果共享等不利影响。

（一）尽其所长：释放强化服务贸易推动共同富裕示范区建设的积极效应

服务贸易高质量发展将进一步强化服务业开放和服务贸易赋能共同富裕建设的积极作用。一是放大服务贸易的产业升级和价值链攀升效应。通过推动服务贸易的高质量发展，优化服务业发展环境，释放服务业活力，扩大服务业开放，从而加速服务业和相关产业的转型升级，增强服务贸易国际竞争力，提高"中国服务"在全球产业链、供应链和价值链中的地位与影响力。二是增强服务贸易打破区域贸易和引资壁垒作用。作为开放的重要环节，服务贸易的高质量发展必然会强化破除贸易和外资壁垒的重要效应，通过有序加快服务贸易开放水平较低地区的服务业对外开放步伐，创造服务业领域开放包容、互利互惠、平等安全的国际合作环境，形成区域间和全球范围内要素的合理、高效流动和配置。三是保持服务贸易激发市场活力、满足和释放消费需求的强大功能。服务产品同广大人民群众的生活息息相关，旅游、电信、教育、医疗等服务更是在提升人民生活幸福感和满足感方面发挥着不可或缺的重要作用，通过服务贸易的高质量发展，推动服务产品更大规模、更高品质、更优定位、更多元化的市场供给，更充分地满足广大居民日益丰富和发展的服务消费意愿，进一步释放其服务消费潜能。

（二）强其所短：阻断服务贸易扩大分配不均、收入差距影响路径

通过服务贸易的转型升级，缓解和调整服务业开放和服务贸易扩大居民收入差距、加速地区发展不平衡和形成共同富裕成果分享鸿沟等负面影响效应，更充分地赋能共同富裕的建设实践。一是弱化服务贸易加剧地区发展不平衡的负面效应。服务贸易的高质量发展旨在突破原有的部分地区"先行先试"的开放制度模式、市场准入

限制和隐性壁垒，强调服务贸易目标上的"系统性""全面性""可持续性""民生指向性"，循序渐进、因地制宜、因势利导地发展不同地区、不同行业的服务贸易，改变国内各区域服务贸易发展水平差距显著不均衡的局面，打造适宜本地经济发展和共同富裕示范区建设的服务业开放和贸易环境。二是调整服务贸易进出口结构、行业结构和服务业开放结构。长期以来，中国服务贸易进出口结构两极化特征仍然显著，知识密集型服务进出口规模虽然呈现快速提升趋势，但较发达国家仍存在"质"和"量"上的巨大差距。服务贸易的高质量发展依托创新、改革、开放的高质量"三轮"驱动力，将在保持人力资本密集的服务贸易高速增长的基础上，优化服务贸易进出口结构以及行业结构，继续强化"知识密集型服务贸易占比提高、传统领域服务贸易优势稳固"[①] 行业结构持续优化的基本态势，从而提高中国在全球市场的份额以及服务贸易出口综合竞争力，助力实现经济高质量发展和共同富裕社会的建设实践。

根据上述影响机理的底层逻辑阐述，服务贸易高质量发展促进共同富裕示范区建设的赋能作用机制可归纳为如下三类效应。

第一，增长优化效应，其表现为服务贸易提升服务业及相关产业的生产效率，形成有利于经济高质量和高速度增长的产业生态圈，赋能高效率和高质量的国民经济增长。共同富裕的物质条件是"富裕"，经济高质量和高速度增长是实现更广阔和更深刻"富裕"的现实基础。服务贸易高质量发展赋能共同富裕示范区建设的增长优化效应具体表现为：一是通过服务业高质量开放和先进技术引入，加快服务业及上下游产业向"低碳""绿色""高效"转型，实现产业链条和产业生态圈的优化升级，形成经济更高质量、高水平发展的生产原动力；二是服务贸易高质量发展进一步满足和激发居民的消

[①] 此处指的是运输、工程建筑等传统优势服务贸易保持稳步增长，金融、文化娱乐、计算机和信息服务、知识产权使用费、其他商业服务等知识密集型服务贸易占比快速增长。

费意愿和市场需求,在发展好和实现好广大人民群众日益丰富和不断提升的对美好生活追求的同时,也为建设共同富裕社会注入增强市场活力和优化生产供给的需求动能,筑造需求和供给双端平衡互配、协调互促的循环链条。

第二,创新驱动效应,其体现为以云计算、物联网、大数据、人工智能、区块链、虚拟现实等为代表的数字技术,在服务贸易领域的普及运用和广泛渗透,形成跨境电子商务、云展会、数字服务贸易等外贸新形态、新业态和新模式。"高质量发展"所突出的"创新"驱动力,是同新时代中国经济可持续发展理念以及要素禀赋上创新引领、经济结构上第三产业主导、增长动力上消费贡献日益增高[①]等新发展阶段发展要求相互协调、紧密联系的。一是服务贸易的高质量发展,通过服务业和数字技术融合的创新途径,有效打破资源诅咒的传导机制,创造新的增长契机和居民收入增长的新突破口,从根源上打破资源分布不平衡限制共同富裕社会建设的困境。二是数字化转型下的服务贸易高质量发展,推动更大范围、更宽领域和更深层次的服务业开放,加速服务贸易供需双侧的相互匹配和转型升级,通过降低服务贸易的传统成本来扩大贸易效益空间,催生出更多服务业领域的全新业态、产品和模式。

第三,人力资本效应,其展现为服务贸易带来更高品质、多元化、柔性化、高端化的服务产品,实现全体人民精神层面的共同富裕和人的全面发展,为建设社会主义现代化强国和共同富裕社会提供更广阔、高水平的人力资本蓄水池和培育空间。一是服务贸易的高质量发展所形成的更广阔、多元化的就业岗位,推动人才流动、闲置劳动力吸纳和人岗匹配,最大化全社会人力资源的作用,营造实现共同富裕的基础条件和人力支撑。二是服务贸易的高质量发展所带来的服务产品多元化和高端化,有利于实现对人力资本的提升优化。以认知能力和非

---

① 李彦军、宋舒雅:《"两山"转化促进共同富裕的逻辑、机制与途径》,《中南民族大学学报》(人文社会科学版)2022年第10期。

认知能力为核心的新人力资本已经逐渐得到国内外学者的重视，充分运用高品质、丰富多样的服务产品是提升人力资本认知能力和非认知能力的必要手段。通过服务贸易的高质量发展，教育、医疗等领域更优质的服务进口和相关行业供给升级是认知能力提升的基本途径，而更加优质、多元的服务产品能够在非惯常环境下通过对认知和非认知能力双方面提升来实现人力资本的积累，以旅游、文化为代表的服务产品进口能够在满足广大人民群众基本的教育、生理需求的同时，达到放松身心、锻炼品格、开阔眼界、拓展思维的效果，进而实现自身价值和生产效率的有效提升。三是依托中国博大精深、内涵深厚的优秀传统文化和世界各地的先进文化，服务贸易的高质量发展通过提供优质的服务产品，丰富和饱满人民群众的精神世界，实现物质生活和精神生活两个层面的共同富裕。

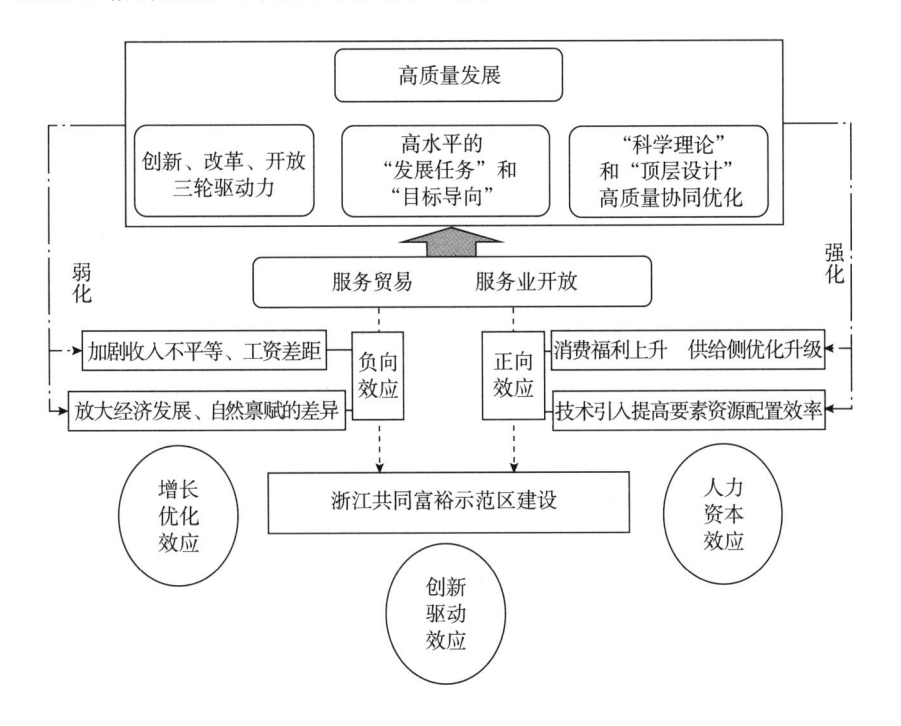

图 9-1　服务贸易高质量发展赋能共同富裕示范区建设的影响逻辑和作用机制

第三节 浙江服务贸易发展的阶段性成果和主要特征

根据联合国贸易和发展会议（UNCTAD）的公开数据，2015—2021年，中国服务贸易的总体规模保持高速增长的基本趋势，除2019年和2020年外均保持高速正向增长。截至2022年，中国服务贸易总规模已经达到8891亿美元，较2015年增长接近25%，保持在世界第二位，远远超过大部分的发达经济体。其中，中国服务进口和出口规模分别超过4651亿美元和4240亿美元，服务贸易逆差较2015年缩小近70%。[①]

近年来，浙江省的服务贸易发展亮点纷呈、成绩斐然。根据商务部统计数据，2012—2022年，浙江全省服务贸易总额年均增速超过11.0%，较2012年扩大近1.9倍，规模位列全国第四。2022年，浙江省服务贸易进出口总规模突破5091亿元，约占中国服务贸易总额的8.5%，服务外包、数字贸易、服务贸易示范区建设等均居于全国领先地位。

一 服务贸易总体规模保持稳步扩大的发展方向

随着浙江省营商环境的深入优化和文化出口基地、离岸服务外包综合园区、在岸服务外包示范园区等全面建设，2017—2022年浙江省全省的服务贸易规模从接近3663亿元增长到约5091亿元，年均约增长6.8%，其中，浙江省服务贸易总规模在2021年一度达到5490亿元，服务贸易进口额和出口额分别提高到2469亿元和3021亿元，较2017年分别增长超过2.1倍和13.5倍。

2021年，浙江省全省服务贸易进出口总额较2020年增长约

---

① 相关数据来源于联合国贸易和发展会议（UNCTAD）数据库，https：//unctadstat.unctad.org/wds/ReportFolders/reportFolders.aspx。

28.1%。其中，进口和出口规模同比增长分别约为 25.30% 和 31.80%。与此同时，服务外包作为浙江服务贸易的重要途径和优势领域，以杭州、宁波两个服务外包示范城市为重点，探索发展物联网服务外包、金融服务外包、医药和生物技术研发服务外包等高端服务外包业态，为浙江服务贸易规模稳步扩大注入强大动力。2016—2022 年，浙江服务外包离岸执行额从 556.93 亿元上升到 1321.42 亿元，总额增长超过 1.3 倍。其中，信息技术外包（ITO）、业务流程外包（BPO）和知识流程外包（KPO）合同接包执行金额分别从约 328.45 亿元、50.68 亿元和 176.95 亿元，增长到约 365.77 亿元、245.88 亿元和 709.77 亿元，增长幅度分别为 1.02%、79.39% 和 301.11%，成为浙江服务贸易高速发展的强大推力。

二 服务贸易呈现出长期总体顺差的主要结构趋势

长期以来，中国服务贸易进出口结构两极化特征相对显著，2015—2019 年服务进口额占服务贸易总额比重同出口额所占比重差距超过 25 个百分点，从 2020 年开始出现微弱收缩态势，但截至 2022 年仍存在 411 亿美元的服务贸易逆差。

相比之下，"顺差"为主、"逆差"短暂性呈现是浙江省服务贸易的主要特征。自 2010 年以来，浙江省服务贸易长期保持"出口额高于进口额"的基本趋势，2017 年顺差规模一度超过 1194 亿元，较 2011 年的约 342 亿元增长近 3.5 倍。2018 年、2019 年和 2022 年，浙江省服务贸易出现短暂性"逆差"，即分别 1676 亿元、1559 亿元和 314 亿元的逆差规模。具体到行业层面，2020 年以来，"顺差"来源不仅包括"运输"和"建筑"等传统优势项目，还逐渐转向"维护和维修服务""加工服务""金融""其他商业服务""个人文化和娱乐服务"等领域。其中，2020—2022 年，"运输"服务的顺差规模不断增长，而其他项目的顺差额则呈现波动状态或缩小趋势，但"维护和维修服务""加工服务""其他商业服务""金融"领域顺差规模依然保持着较高水平，在2022年的"逆差"总态势下，仍分别贡献38.5亿元、67.8亿元、84.6亿元和85.2亿元的顺差额。除此之外，保险服务业也在近些年逐步出现微弱顺差，并在2020年达到2.53亿元的顺差规模，但2022年再度转为逆差。

三 服务贸易行业结构表现出持续优化的基本局面

近年来，浙江省扩大建设文化、人力资源、地理信息、中医药等特色服务出口基地、货物和服务贸易发展协调基地、离岸服务外包特色园区等。在此背景下，浙江省在个人、文化和娱乐以及电信、计算机和信息服务、知识产权使用费等知识密集型服务领域的贸易规模呈现出快速扩大的发展态势。另外，2018—2021年，浙江运输和加工服务贸易的总规模分别从561亿元和59.9亿元增长至1718.9亿元和73.6亿元，反映出浙江省运输、加工服务等传统优势领域服务贸易稳步提升的增长特征。

根据浙江省商务厅统计数据，2022年，浙江省个人、文化和娱乐服务，知识产权使用费，以及电信、计算机和信息服务领域的服务进出口规模分别达到21.5亿元、185.9亿元和1161.5亿元，分别是2018年的1.30倍、2.97倍和2.27倍，年均增速分别超过了6.7%、31.2%和22.7%。值得注意的是，2021年，个人、文化和娱乐服务贸易规模出现跨越式"突增"，其进出口总额达到157.1亿元，出口额占比则达到94.1%。整体来看，浙江省服务贸易行业结构表现出"知识密集型领域占比提升，传统优势领域强化稳固"持续优化的明显特征。

四 服务贸易数字化转型的创新动能日益凸显

依托数字自贸区和数字人民币试点探索、商务数字化改革，以及分级分类开展数字生活新服务标杆建设，浙江服务贸易领域不断加快数字化、智能化转型，其产生的创新驱动势能日益凸显。互联网、区块链、大数据、人工智能、5G、虚拟现实和增强现实等数字技术同服务贸易全链条各环节的深度结合，催生出服务贸易和服务业领域的新业务形态和新发展模式，加快推动数字化转型深刻赋能服务贸易的高质量发展。

作为数字订购服务和数字服务产品贸易的重要形态，跨境电子商务成为服务贸易数字化转型的重要途径和主要手段。近年来，浙江省跨境电商市场主体和配套设施体系发展迅速，整体发展呈现出明显的集聚化特征。浙江省相继启动了三批共 67 个省级产业集群跨境电子商务发展试点，涌现出一批以杭州全麦、杭州子不语、浙江执御、义乌潘朵、义乌吉茂等为代表的跨境电商领军企业，以及全国最大的跨境电商平台——全球速卖通（AliExpress）。截至 2021 年，浙江省在主要第三方平台上的出口活跃网店超过 14.9 万家，依托"跨境电商+原产地制造"等新模式累计培育跨境电商自主品牌超过 1500 个，2022 年，浙江省跨境电商进出口总规模突破 4000 亿元，较 2021 年同比增长超过 21.1%。同时，浙江省有序、积极和深入探索文化、医疗、教育、会展等服务业领域的数字化转型升级和渗透融合。2022 年，浙江实现全省数字贸易进出口总额超过 6336 亿元的卓越突破。其中，浙江省数字服务贸易总规模约 2113 亿元，同比增长 6.9%，占服务贸易总额的比重接近 41.5%，成为我国数字贸易的标杆省份和领军高地。

五 服务业的开放合作不断延伸和深化

近年来，中国首创性地提出"一带一路"倡议和人类命运共同体理念，主动参与构建《区域全面经济伙伴关系协定》（RCEP）、《全面与进步跨太平洋伙伴关系协定》（CPTPP）和《数字经济伙伴关系协定》（DEPA）等双边、多边、区域经贸合作协定，积极发挥中国（北京）国际服务贸易交易会、中国高新技术成果交易会、中国国际投资贸易洽谈会、全球数字贸易博览会等会展投资促进、开放合作的平台功能。

乘着深化对外开放和逐步形成"以国内大循环为主体、国内国际双循环相互促进"新发展格局的东风，浙江省相继出台《浙江省服务贸易发展"十四五"规划》《高质量建设全省现代服务业创新发展区的实施意见（2021—2025 年）》《浙江省落实区域全面经济伙伴关系协定三年行动计划（2022—2024 年）》等文件，强调对标最高服务业领域的国际经贸规则和标准体系，形成更加广阔、更为便捷、更大范围、更多优惠的服务贸易领域开放合作环境。同时，浙江省充分发挥数字技术赋能服务贸易的突出优势，举办中国浙江投资贸易洽谈会、2021 浙江数字服务贸易云展会、2022—2023 年两届全球数字贸易博览会等，有效实现了政府、商会和企业间的"云论坛""云参展""云对接""云交易""云签约"，有效减少传统跨境贸易成本，极大降低新冠疫情、地缘政治冲突等对国际经济合作的严峻冲击。当前，浙江省在长期维持同中国香港、美国、日本、新加坡、澳大利亚、英国等主要贸易伙伴的服务业领域经贸往来的同时，不断拓展同韩国、东盟国家等 RCEP 成员国，以及大洋洲、非洲国家（地区）的服务贸易合作，巩固、开拓和深化了浙江省服务贸易领域的友好合作伙伴关系。

第四节　浙江服务贸易高质量发展赋能共同富裕的现实挑战

尽管浙江省服务贸易呈现良好的发展态势，服务业开放领域也取得更高水平、更全方位的进步和突破，但是浙江省服务贸易和服务业开放还面临诸多现实挑战和复杂矛盾，形成在浙江省服务贸易高质量发展进程和赋能共同富裕示范区建设机制中最主要的阻碍因素。

一　服务贸易省域内发展较不均衡，地区间差异相对显著

浙江省服务贸易面临省内发展不平衡、省域内各地区间发展存在显著差距的主要困境。在改革开放以来长时间推行的部分地区"先行先试"开放模式的影响下，浙江省部分城市的服务业发展和开放条件具有地理、政策和经济方面的比较优势，从而直接导致了浙江省各地区之间的服务业水平和服务贸易发达程度也呈现出不平衡的现象，省内服务贸易发展水平差距较为显著。杭州市和宁波市作为中国服务外包示范城市，长期处于浙江省服务贸易领域的领头羊地位，2021年服务贸易进出口总规模分别达到了3314.3亿元和1412.8亿元，占据浙江省全省服务贸易总规模的60.4%和25.7%，较2020年增长约17.8%和69.4%。相比之下，2021年，温州市、嘉兴市、湖州市、绍兴市、金华市、衢州市、舟山市、台州市和丽水市9个市服务贸易进出口整体规模不到763亿元，仅为杭州市和宁波市服务贸易总规模的23.0%和54.0%，占全省服务贸易总规模的份额均低于3%。

除此之外，浙江省服务外包也呈现出十分显著的地区间发展差异。2022年，除安吉县以外，服务外包离岸执行额前十名的区县均隶属于杭州市和宁波市（其中，位列第二的慈溪市由宁波市代管），前三十名中隶属于杭州市和宁波市的区县有21个。

二　知识密集型服务贸易逆差并未改变，国际竞争力提升潜力较大

虽然浙江省服务贸易整体呈现长期顺差的基本走向，但在不同行业的进出口贸易情况各有差异，主要表现为在运输、建筑、加工服务等传统优势的劳动密集型服务行业保持着"出口大于进口"的顺差形势，而旅行、知识产权使用费以及电信、计算机和信息服务等服务领域的进出口结构则出现"进口大于出口"的逆差态势。

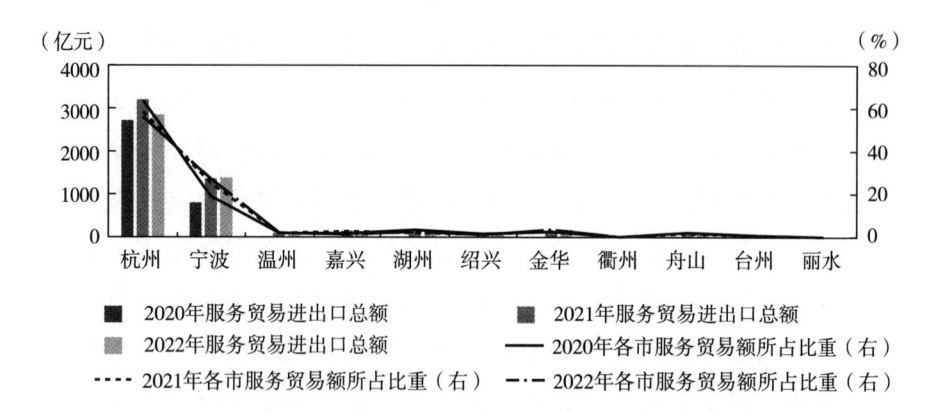

图 9-2　2020—2022 年浙江省各市服务贸易总额和所占比重

资料来源：浙江省各市服务贸易进口和出口额数据来自浙江省商务厅，经笔者分析整理所得。

2018—2022 年，旅游服务贸易一直表现出显著逆差。虽然逐步显现收缩走向，但截至 2021 年仍有接近 383 亿元的逆差规模，并在 2022 年再度扩大至 596.6 亿元。除此之外，知识产权使用费，以及电信、计算机和信息服务贸易的逆差境况并未根本扭转。2022 年，知识产权使用费服务贸易出现 81.6 亿元的逆差极值，较 2018 年已经年增长近 10.3%。电信、计算机和信息服务贸易从 2018 年的 154.4 亿元的顺差规模，经过 2019 年首次逆差后，到 2022 年逆差额已经扩大至 361.5 亿元。作为知识密集型服务贸易领域最重要的行业，知识产权使用费以及电信、计算机和信息服务反映了浙江省高附加值服务领域的国际竞争力的发展空间和上升潜力偏大，这同浙江省知识产权使用费以及电信、计算机和信息服务贸易的 TC 指数反映的情况基本一致，即两者的贸易竞争力指数（TC 指数）长期保持为负，呈现出较明显的竞争劣势①且远低于运输、建筑、加工服务等传统优势服务行业。从整体来看，浙江省的服务贸易竞争力也存在较大的提高空间。2021年，浙江省服务贸易的TC指数为0.10，尽管较2017—2019年TC指数的数值略有好转，但全省服务贸易竞争优势微弱的基本状况并未根本扭转。

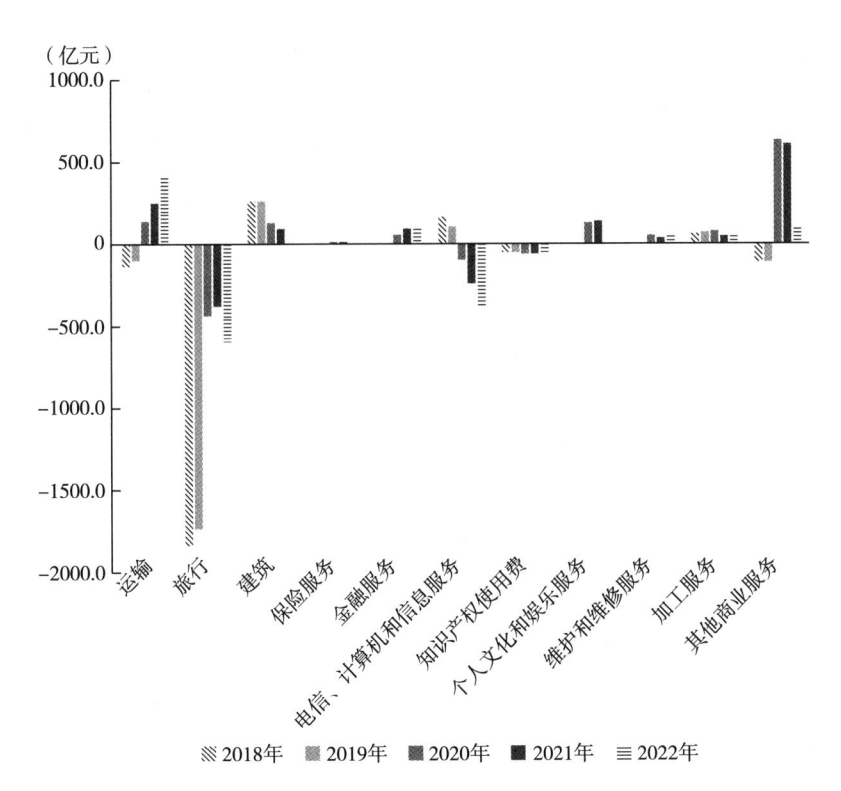

图9-3　2018—2022年浙江省11个领域服务贸易差额

资料来源：浙江省11个领域服务贸易进口和出口额数据来自浙江省商务厅，经笔者分析整理所得。

---

① 贸易竞争力指数（TC指数）= $\frac{（出口额-进口额）}{（出口额+进口额）}$。根据浙江省商务厅公开的统计数据，2018—2022年，知识产权使用费服务贸易的TC指数分别为-0.88、-0.85、-0.64、-0.52和-0.44；2018—2022年，电信、计算机和信息服务贸易的TC指数分别为0.30、0.19、-0.09、-0.17和-0.31。

三 贸易顶层制度设计尚待完善，政策扶持深度和精准度不足

近年来，浙江省陆续出台《浙江省服务贸易发展基地创建办法》《浙江省服务贸易发展"十四五"规划》《2022年商务领域优化营商环境工作要点》《中共浙江省委 浙江省人民政府关于大力发展数字贸易的若干意见》等政策制度和规划方案，基本确立了浙江省服务贸易高质量发展的任务目标和服务业营商环境向市场化、法治化、国际化、便利化方向进一步优化的具体要求。面对新冠疫情的剧烈冲击，浙江省发改委等14部门联合印发《浙江省关于促进服务业领域困难行业恢复发展的政策意见》《关于金融助力外贸稳增长的若干意见》以及新修订的《中国（浙江）自由贸易试验区条例》等，各地也相继发布《杭州市加快服务贸易发展资金扶持政策》《宁波市推动服务贸易创新发展实施方案》等相关指导文件，通过多元化渠道保障服务贸易的有序恢复、加速复苏和稳定发展。

然而，当前有关地方部门协调和统筹规划仍然广泛存在着实施口径不统一、管理缺位、贯彻落实不精准等现实问题。一是服务贸易相关政策扶持深度有待提升。专门扶持服务业和服务贸易发展的财政资金使用效率不高，部分财税支持政策审批前置条件过多、手续烦琐、申请时间成本过高，成为政策扶持力度无法在具体领域充分发挥其深刻作用的重要因素。二是服务贸易有关政策扶持的精确度低。政府、企业间的"数据孤岛"、尚待疏通的信息数据传输梗阻现象、数字贸易统计标准和监测设施发展不足等现实问题，导致数据共享、比照和实时共享面临巨大困难，浙江省各地统计数据遗漏、缺失和发布滞后等现象依旧存在，极大地影响浙江服务贸易相关政策和指导意见研究制定、贯彻落实的合理性、科学性和精准性。

第五节 浙江服务贸易高质量发展赋能共同富裕示范区建设的政策建议

以服务贸易高质量发展和服务业开放为主要抓手以加快推动开放

新格局和共同富裕社会的实现，是基于服务经济的主导地位和深化服务业对外开放的独特作用决定的。① 服务贸易高质量发展是构建形成"以国内大循环为主体、国内国际双循环相互促进"新发展格局的必经之路。共同富裕社会的实现，必须同所处的经济阶段和具体发展背景相结合和匹配。因此，如何依托服务贸易的高质量发展深刻赋能中国共同富裕社会的建设，实现对外开放和国际贸易领域纵向和横向维度上的充分拓展，以更好地实现区域之间、城乡之间的"均衡"发展，是新一轮开放发展战略和模式转型的重要目标和任务。

服务贸易的高质量发展从增长优化效应、创新驱动效应和人力资本效应三个主要路径，强化服务贸易发展缩小区域、城乡间物质和精神财富层面发展差距的积极作用，缩小甚至消除服务业对外开放可能引致的区域和城乡间发展不平衡，以及服务业生产效率和附加值低下等问题。基于服务贸易高质量发展赋能共同富裕示范区建设的基本逻辑和影响机制，政策设计和实施路径需要从当前浙江省服务贸易发展的阶段性成就和现实挑战出发，深刻探讨充分释放服务贸易高质量发展的赋能动力的有效途径和实践方案。

一 坚持服务业的转型升级，优化服务贸易高质量发展的产业生态圈

现代服务业的发展水平是服务贸易高质量发展的重要基础。通过浙江省服务业的转型升级，加快省域内各地服务业产业基础的强化和提升，缩小各地服务业发展差距，夯实中国服务贸易发展的产业基础，进一步优化全省的服务贸易产业生态圈。

一是积极培育培植强大而富有活力的市场主体。一方面，依托跨境电子商务、数字会展等新业态和互联网、5G、云技术、虚拟现实

---

① 夏杰长：《以服务业开放为主要抓手形成全面开放新格局》，《财贸经济》2022年第10期。

等数字技术，打造规模庞大的掌握自主品牌、自主研发能力和自主营销渠道的优秀先进企业，形成多层次市场主体竞相发展的新格局；另一方面，针对作为劳动就业和满足基本民生主要贡献者的中小微服务业企业，政府要给予帮扶和特殊时期的纾困，通过改善企业投融资条件、提供劳动力培训、实施精准有效的税费优惠和高效的公共服务平台等，提升中小微服务业企业的市场竞争力，为服务业高质量发展注入动能和活力。[①] 二是加强浙江省服务业创新变革，积极促进全省各地服务业发展的数字化、智能化和高端化，牢牢把握数字时代的历史机遇，大力扶持服务业领域的全新业态，提高全省服务业全要素生产率，减少低效高耗供给，为服务业现代化的转型升级提供重要支撑。三是推动浙江省服务业同各类产业以及全社会生产链条各环节的有机融合，加强服务业发展和对外开放赋能共同富裕的效应深度。

二 深化服务业对外开放，精准定位服务贸易发展的具体路径

充分发挥服务贸易高质量发展对共同富裕示范区建设的赋能效应：一是要坚持深化服务业开放和服务贸易合作，走更大范围、更深层次和更宽领域的对外开放道路；二是因地制宜、因势利导，科学、合理规划全省各地服务贸易的发展空间布局。

扩大服务业对外开放是浙江省服务贸易高质量发展的前提条件。对外开放是中国基本国策，服务业领域的高质量、高水平对外开放是当前中国构建新发展格局的主力军。因此，在确保国家经济安全的前提下，依托浙江省超大规模市场和较发达的产业基础优势，实行更加积极主动的开放战略，坚定不移、积极有序地扩大浙江全省的服务业开放，把握好服务业开放的重点领域，高度重视浙江省内

---

① 徐滢、张琪滟、金银亮：《小微服务业企业纾困思路与对策研究》，《市场周刊》2021年第9期。

服务业发展和开放相对落后的地区,进一步调整、缩减外资准入负面清单,筑造更加开放、透明、包容、非歧视的地方服务业领域国际合作环境。

坚持地方特色、合理地错位发展和精准定位是浙江省服务贸易高质量发展赋能共同富裕示范区建设的具体路径。在坚持全省发展一盘棋的前提下,着眼全省各地的服务贸易发展基础和特色优势,精准谋划不同地区的服务贸易发展定位。充分运用杭州市数字贸易的引领地位、舟山市沿海资源的显著优势、丽水市生态城市的独特定位等,做大做强各地区相对优势服务行业的对外开放,形成各地合力以积极推动全省服务贸易的全面发展和数字贸易先行先试,真正实现服务贸易高质量发展,维护好、实现好、发展好各地区人民的根本利益和美好追求,促进服务贸易高质量发展,更充分、更全面、更深入地赋能浙江省共同富裕社会的建设实践。

三 重视强化数字化转型赋智赋能,加快推动服务贸易的高质量发展

随着日新月异、变革升级的数字技术全方位、多层次、高水平地渗透融入服务贸易领域之中,数字化动能赋智赋能服务贸易领域标的、工具和方式的创新变革,加快服务贸易的转型升级进程。正是高速发展的数字技术带来数字化的发展浪潮和重要发展趋势,形成中国服务高质量发展的重要动能,对加速国际服务贸易领域供需双侧优化和相互匹配、全方位降低国际服务贸易的传统成本、扩大国际贸易的效益空间、催生出重塑全球价值链的国际贸易新业态新模式,发挥了极为重要的作用。[①] 因此,深刻把握数字技术和"数字化"应用的革命性突破,围绕数字化赋能浙江省对外开放和服务贸易高质量发展的机制效应,形成推动共同富裕社会实现的有效

---

① 夏杰长、李銮淏:《数字化赋能国际贸易高质量发展:作用机理、现实挑战和实施路径》,《国际贸易》2023年第1期。

路径。

一是以数字化加速国际服务贸易供需双侧的相互匹配和转型升级，发挥数字技术畅通服务贸易供需两侧信息数据的传输渠道，有效打破供需双端间的信息壁垒的作用，加快释放消费端巨大潜能，有效激发服务消费需求快速扩张和升级，形成最高效、最适配、效益最大的生产要素组合。[①] 二是以数字化减少国际服务贸易的传统成本，借助服务贸易产品、工具和途径的数字化创新变革，服务贸易营销、谈判磋商、交付、运输等环节的成本支出能够得到有效降低，从"量"上有效扩大浙江全省各地服务贸易主体的效益空间。三是以数字化催生服务贸易领域的新业态和新模式，在巩固运输、建筑、加工服务等传统优势的劳动密集型服务贸易稳步扩大的同时，提高旅行、电信、计算机和信息服务以及知识产权使用费等知识密集型服务贸易优势，推进浙江省服务业向全球价值链上游延伸，加快服务业要素资源的高效、精准和优化配置，缩短过剩落后产能淘汰的反应时间，从而全面提高浙江省服务贸易的国际竞争力。[②]

四 强化服务贸易赋能共同富裕理论研究，动态完善顶层制度和政策设计

服务贸易的高质量发展和服务业的高水平对外开放，如何有效赋能推进实现共同富裕，这是构建新发展格局和实现共同富裕社会伟大实践的重大议题，所形成的中国学术体系为服务贸易的高质量发展赋能浙江省乃至全国范围内的共同富裕示范区建设，提供顶层设计和政策法规的参考依据和理论支撑。

目前，国内学术界有关服务业开放、服务贸易高质量发展和贸易数字化等领域的研究层出不穷、丰富多样，但是关于服务业开放和

---

① 江小涓、靳景：《数字技术提升经济效率：服务分工、产业协同和数实孪生》，《管理世界》2022年第12期。

② 夏杰长、姚战琪、张雅俊：《服务业高质量发展助力共同富裕：基于浙江省的经验》，《中国流通经济》2022年第12期。

服务贸易高质量发展前沿动态的深入研究较为薄弱。一是服务业开放和服务贸易发展的"高质量"或"高水平"的界定框架、衡量标准和具体实施路径，尚未形成具有突破性意义的、"中国版本"的理论文献和体系；二是"高质量"的服务业开放和服务贸易发展如何深刻赋能包容性增长和共同富裕社会建设，是亟待探讨和研究的重要课题；三是如何在区域性服务贸易赋能共同富裕示范区建设的成功经验基础上，形成能够推广至其他地区和全国范围的发展建议和实施路径，也是一片尚待探究的关键领域。因此，应当加强高等院校、智库研究院、相关机构和政府部门间的合作研究，加强对以上领域的深入研究，并构建符合浙江省发展现状和中国具体国情的服务贸易高质量发展的理论框架、分析范式和政策工具，切实优化服务贸易和服务业开放领域相关政策落实的精度和深度，实现服务业领域的制度型开放对共同富裕示范区建设的高效赋能。

参考文献

一　中文文献

（一）著作

《习近平谈治国理政》第 4 卷，外文出版社 2022 年版。

习近平：《高举中国特色社会主义伟大旗帜　为全面建设社会主义现代化国家而团结奋斗——在中国共产党第二十次全国代表大会上的报告》，人民出版社 2022 年版。

马建堂：《奋力迈上共同富裕之路》，中信出版社 2021 年版。

慎海雄主编：《习近平改革开放思想研究》，人民出版社 2018 年版。

张斌：《从制造到服务：结构转型期的宏观经济学》，中信出版社 2021 年版。

（二）期刊、论文、报纸

习近平：《扎实推动共同富裕》，《求是》2021 年第 20 期。

《在高质量发展中扎实推动共同富裕》，《人民日报》2022 年 5 月 21 日第 6 版。

蔡莉等：《数字经济下创新驱动创业过程中认知、行为和能力的跨层面作用机制——基于三一集团的案例研究》，《南开管理评论》2022 年第 11 期。

曹凯：《金华门诊支付改革探索》，《中国医院院长》2022 年第 6 期。

陈斌开、林毅夫：《发展战略、城市化与中国城乡收入差距》，《中国社会科学》2013 年第 4 期。

陈慧霖等：《乡村振兴背景下浙江省 3A 级景区村庄空间结构特征与影响因子分析》，《自然资源学报》2022 年第 9 期。

陈享光等：《农村电商政策有助于缩小城乡收入差距吗——基于要素流动和支出结构的视角》，《农业技术经济》2023 年第 3 期。

陈潇奕、余丽：《健康浙江：夯实健康底色，增进共富成色》，《浙江日报》2022 年 2 月 25 日第 12 版。

程大中：《中国服务业增长的特点、原因及影响——鲍莫尔—富克斯假说及其经验研究》，《中国社会科学》2004 年第 2 期。

池上新：《阶层流动与中国居民的健康及其不平等》，《贵州师范大学学报》（社会科学版）2016 年第 5 期。

戴枫、孙文远：《对外开放与发展中国家的收入不平等：基于亚洲和拉美国家的比较研究》，《国际贸易问题》2012 年第 1 期。

戴一鑫、吕有金、卢泓宇：《长江经济带服务业集聚对新型城镇化的影响研究——空间溢出效应的视角》，《长江流域资源与环境》2022 年第 7 期。

董雪兵、孟顺杰、辛越优：《"山海协作"促进共同富裕的实践、创新与价值》，《浙江工商大学学报》2022 年第 5 期。

杜志雄：《共同富裕思想索源及农民农村实现共同富裕的路径研究》，《经济纵横》2022 年第 9 期。

樊轶侠、徐昊、马丽君：《数字经济影响城乡居民收入差距的特征与机制》，《中国软科学》2022 年第 6 期。

高鹏、刘言：《价值医疗的概念及相关研究进展》，《中国医疗管理科学》2022 年第 1 期。

顾昕等：《浙江 DRG 付费体系建设：国家医保改革战略的"重要窗口"》，《中国医疗保险》2021 年第 6 期。

郭凯凯、高启杰：《农村电商高质量发展机遇、挑战及对策研究》，《现代经济探讨》2022 年第 2 期。

郭晓琳、刘炳辉：《"浙江探索"：中国共同富裕道路的经验与挑战》，《文化纵横》2021年第6期。

洪群联：《中国服务业高质量发展评价和"十四五"着力点》，《经济纵横》2021年第8期。

洪银兴：《以包容效率与公平的改革促进共同富裕》，《经济学家》2022年第2期。

冀名峰：《农业生产性服务业：中国农业现代化历史上的第三次动能》，《农业经济问题》2018年第3期。

江小涓、靳景：《数字技术提升经济效率：服务分工、产业协同和数实孪生》，《管理世界》2022年第12期。

江小涓、李辉：《服务业与中国经济：相关性和加快增长的潜力》，《经济研究》2004年第1期。

江小州：《金华市推行门诊"APG点数法"付费改革的探索实践》，《中国医疗保险》2021年第8期。

姜长云：《服务业高质量发展的内涵界定与推进策略》，《改革》2019年第6期。

姜兴、张贵：《以数字经济助力构建现代产业体系》，《人民论坛》2022年第6期。

蒋永穆、亢勇杰：《数字经济促进共同富裕：内在机理、风险研判与实践要求》，《经济纵横》2022年第5期。

雷尚君、刘怡君、张颖熙：《以健康人力资本积累推进共同富裕的对策建议》，《价格理论与实践》2022年第2期。

李海舰、杜爽：《推进共同富裕若干问题探析》，《改革》2021年第12期。

李江一、李涵：《城乡收入差距与居民消费结构：基于相对收入理论的视角》，《数量经济技术经济研究》2016年第8期。

李津、齐雅莎、刘恩专：《数字基础设施与全球价值链升级：机制与效用》，《学习与探索》2010年第10期。

李实、罗楚亮：《中国城乡居民收入差距的重新估计》，《北京大学学报》（哲学社会科学版）2007年第2期。

李涛等：《基于产业投资视角的乡村旅游发展区域差异与形成机制》，《自然资源学报》2022年第8期。

李雪、吴福象、竺李乐：《数字经济与区域创新绩效》，《山西财经大学学报》2021年第5期。

李彦军、宋舒雅：《"两山"转化促进共同富裕的逻辑、机制与途径》，《中南民族大学学报》（人文社会科学版）2022年第10期。

梁坤丽、刘维奇：《共同富裕背景下生产性服务业对城乡收入差距的影响——基于生产要素的空间计量和门槛效应分析》，《华东经济管理》2022年第10期。

林毅夫：《李约瑟之谜、韦伯疑问和中国的奇迹——自宋以来的长期经济发展》，《北京大学学报》（哲学社会科学版）2007年第4期。

刘诚：《数字经济与共同富裕：基于收入分配的理论分析》，《财经问题研究》2022年第4期。

刘诚、夏杰长：《商事制度改革、人力资本与创业选择》，《财贸经济》2021年第8期。

刘俊杰等：《农村电商发展与农户数字信贷行为——来自江苏"淘宝村"的微观证据》，《中国农村经济》2020年第11期。

刘生龙、胡鞍钢：《基础设施的外部性在中国的检验：1988—2007》，《经济研究》2010年第3期。

刘生龙、周绍杰：《基础设施的可获得性与中国农村居民收入增长——基于静态和动态非平衡面板的回归结果》，《中国农村经济》2011年第1期。

刘奕、夏杰长：《推动中国服务业高质量发展：主要任务与政策建议》，《国际贸易》2018年第8期。

芦千文:《中国农业生产性服务业:70年发展回顾、演变逻辑与未来展望》,《经济学家》2019年第11期。

马颖、余官胜:《对外开放与经济发展关系研究新进展》,《经济学动态》2010年第4期。

庞瑞芝、李帅娜:《数字经济下的"服务业成本病":中国的演绎逻辑》,《财贸研究》2022年第1期。

裴长洪、刘洪愧:《中国外贸高质量发展:基于习近平百年大变局重要论断的思考》,《经济研究》2020年第5期。

钱海松:《中国技术贸易影响技术进步的理论机制与实证检验》,硕士学位论文,浙江工商大学,2016年。

秦芳、王剑程、胥芹:《数字经济如何促进农户增收?——来自农村电商发展的证据》,《经济学(季刊)》2022年第2期。

任晓聪、和军:《中国农村电子商务的发展态势、问题与对策路径》,《现代经济探讨》2017年第3期。

邵建春:《对外开放与中国收入分配不平等——基于国际收支视角的研究》,《经济经纬》2012年第5期。

沈正平:《优化产业结构与提升城镇化质量的互动机制及实现途径》,《城市发展研究》2013年第5期。

师博、胡西娟:《高质量发展视域下数字经济推进共同富裕的机制与路径》,《改革》2022年第8期。

施震凯、邵军、浦正宁:《交通基础设施改善与生产率增长:来自铁路大提速的证据》,《世界经济》2018年第6期。

施震凯、张能静:《数字基础设施对出口三元边际的影响:来自微观层面的证据》,《国际商务研究》2022年第5期。

孙敬水、黄秋虹:《中国城乡居民收入差距主要影响因素及其贡献率研究——基于全国31个省份6937份家庭户问卷调查数据分析》,《经济理论与经济管理》2013年第6期。

孙久文、胡俊彦:《迈向现代化的中国区域协调发展战略探索》,《改革》2022 年第 9 期。

孙永强：《金融发展、城市化与城乡居民收入差距研究》，《金融研究》2012 年第 4 期。

覃成林、郑云峰、张华：《中国区域经济协调发展的趋势及特征分析》，《经济地理》2013 年第 1 期。

谭洪波、夏杰长：《数字贸易重塑产业集聚理论与模式——从地理集聚到线上集聚》，《财经问题研究》2022 年第 6 期。

王甫勤：《代际社会流动与精神健康》，《社会发展研究》2017 年第 1 期。

王镜淳、穆月英：《空间溢出视角下农业技术进步对城乡收入差距的影响研究——以河南省县域为例》，《农业现代化研究》2022 年第 6 期。

王俊：《服务业就业增长之谜：对鲍穆尔—富克斯假说的再检验》，《人口与经济》2008 年第 6 期。

王俊豪、周晟佳：《中国数字产业发展的现状、特征及其溢出效应》，《数量经济技术经济研究》2021 年第 3 期。

王玮芹等：《浙江县域文化资源与旅游经济的空间错位分析》，《资源开发与市场》2022 年第 3 期。

吴侃侃、金豪：《全域旅游背景下浙江旅游度假区高质量发展的思考》，《浙江社会科学》2018 年第 8 期。

夏杰长：《以服务业开放为主要抓手形成全面开放新格局》，《财贸经济》2022 年第 10 期。

夏杰长、丰晓旭、姚战琪：《知识密集型服务业集聚对中国区域创新的影响》，《社会科学战线》2020 年第 3 期。

夏杰长、李銮淏：《贸易强国建设的关键突破和战略思路》，《价格理论与实践》2023 年第 1 期。

夏杰长、李銮淏：《数字化赋能国际贸易高质量发展：作用机理、现实挑战和实施路径》，《国际贸易》2023 年第 1 期。

夏杰长、刘诚：《契约精神、商事改革与创新水平》，《管理世界》2020年第6期。

夏杰长、刘诚：《数字经济赋能共同富裕：作用路径与政策设计》，《经济与管理研究》2021年第9期。

夏杰长、肖宇：《生产性服务业：发展态势、存在的问题及高质量发展政策思路》，《北京工商大学学报》（社会科学版）2019年第4期。

夏杰长、肖宇：《以制造业和服务业融合发展壮大实体经济》，《中国流通经济》2022年第3期。

夏杰长、肖宇、李诗林：《中国服务业全要素生产率的再测算与影响因素分析》，《学术月刊》2019年第2期。

夏杰长、肖宇、孙盼盼：《以服务业扩大开放促进中国产业升级：理论逻辑与政策思路》，《国际贸易》2020年第6期。

夏杰长、姚战琪：《中国服务业开放40年——渐进历程、开放度评估和经验总结》，《财经问题研究》2018年第4期。

夏杰长、姚战琪、张雅俊：《服务业高质量发展助力共同富裕：基于浙江省的经验》，《中国流通经济》2022年第12期。

徐鹏杰、杨宏力、韦倩：《中国共同富裕的影响因素研究——基于现代产业体系与消费的视角》，《经济体制改革》2022年第3期。

徐伟伟、胡振产：《医保支付制度改革的"浙江范式"》，《卫生经济研究》2021年第12期。

徐盈之、赵玥：《中国信息服务业全要素生产率变动的区域差异与趋同分析》，《数量经济技术经济研究》2009年第10期。

徐滢、张琪滟、金银亮：《小微服务业企业纾困思路与对策研究》，《市场周刊》2021年第9期。

徐紫嫣、夏杰长：《服务业开放、国民收入追赶和跨越中等收入陷阱》，《河海大学学报》（哲学社会科学版）2022年第3期。

许先普、陈天鑫：《旅游消费、产业结构调整与区域均衡发展》，《消费经济》2019 年第 2 期。

杨晨旭、刘霞辉：《共同富裕视角下的人力资本配置与包容性增长》，《中国流通经济》2022 年第 9 期。

杨燕绥等：《医保复合型付费的"约束—引导—激励"机制研究——契约科学和社会治理下金华医保改革实践》，《卫生经济研究》2021 年第 12 期。

杨圆华、王鹏翀、戴世勋：《让"城乡融合发展"促进共同富裕》，《农村工作通讯》2021 年第 22 期。

姚旻、赵爱梅、宁志中：《中国乡村旅游政策：基本特征、热点演变与"十四五"展望》，《中国农村经济》2021 年第 5 期。

姚战琪：《服务业开放、数字经济对产业国际竞争力的影响》，《学术探索》2022 年第 6 期。

姚战琪：《中国服务业进口对居民人均消费支出的影响研究》，《学术论坛》2022 年第 1 期。

余泳泽等：《高铁开通是否加速了技术创新外溢？——来自中国 230 个地级市的证据》，《财经研究》2019 年第 11 期。

袁航、夏杰长：《数字基础设施建设对中国服务业结构升级的影响研究》，《经济纵横》2022 年第 6 期。

岳欣：《推进中国农村电子商务的发展》，《宏观经济管理》2015 年第 11 期。

张磊、韩雷：《电商经济发展扩大了城乡居民收入差距吗？》，《经济与管理研究》2017 年第 5 期。

张明志、刘红玉、李兆丞：《数字经济时代服务业多元扩张与经济高质量发展》，《新疆社会科学》2022 年第 2 期。

张勋、万广华：《中国的农村基础设施促进了包容性增长吗？》，《经济研究》2016 年第 10 期。

张远新：《新时代促进农民共同富裕的逻辑、难题和路径》，《浙江工商大学学报》2022 年第 5 期。

章元、左丛民、张冰瑶：《收入差距与集体行动——来自中国农村税费改革的证据》，《农业技术经济》2022年第7期。

赵剑波、史丹、邓洲：《高质量发展的内涵研究》，《经济与管理研究》2019年第11期。

赵瑞、申玉铭：《黄河流域服务业高质量发展探析》，《经济地理》2020年第6期。

浙江省地方统计调查队课题组等：《浙江山区26县加快服务业发展实现共同富裕的对策建议》，《统计科学与实践》2021年第11期。

浙江省发展和改革委员会课题组等：《发展整体向好 三个方面仍需关注——2020年浙江90个县（市、区）服务业评价报告》，《浙江经济》2022年第4期。

中国社会科学院财经战略研究院课题组：《"十四五"时期推进中国贸易高质量发展的问题与对策》，《财贸经济》2021年第10期。

钟代立、王欢芳：《城镇化发展、产业结构升级与城乡消费差距》，《统计与决策》2022年第7期。

周立群、王向：《城乡融合、服务业增长与城乡居民收入差距——基于新兴古典经济学的经验研究》，《财经研究》2013年第10期。

周泽红、郭劲廷：《数字经济发展促进共同富裕的理路探析》，《上海经济研究》2022年第6期。

祝志勇、刘畅畅：《数字基础设施对城乡收入差距的影响及其门槛效应》，《华南农业大学学报》（社会科学版）2022年第5期。

二 外文文献

A. Fernandes, C. Paunov, "Foreign Direct Investment in Services and Manufacturing Productivity: Evidence for Chile", *Journal of Development Economics*, Vol. 9, No. 2, 2012.

A. Goldfarb, C. Tucker, "Digital Economics", *Journal of Economic Liter-*

ature, Vol. 57, No. 1, 2019.

C. W. Mueller, T. L. Parcel, "Measures of Socioeconomic Status: Alternatives and Recommendations", *Child Dev.*, Vol. 52, No. 1, 1981.

D. Donaldson, "Railroads of the Raj: Estimating the Impact of Transportation Infrastructure", *The American Economic Review*, Vol. 108, No. 4-5, 2018.

D. Haluza, D. Jungwirth, "ICT and the Future of Health Care: Aspects of Health Promotion", *Int. J. Med. Inf.*, Vol. 84, No. 1, 2015.

D. W. Wallace, J. L. Giese, J. L. Johnson, "Customer Retailer Loyalty in the Context of Multiple Channel Strategies", *Journal of Retailing*, Vol. 80, No. 4, 2004.

E. Lahelma, *Health and Social Stratification*, The Blackwell companion to medical sociology, Malden, MA: Blackwell, 2001.

E. L. Glaeser, D. C. Maré, "Cities and Skills", *Journal of Labor Economics*, No. 2, 2001.

E. M. Gramlich, "Infrastructure Investment: A Review Essay", *Journal of Economic Literature*, Vol. 32, No. 3, 1994.

Hildegunn Kyvik Nordas, "Trade in Goods and Services: Two Sides of the Same Coin?", *Economic Modelling*, Vol. 27, No. 2, 2010.

Huafeng Zhang, "Opportunity or New Poverty Trap: Rural-urban Education Disparity and Internal Migration in China", *China Economic Review*, No. 44, 2017.

H. Johannes et al., "Combining Strategies for High Service Productivity with Successful Service Innovation", *The Service Industries Journal*, Vol. 42, No. 11-12, 2022.

H. L. Greenfield, *Manpower and the Growth of Producer Services*, New York: Columbia University Press, 1966.

J. E. Roemer, *Equality of opportunity*, Cambridge, MA: Harvard University Press, 1998.

J. E. Triplett, B. P. Bosworth, "Productivity Measurement Issues in Services Industries: 'Baumol's Disease' has been Cured", *Economic Policy Review*, Vol. 9, No. 3, 2003.

J. F. Francois, "Trade in Producer Services and Returns due to Specialization under Monopolistic Competition", *The Canadian Journal of Economics*, Vol. 23, No. 1, 1990.

J. R. Markusen, T. F. Rutherford, D. G. Tarr, "Trade and Direct Investment in Producer Services and the Domestic Market for Expertise", *The Canadian Journal of Economics*, Vol. 38, 2005.

M. Eswaran, A. Kotwal, "The Role of the Service Sector in the Process of Industrialization", *Journal of Development Economics*, Vol. 68, No. 2, 2002.

M. E. J. Wadsworth, "Health Inequalities in the Life Course Perspective", *Social Science and Medicine*, Vol. 44, No. 6, 1997.

M. Lodefalk, "The Role of Services for Manufacturing Firm Exports", *Review of World Economics*, Vol. 150, No. 1, 2014.

M. R. Ward, "Will Online Shopping Compete More with Traditional Retailing or Catalog Shopping?", *Netnomics*, Vol. 3, No. 2, 2001.

N. M. George et al., "A Systematic Literature Review of Entrepreneurial Opportunity Recognition: Insights on Influencing Factors", *International Entrepreneurship and Management Journal*, Vol. 12, No. 2, 2016.

P. Honohan, "Cross-Country Variation in Household Access to Financial Services", *Journal of Banking & Finance*, Vol. 32, No. 11, 2008.

P. L. Donni, V. Peragine, G. Pignataro, "Ex-ante and Ex-post Measurement of Equality of Opportunity in Health: A Normative Decomposition", *Health Economics*, Vol. 23, No. 2, 2014.

Se-Hark Park, "Linkages between Industry and Services Implications for urban Employment Generation in Developing Countries", *Journal of Development Economics*, Vol. 30, No. 2, 1989.

S. Fan, X. Zhang, "Infrastructure and Regional Economic Development in Rural China", *China Economic Review*, Vol. 15, No. 2, 2004.

S. Gensler, P. Leeflang, B. Skiera, "Impact of Online Channel Use on Customer Revenues and Costs to Serve: Considering Product Portfolios and Self-selection", *International Journal of Research in Marketing*, Vol. 29, No. 2, 2012.

S. Lindsay et al., "Enabling Healthy Choices: Is ICT the Highway to Health Improvement?", *Health*, Vol. 12, No. 3, 2008.

T. D. Stanley, H. Doucouliagos, P. Steel, "Does ICT Generate Economic Growth? A Meta-regression Analysis", *J. Econ. Surveys*, Vol. 32, No. 3, 2018.

V. Navarro, C. Muntaner, C. Borrell, "Politics and Health Outcomes", *Lancet*, Vol. 368, No. 9540, Sep. 2006.

W. J. Baumol, "Macroeconomics of Unbalanced Growth: The Anatomy of Urban Crisis", *American Economic Review*, Vol. 57, No. 3, 1967.

Youxing Huang, Yan Zhang, "Financial Inclusion and Urban-Rural Income Inequality: Long-Run and Short-Run Relationships", *Emerging Markets Finance and Trade*, Vol. 56, No. 2, 2020.

后　　记

　　《数字经济和服务业高质量发展的浙江探索》是中国社会科学院院际合作课题"浙江省高质量发展建设共同富裕示范区研究"课题的子课题"浙江数字经济与服务业高质量发展和共同富裕示范区建设"的研究成果。课题完成立项后，夏杰长和刘奕研究员召集课题组成员讨论和制定了调研方案和研究计划，稳步推进该课题研究工作。课题研究分为三个主要阶段进行。第一阶段是前期准备筹划阶段。通过数次课题组成员会议商讨，确定了课题报告整体结构框架、专题研究主题、课题组成员分工、课题进度与调研安排等具体事项。为更好地结合浙江省数字经济和服务业实际发展情况开展研究，课题组成员多次前往浙江省开展实地调研与座谈，以获取丰富的第一手数据资料。这些丰富翔实的一手数据材料为之后的研究奠定了坚实基础。第二阶段是实施与报告写作阶段。根据选定的主题，课题组分工进行了专题研究，协力完成九大主题的研究内容。课题组成员的具体分工如下：夏杰长和刘奕负责整个课题的统筹协调；第一章由彭梦圆和夏杰长执笔；第二章由夏杰长、张雅俊执笔；第三章由夏杰长、袁航执笔；第四章由刘奕执笔；第五章由夏杰长、姚战琪、张雅俊执笔；第六章由夏杰长、田野执笔；第七章由张颖熙、王鹏飞、华挺执笔；第八章由宋昌耀、蔡淑玉、霍蕙苓执笔；第九章由夏杰长、李銮淏、王曰影执笔。第三阶段是研究汇总与总结阶段。将各个章节的研究内容汇总，进行集中探讨和修订，形成最终的研究成果。

在课题研究过程中，课题组得到许多领导、专家和企业家的支持，他们的意见对我们完成阶段性成果和最终成果帮助很大。在此，课题组谨向他们表达诚挚的谢意。本书是课题组全体成员集体努力的成果，感谢每一位课题组成员的辛勤付出。后续我们将继续深化相关研究，形成更多有价值、高水平、有生命力的研究成果，把科研成果写在祖国大地上，把研究成果应用到共同富裕实践中。

夏杰长　刘　奕
2024 年 5 月